KB117119

혜곡 최순우
한국미의 순례자

**혜곡 최순우,
한국미의 순례자**

지은이 이충렬
1판 1쇄 발행 2012. 6. 27.
1판 6쇄 발행 2019. 4. 11.

발행처 | 김영사 ● 발행인 | 고세규 ● 등록번호 | 제406-2003-036호 ● 등록일자 | 1979. 5. 17. ● 경기도 파주시 문발로 197(문발동) 우편번호 10881 ● 마케팅부 031)955-3100, 편집부 031)955-3200, 팩시밀리 031)955-3111 ● 저작권자 ⓒ 이충렬, 2012 이 책은 저작권법에 의해 보호를 받는 저작물이므로, 저자와 출판사의 허락 없이 내용의 일부를 인용하거나 발췌하는 것을 금합니다.

값은 뒤표지에 있습니다. ISBN 978-89-349-5814-7 03990 ● 홈페이지 | http://www.gimmyoung.com ● 이메일 | bestbook@gimmyoung.com ● 좋은 독자가 좋은 책을 만듭니다. ● 김영사는 독자 여러분의 의견에 항상 귀 기울이고 있습니다.

혜곡 최순우
한국미의 순례자

한국의 미를 세계 속에 꽃피운 최순우의 삶과 우리 국보 이야기

이충렬 지음

김영사

우리 시대의 전설,
혜곡 최순우

내가 성북동에 있는 최순우옛집(혜곡 최순우 기념관)을 처음 방문한 때는 '시민문화유산 1호'로 보존된 후 일반에게 공개된 2004년이었다. 그 뒤 기회가 될 때마다 '옛집'에 들렀다. 앞마당에는 잘생긴 소나무와 향나무가 운치 있게 서 있고 그 아래로 작은 꽃밭이 있다. 모란 · 해당화 · 수국 · 수련 · 개미취 같은 화초도 마당 곳곳에 자리 잡았다. 뒷마당에도 나무와 화초가 가득하고, 아름다운 옹기들이 가지런히 놓여 있는 장독대가 있다.

최순우는 성북동 한옥을 자신이 평생 찾고 알린 한국의 아름다움과 기품이 담겨 있는 공간으로 꾸몄다. 그래서 많은 이가 그 집을 가리켜 '누구나 한번은 보고 느껴야 할 안목과 품위를 갖춘 한옥의 전형'이라고 말했다. 그러나 집주인이 세상을 떠난 후 한옥이 도시개발로 사라질 위기에 처하자, 그를 존경하고 따르던 많은 지인이 십시일반으로 성금을 모아 '시민문화유산 1호 최순우옛집'으로 보존한 것이다. 옛집에 가보면 그가 어떤 삶을 살았는지 알 수 있다. 그곳에 가면 그의 숨소리가 들린다. 그의 취향, 흔적, 숨결이 곳곳에 배어 있다.

혜곡 최순우(1916~1984)는 우리나라 문화유산의 가치와 아름다움을 찾고 알리는 일에 평생을 바친 박물관인이다. 그는 선조의 문화와 이 땅의 유산이 총체적으로 모여 있는 박물관이 왜 중요하고 얼마나 가치 있는지를 알았다. 그랬기에 일생을 바쳐 국립중앙박물관을 지켰고 발전시켰다. 눈길을 조금만 돌리고 발길을 조금만 옮기면 만날 수 있는 문화유산의 가치와 의미가 무엇이고, 한국미의 본질과 특질이 무엇인지를 원고지 한 칸 한 칸에 채워 수많은 글을 발표했다. 그는 우리나라 박물관사와 문화사에 커다란 발자취를 남겼다.

그러나 그의 삶은 외로웠다. 지금은 우리 문화유산이 아름답고 자랑스럽다는 사실을 당연하게 받아들이지만, 그가 살았던 시대에는 일제강점의 후유증인 식민사관과 해방 이후를 휩쓴 서구우월주의에 힘겹게 맞서야 했다. 오래되고 낡은 것에 볼 게 무엇이 있느냐는 냉소와 비웃음이 난무했다.

그런 시대에 그는 남의 것이 아닌 내 것에 설레고 떨리고 사무치고, 새것이 아닌 옛것에 홀리고 미치고 취했다. 수탈과 전쟁으로 빼앗기고 무너지고 파괴된 폐허의 시대에서 아름다움의 가치를 발굴하고 지키고 보존하는 국보의 시대를 우리에게 선사했다.

나는 그의 삶과 시대에 매료되었다. 그가 박물관과 그 주변에 남긴 수많은 전설을 복원하고 싶었다. 개성에서 고등학교만 졸업한 학력으로 국립중앙박물관장에 오르기까지 보여준 입지전적인 노력과 뚝심은 시대를 초월해 본받을 만한 삶의 자세였다. 이것이 내가 그의 전기傳記를 쓰고 싶었던 이유다.

개성박물관의 말단 서기에서 시작해 국립중앙박물관장에 오른 그가 우리나라 박물관 역사에 남긴 업적은 헤아리기 어려울 정도로 많다. 한국전쟁으로 전 국토가 폐허가 되었음에도 일제강점기의 발굴 및 답사 그리고 유적조사 문서가 지금까지 보존될 수 있던 것은 오로지 최순우 덕이다. 다른 사람들은 피난보따리를 쌀 때 그는 밤을 새워 박물관의 주요 서류를 포장해서 피난시켰다.

그는 1950년대 말부터 시작된 우리 국보의 해외 전시마다 호송관과 전시 담당 학예사 역할을 도맡았다. 대서양과 태평양을 건너 세계만방에 우리 서화, 도자기, 조각, 건축물의 독창적이고 찬란한 아름다움을 떨쳤다. 미술 과장으로 근무하던 1960년대에는 청자 가마터를 최초로 발굴하고, 왕실 백자 가마터와 고려시대 삼천사지를 비롯해 수많은 유적지를 발굴 답사하면서 전국 방방곡곡을 누볐다. 국립박물관이 덕수궁 석조전에 있던 시절에는 초상화 전시회, 백자달항아리 전시회, 완당 전시회 등 다양한 전시를 기획하고 추진했다. 역사가 깊은 사찰들의 대형 괘불과 탱화의 보존을 위해 몇 년에 걸쳐 실태조사와 발굴을 진행하기도 했다.

제4대 국립중앙박물관장으로 재직한 1974~1984년에도 굵직한 업적을 많이 남겼다. 서울 암사동 선사시대 유적지에서 발굴된 빗살무늬토기의 절대연대가 기원전 3000년경으로 확인되자, 그는 한국 미술의 역사를 5000년으로 규정했다. 그리고 한일국교 정상화 10주년을 맞아 일본 3대 도시에서 '한국 미술 5000년전'을 개최했다. 이 순회전은 5개월 동안 무려 60만 명의 관람객을 동원했으며, 일본 문화의 뿌리가 한국에 있음을 당당히 보여주었다. 당시 일본에서 정당한 대접을 받지 못하던 재일교포들은 조국의 자랑스러운 문화유산 앞에서 감격의 눈물을 흘렸다. 연이어 초대받은 미국 8개 도시 순회 '한국 미술 5000년전'에서도 한국 문화재의 아름다움을 보기 위해 200만 명의 관람객이 줄을 섰다.

유럽 국가들에서도 순회전을 요청했다. 그는 우리 국보에 대한 보험액을 최고 수준으로 올리도록 압박했다. 우리 문화재가 세계 최고 수준이라는 당당한 자신감으로 정당한 대접을 요구한 것이다. 이것이 전례가 되어 한국의 국보는 해외 전시 때 세계 최고 수준의 대접을 받게 되었다. 그가 이름 짓고 기획한 '한국 미술 5000년전'은 "우리나라 박물관사에 길이 빛나는 전시"가 되었다. 최순우는 "박물관이 나의 무덤"이라는 평소의 말대로 관장으로 재직하다 별세했다.

한평생 소박하고 군살 없는 우리것의 아름다움에 울고 웃고, 살고 죽은 혜곡 최순우! 그가 정의하고 가꾸고 전파한 한국의 아름다움이란 무엇일까? 그가 평생을 바쳐 그리워한 것은 무엇이었을까? 그는 왜 무량수전 배흘림기둥에 기대서서 눈물을 흘려야만 했을까? 나는 그의 삶과 꿈을 관통해온 '혜곡 정신'을 찾고 싶었다.

우선, 그가 남긴 모든 글을 찾아 탐독했다. 1947년 9월 〈서울신문〉에 발표한 '개성 출토 청자파편'부터 1984년 작고할 때까지 쓴 문화재 해설 280편, 미술 관련 에세이 205편, 논문 41편, 사료해제 86편 등 모두 600여 편의 글을 꼼꼼히 읽었다.

그리고 죽을 각오로 자료조사를 했다. 그를 박물관으로 이끈 스승 고유섭 관련 자료, 개성과 인근의 유적자료, 개성박물관 관련 자료, 국립박물관 초기 관보, 두 번째 스승인 전형필의 광복 이후 자료, 두 차례에 걸친 미국과 유럽 국보 전시회 자료, 각 언론사의 최순우 관련 보도와 답사 및 발굴 보도를 조사했다. 프랑스에서의 국보 전시 때 문화부장관인 앙드레 말로가 우리나라 국보들을 두 시간 동안 관람한 부분을 사실적으로 묘사하기 위해 세르누치박물관의 내부구조와 당시 진열도면 그리고 전시도록을 구해서 살폈다. 사진자료를 풍성하게 소개하기 위해 국립중앙박물관의 자료는 물론이고, 각 일간지 데이터베이스에 소장된 사진도 뒤졌다.

최순우를 알고 가깝게 지낸 분들과도 인터뷰를 했다. 이미 세상을 떠난 분들의 경우 남긴 책이나 기록에서 그와 관련된 내용을 찾았다. 생존한 분들 중에서는 선생의 외딸이신 최수정 여사를 비롯해, 국립중앙박물관에서 37년 동안 함께 근무한 이준구 전 학예연구관, 정양모 제6대 국립중앙박물관장, 전형필 선생의 자제인 전성우 화백과 전영우 간송미술관 부설 한국민족문화연구소 소장, 최완수 간송미술관 연구실장을 만났다. 1960년대 그의 집에서 하숙한 학생도 만나 일상의 모습도 취재했다.

자료를 조사할수록 그가 맺어온 인간관계의 폭과 역할은 상상을 초월할 정도로 넓었다. 무엇보다도 그는 인재를 알아보고 후원하고 키웠다. 국내 최고의 도자기 전문가인 정양모 제6대 국립중앙박물관장, 겸재 정선 작품의 탁월한 연구자인 최완수 간송미술관 실장, 불교미술 연구의 권위자인 강우방 전 경주박물관장, 풍납토성 발굴과 보존에 혁혁한 공헌을 한 이형구 박사 등을 박물관과 학계에 정착시키고 이끌어주었다. 이들 외에도 그와의 인연과 영향으로 박물관인이 되거나 연구자 혹은 문화유산 관련 일을 하는 이의 수는 헤아리기 힘들 정도로 많았다.

또한 그는 당시 국립박물관에 예산이 없어 구입하지 못한 주요 유물들이 일본으로 밀반출되는 상황을 안타깝게 생각해, 같은 개성 출신 사업가인 호림 윤장섭을 도와 오늘의 호림박물관을 열게 했다. 2012년 현재 호림박물관은 국보 8점과 보물 46점 등 모두 15,000여 점의 문화재를 소장한 사립박물관으로 성장했고, 간송미술관·삼성미술관 리움과 함께 3대 사립박물관으로 손꼽히고 있다.

그 많은 사람들과의 교유와 그의 역할을 모두 한 권의 책에 담기는 불가능했다. 따라서 책에 담지 못한 무수한 문화예술계 인물들이 있음을 양해 바란다. 최순우가 남긴 업적들 역시 이 책에 소개된 내용에만 한정되지는 않는다. 그는 전통공예와 민속이 보존·계승되는 데도 큰 역할을 했다.

가장 아쉬웠던 부분은, 또 한 명의 개성 출신 사업가이자 수집가인 동원 이홍근과의 이야기다. 최순우는 이홍근과 깊이 교유하면서 5,000여 점의 수집품이 국립중앙박물관에 기증되는 데 중요한 역할을 했다. 그러나 두 분이 매우 오랫동안 교분을 나누면서 이루어진 일이고, 수집품과 기증품의 규모가 너무 방대해서 축약해 포함시키기가 쉽지 않았다. 훗날 다른 작가에 의해 이 부분뿐 아니라 다른 부족한 것들이 보충되어 보다 완벽한 전기가 씌어지기를 기대한다.

이 책의 인세 일부는 재단법인 최순우옛집의 발전기금으로 사용하기로 했고, 구체적인 실천은 출판사에 위임했다. 시민성금으로 운영되고 유지되는 최순우옛집이 계속 잘 보존되면서, 그의 한국미에 대한 사랑과 열정이 더 많은 이들에게 전달되기를 바란다.

글의 마지막 부분을 쓸 때는 가슴이 먹먹했다. 오직 박물관과 문화유산만 생각하고 살아온 그의 삶이 너무 외로웠다는 생각이 들어서였다. 이제, 최순우 대한민국 제4대 국립중앙박물관장을 독자들 앞으로 보내드린다. 우리 문화유산의 발굴과 보존을 위해 전국 방방곡곡을 찾아다닌 그의 발자국 소리, 선조들이 남긴 유적과 유물이 왜 자랑스럽고 소중한지를 이야기하던 그의 목소리가 독자들에게 고스란히 전달되기를 바란다.

이 책을 삼가 최순우 선생의 영전에 바친다.

2012년 6월

이충렬

1부_ 나는 내것이 가장 아름답다
설레고, 떨리고, 사무치고!

2부_ 한국의 美를 찾아서
홀리고, 취하고, 탐하고!

3부_ 국보 시대
발굴하고, 지키고, 알리고!

나는 내것이 가장 아름답다

설레고, 떨리고, 사무치고!

세상에서 가장
아름다운 불상,
앙드레 말로를 사로잡다

—

1

1962년 1월 29일, 파리 세르누치박물관■. 세월이 고스란히 묻어나는 아름다운 석조건물 앞에 사람들이 여럿 서 있다. 푸른 눈의 서양인들 사이에 선 검은 머리칼의 남자가 조금은 달뜬 얼굴로 손목시계를 들여다본다. 오후 6시. 해 지고 이미 어두운 하늘, 건물을 비추는 은은한 조명과 가로등 불빛이 따스하게 느껴지는 겨울밤이다.

그때 검은색 세단이 미끄러지듯 다가와 멈췄다. 차 문이 열리고 연회색 코트의 노신사가 내리자 모두의 시선이 그로 향했다. 지나가던 시민들도 손을 흔들며 반갑게 그의 이름을 불렀다.

"말로!"

앙드레 말로^{André Malraux}. 프랑스의 뛰어난 예술가이자 열정적인 정치인으

■ 한국·중국·일본 등의 유물과 미술품 1만여 점을 소장하고 있는 아시아미술박물관.

로, 드골 정부에서 문화부장관을 맡고 있었다. 그는 손을 흔들어 답례한 후, 눈을 들어 한국 국보전을 알리는 현수막을 잠시 쳐다보았다. 박물관장 바딤 엘리시에프^{Vadime Elisseeff}가 다가와 에스코트하며 동양에서 온 검은 머리칼의 남자를 소개했다.

"한국 국립박물관의 최순우 미술과장입니다. 한국 측 학예관이죠."

그때 한국 정세는 5·16군사정변의 여파로 불안하기 짝이 없었다. 유럽 순회전을 위해 함께 온 김재원 국립박물관장이 급히 귀국하고 미술과장인 최순우가 모든 책임을 맡고 있었다. 말로가 큰 손을 내밀어 그의 손을 잡았다.

"프랑스 국민들이 한국의 귀한 보물을 감상할 수 있게 해주셔서 감사합니다."

"이번 전시를 위해 프랑스 정부에서 큰 호의를 베풀어주셨습니다. 특히 장관의 성의를 잊지 않겠습니다."

최순우는 진심을 담아 감사의 마음을 표했다. 한국 국보전을 주관한 프랑스 문화부는 사거리 가로등마다 전시회 포스터가 인쇄된 커다란 깃발을 걸었다. 지하철 안에도 눈에 띄는 곳곳에 포스터를 붙여 놓았다. 전시회는 연일 성황을 이루었다. 특히 말로의 관심은 각별했다. 그는 문화부장관 이전에 프랑스를 대표하는 소설가이자 해박한 예술비평가로 세계적인 문화인이었다. 문화부 수장의 그러한 이력과 관심은 한국 국보전 홍보에 적잖은 영향을 미쳤다.

세기의 지성다운 문화적 욕심으로 말로는 일반인들의 관람이 끝난 후 조용히 감상하기를 원했다. 최순우는 이번 전시에 출품된 153점 가운데 그가 어느 작품에 가장 관심을 보일지 궁금했다. 전시도록을 받아들고 2층 전시실로 올라간 말로는 신라 금관, 금귀고리, 기마인물형토기 등 삼국시대 유물이 있는 전시실부터 둘러보았다. 그 다음 고려시대 작품이 진열된 두 번째 전시실로 들어가서 꽃 모양 접시 앞을 지나고 조롱박 모양의 주전자를 일별하더니 청자상감운학문매병 앞에서 걸음을 멈췄다.

파리 전시회 도록의 표지를 장식한 이 청자매병은 한국전쟁 때 북한으로 이송될 뻔했으나 최순우가 위험을 무릅쓰고 지켜낸 간송 전형필의 최고 소장품이었다. 맑게 빛나는 비취색의 유연하고 풍만한 몸통에 새겨진 흰 구름과 예순아홉 마리의 학. 구름 사이로 마치 천 마리의 학이 나는 듯해 '천학매병'이라는 별명이 붙은 국보 제68호로, 고려청자 가운데서도 아름답기로 손꼽히는 작품이었다.

최순우는 진열장에 눈을 붙이다시피 대고 천학매병을 찬찬히 뜯어보는 말로를 보며 이 청자를 애지중지하던 간송 전형필을 떠올렸다. 세기의 지성 말로와 대수장가 간송이 만나 천학매병의 감상을 나누면 좋겠다는 생각이 들었다. 사흘 전인 1962년 1월 26일 전형필이 급성신우염으로 세상을 떠난 사실을 프랑스 출장중인 최순우는 아직 모르고 있었다.

다음은 이번 전시에서 가장 출품작이 많은 조선시대 전시실이었다. 말로는 독립된 진열장 속에서 부드러운 조명을 받고 있는 백자대호白磁大壺 앞에서 걸음을 멈췄다. 우윳빛에 가까운 흰색에서는 순결함이, 달처럼 둥글하고 넉넉한 모습에서는 소박하면서도 단아한 기품이 배어나왔다. '백자달항아리'라고도 불리는 한국의 보배 앞에서 말로는 한동안 움직일 줄 몰랐다. 그 모습에 달항아리를 예찬하던 수화 김환기의 모습이 겹쳐졌다. "단순한 원형이 단순한 순백이 그렇게 복잡하고 그렇게 미묘하고 그렇게 불가사의한 미를 발산할 수가 없다. 실로 조형미의 극치가 아닐 수 없다. 나의 예술은 모두 백자항아리에서 나왔다"라고 그는 칭송했다.

백자달항아리
높이 41.0cm, 조선시대 17세기, 보물 제1437호, 국립중앙박물관 소장.

말로가 마지막 전시실에 들어선 것은 저녁 8시가 가까워오는 시각이었다. 시종일관 진지하게 집중하고 몰입하며 열한 개의 전시실을 둘러보느라 피곤할 법도 한데, 예순이 넘은 노신사에게서 피로한 기색은 전혀 찾아볼 수 없었다.

마지막 전시실에는 이번 전시회의 대표작으로 포스터에 인쇄된 금동미륵보살반가사유상(국보 제83호)을 비롯한 삼국시대 불상들이 마련되어 있었다. 말로는 조그만 불상들을 살펴본 다음 전시실 한가운데 놓인 반가사유상 앞에 섰다. 오른발을 왼쪽 무릎 위에 얹고 손으로는 가볍게 턱을 괸 채 고요히 앉아 명상하는 자세로, 출가하기 전 왕자 시절에 인생의 괴로움에 대해 깊이 사색하는 모습을 표현한 작품이다.

삶의 고통과 허무 앞에 직면한 한 젊음의 고뇌가 그대로 전해진 것일까. 말로는 10분이 지나고 20분이 넘도록 불상 앞을 떠나지 못했다. 반가사유상의 아름다움에 흠뻑 빠진, 그래서 반쯤 넋이 나간 모습이었다. 그가 한참 만에 몸을 천천히 움직여 보는 각도를 바꿨다. 반가사유상 옆에서 또 뒤에서도 그는 한참을 서 있었다.

무슨 생각을 하고 있는 것일까? 무엇을 보고 있는 것일까? 무아의 경지에 빠져 미동도 없이 반가사유상에 몰입한 말로의 모습은, 어쩌면 부처가 법열경法悅境에 잠겨 49일 동안 보리수를 바라볼 때의 모습과 같지 않을까!

말로는 불교에 관심이 많았다. 스물두 살이던 1923년 앙코르의 옛 왕도王都에 숨겨져 있다고 전해오던 불교 사원과 유적을 찾으러 떠나기도 했다. 그는 수백 년간 인간의 발길이 끊긴 채 열대림 속에 묻혀 있던 반테아이스레이Banteay Srei에 도착했다. 신전을 지키는 데바타 여신상의 아름다움에 반해 프랑스로 가져가고 싶다는 열망을 품은 그는 여신 부조를 비롯 일곱 점의

금동미륵보살반가사유상
높이 93.5cm, 삼국시대 7세기 초, 국보 제83호, 국립중앙박물관 소장.

조각품을 떼어내 프놈펜 인근 항구에서 배에 실었다. 그러나 출항 전날 밤 체포되어 유적 파손과 도굴 혐의로 3년 징역형을 선고받았다. 아내 클라라가 소설가 앙드레 지드를 비롯한 프랑스 지식인 친구들에게 도움을 청해 구명운동에 나서지 않았다면 8개월 후 집행유예로 풀려나지 못했을 것이다.

당시 프랑스 정부는 말로의 석방 대가로 앙코르와트 유적의 복원과 보존을 지원하기로 약속했고, 덕분에 앙코르와트는 지금의 모습을 갖추게 되었다. 말로는 이 경험을 토대로 자전적 소설 《왕도로 가는 길La Voie Royale》을 발표했고, 이후로도 꾸준히 동양의 불교에 관심을 두었다.

마침내 말로가 최순우 쪽으로 몸을 돌렸다.

"매우 아름답고 독창적이군요. 이제껏 내가 본 중에 가장 아름다운 불상입니다."

말로의 말이 옳았다. 이런 반가상과 비슷한 형태는 인도에도 있고, 중국에도 있다. 그러나 금동미륵보살반가사유상의 여성미와 완만한 곡선미는 우리 불상에서만 볼 수 있는 독특한 아름다움이었다.

최순우는 말로와 나란히 전시실을 나왔다. 동양의 작은 나라에서 온 옛 미술품들을 진지하게 감상하는 말로의 모습은 감동적이었다. 그러나 정작 한국에서는 우리 문화의 가치가 제대로 인정받지 못한다는 생각이 들자 서글퍼졌다. 최순우는 옷깃을 여미고 안개비가 내리기 시작한 거리를 바라보았다. 파리의 날씨는 늘 우중충했다. 한국을 떠난 지 벌써 1년이 넘었다. 고국 산천이 그리웠다. 안개 저편에서 우리 문화재의 아름다움을 역설하던 스승 고유섭의 목소리가 들리는 듯했다. 최순우는 어금니를 꽉 깨물었다. 이제 3월부터는 독일 프랑크푸르트에서 전시가 시작될 것이다.

고향,
해나무골
이야기

—

2

개성의 봄은 남대문과 선죽교 사이에 있는 야트막한 자남산 기슭에서 시작된다. 소나무숲 아래 노란 개나리와 분홍 진달래가 피어나면, 남쪽의 용수산과 서쪽의 지내산 능선에도 쑥과 싱아가 가득 들어차면서 싱그러운 봄향기를 뿜어낸다. 봄은 시냇물을 따라 북쪽으로 올라가 송악산에 이른다. 산세가 깊어 곳곳에 잔설이 남아 있고, 개나리와 진달래 대신 노랑제비꽃과 흰색·분홍색·보라색 노루귀가 고사목 둥치 옆에서 살포시 고개를 내민다. 서경덕이 황진이와 거닐며 시를 지었다는 박연폭포에서도 겨우내 얼어 있던 물줄기가 다시 우렁차게 쏟아질 것이다.

한창 봄을 알리던 진달래꽃이 떨어지고 나뭇잎에 초록이 짙어지던 4월 말, 자남산 끝자락 해나무골에서 아기 울음소리가 울려퍼졌다. 한 시간쯤 지났을까. 아기가 태어난 집 대문이 열리고 최종성이 밖으로 나와, 어봐라 하는 자세로 주위를 둘러보며 헛기침을 하더니 '産慶忌不精산경기부정'이라고 쓴 한지를 대문에 붙였다. 경사스럽게 아들을 낳았으니 부정한 것을 멀리한다는 뜻이다. 아들을 낳아 기분이 좋은지, 글씨가 잘되어 기분이 좋은지, 최종성은 흡족한 표정으로 글씨를 바라보며 또 한 번 헛기침을 하고는 안으로 들어갔다. 잠시 후 새끼줄에 숯과 솔잎, 붉은 고추를 매단 금줄을 들고 나온 그는 미리 못을 박아둔 듯 금세 금줄을 걸고 들어갔다.

1916년 4월 27일, 최순우는 부친 최종성과 모친 양순섬의 막내아들로 태어났다. 본관은 양주고, 형 넷에 누나가 하나 있었다.

해나무골의 공식 지명은 개성군 송도면 지파리 괴곡, 광복 후에는 개성시 자남동으로 바뀌었다. 무르익은 봄날 해나무골에서 태어난 아이의 본명은 최희순崔熙淳이다. '순우淳雨'는 1954년 간송 전형필이 지어준 필명으로, '혜곡今谷'이라는 아호도 그에게서 얻었다. 아호는 대개 고향의 지명을 따는데, 괴곡槐谷의 '곡'에 해나무골의 '해'와 비슷하면서도 뜻 없는 어조사 '혜'를 붙였으니, '혜곡'은 실향민 최순우가 늘 마음속에 품고 산 개성의 해나무골이었다.

개성 한옥의 바깥채는 낮고 소박하며 안채는 높고 정결하다. 앞마당과 뒷마당에 꽃과 나무를 심는 마당치레도 유난했다. 최순우가 태어난 집도 다르지 않아, 작은 앞마당에 수국·함박꽃·옥잠화·상사화 같은 꽃과 앵두·석류·치자 같은 나무가 가득했다. '뒤터' 또는 '뒤태'라고 부르는 뒷마당에도 감나무·돌배나무·개살구나무 등 과실나무가 든든하게 자리를 잡았고, 장독대 옆으로는 백일홍·분꽃·해바라기·금낭화·패랭이 등이 철따라 색색의 꽃봉오리를 피워올렸다. 마당뿐 아니라 마루 앞에도 꽃을 올려놓는 긴 돌(화초장석花草長石)이 있어 화분 서너 개를 올려놓았다.

이런 추억 때문이었을 것이다. 최순우가 훗날 서울로 이사와서도 한옥에 살면서 앞마당과 뒷마당에 꽃과 나무를 풍성히 심고 살뜰히 가꾼 이유다. 개성 출신 소설가 박완서는 갈 수 없는 고향이 그리운 날엔 그의 성북동 집(지금의 최순우옛집)을 찾곤 했다.

꽃과 나무에 둘러싸인 해나무골은 양반의 후손이 많이 사는 동네였다. 물론 개성은 장사를 중시하는 상업도시라, 양반을 가리켜 '개 팔아 두 냥 반'이라

간송 전형필이
'혜곡'이라는 아호를
지어준 후 새겨
선물한 전각이다.

는 우스갯소리를 하면서 대수롭지 않게 여겼다. 조선왕조에서는 고려의 왕도였던 개성 출신을 거의 등용하지 않아 대부분의 선비가 아예 과거시험을 보지 않았다. 해서 개성에는 초시에 입격한 선비도 많지 않았다. 그러나 해나무골에는 갓 쓰고 두루마기 입고 책을 읽는 선비가 많았고, 그들은 서로 교유하면서 글씨를 쓰고 시를 논했다.

최순우의 아버지 최종성 역시 선비로, 수창동▪에 있는 시청 앞에서 조그만 대서소를 했다. 글 모르는 민원인을 대신해 서류를 작성해주는 일이었다. 붓글씨를 쓰고 글을 읽는 선비가 장사 이외에 선택할 수 있는 거의 유일한 직업이었을 것이다. 최순우도 아버지처럼 글씨가 단정해 1950~1960년대의 국립박물관 전시 보고서는 당시 미술과장이던 그의 몫이었다.

최종성은 대서소 일을 열심히 했다. 대부분의 개성 남자가 자기 일에 최선을 다하며 한눈을 팔지 않았다. 최순우가 평생을 박물관에서 산 것 역시 근면한 아버지의 영향과 개성인 특유의 끈기 덕분이었을 것이다. 개성 남자들은 또 집에 돌아오면 화초와 나무를 가꾸고 개성소주를 마시며 풍류를

▪ 이성계가 즉위식을 했던 수창궁지 부근으로 해나무골에서는 반시간 거리다. 조선시대 관아 자리에 시청이 있었고 그 옆으로 경찰서와 우체국, 도립병원이 나란히 자리를 잡고 있었다

혜곡 최순우, 한국미의 순례자

즐겼다. 최순우 역시 이런 풍류를 고스란히 물려받은 개성 남자였다.

어머니 양순섬도 개성 사람으로, 부지런히 살림을 하며 남편과 자식들 뒷바라지에 평생을 바쳤다. 한 해를 마무리하는 12월이면 온 집안을 먼지 하나 없이 청소하고 때로는 도배도 새로 했다. 또 집에 있는 그릇을 전부 꺼내 윤이 나도록 닦았다. 친척과 친지 집에 명태, 인삼, 꿀, 잣, 달걀 같은 세밑선물 보내는 일도 거르지 않았다. 설날이 되면 식구들에게 깔끔한 솜씨로 지은 설빔을 입혔고, 항아리에 넣어둔 조랭이떡을 손님 올 때마다 꺼내 따끈한 육수에 끓여서 내왔다. 떡국상에는 편육·초간장·보쌈김치를 올렸고, 후식으로는 식혜나 수정과에 잣을 띄웠다. 주안상에는 신선로나 따끈한 찌개, 전, 산적, 편육, 각종 나물이 놓였다. 양순섬은 모든 음식을 정갈하고 맛있고 보기 좋게 만들었지만, 특히 토란국은 해나무골에서 가장 맛있게 끓이기로 소문나 있었다.

훗날 최순우는 동네 우물에서 물항아리를 인 어머니가 넘치는 물을 손으로 닦아내던 모습을 추억하곤 했다. 이른 아침 천변 좁은 길가에 선 조그만 장에서 시골 아낙들이 왕골광주리에 담아온 산나물이며 푸성귀며 달걀을 사는 모습, 빨래를 가득 담은 함지를 이고 냇가로 걸어가는 모습도 최순우의 가슴속에 깊이 자리잡은 어머니의 모습이었다.

최순우의 누나는 이런 어머니의 모습을 그대로 간직한 채 시집을 갔고, 최순우의 아내 역시 이런 모습으로 시집을 왔다. 그의 서울 집 마루와 가구는 언제나 윤이 났으며, 최순우는 세상을 떠날 때까지 지인들에게 세밑선물을 보냈다. 설날 손님치레도 개성에서처럼 정성을 다해 사흘에 걸쳐서 상을 차렸다.

최순우는 다섯 살 때 열다섯 살 터울의 맏형에게 《천자문》을 배우고 여섯 살에는 서당에서 《동몽선습》을 공부했다. 일곱 살에 만월보통학교에 입학한 후로도 집에 와서는 아버지나 큰형 앞에 무릎을 꿇고 사서四書(논어·맹자·대학·중용)를 읽었다.

　　학교에 들어간 이듬해 최순우와 비슷한 또래의 사내아이가 이사와 동네에 얼굴을 내밀었다. 훗날 화가로 명성을 떨친 운보 김기창이었다. 해나무골 어귀에 의젓하게 자리잡은 아름드리 해나무는 어른들의 쉼터이자 아이들의 놀이터였다. 아이들은 동네를 지키듯 버티고 선 나무 아래서 웃음꽃을 피우며 놀다가 시냇물을 건너 들과 산으로 뛰어가곤 했다. 새로 이사온 아이가 나타나자 동네 아이들이 그를 에워싸고 물었다.

　　"너, 어디서 이사왔니?"

　　아이는 선뜻 대답을 하지 못했다.

　　"어디서 왔냐니까?"

　　그제야 아이는 어눌한 목소리로 대답했다.

　　"나는…… 듣지 못하는 귀머거리야."

　　최순우를 비롯해 동네 아이들은 생전 처음 만나는 귀머거리에 당황했다. 아이들이 놀란 표정을 짓자 아이는 애써 씩씩한 얼굴로 다시 입을 열었다.

　　"내 이름은 기창이야. 김, 기, 창."

　　아이들은 뭐라고 대답할지 몰라 그의 입만 바라보았다. 그때 한 아이가 "듣지 못하면 말도 못한다던데, 애는 어떻게 말을 하지?" 하면서 고개를 갸우뚱거렸다.

　　"나는 아홉 살이야. 작년까지 경성에서 승동보통학교를 다녔어. 그런데 장질부사(장티푸스)에 걸린 후 귀가 안 들리기 시작했어. 우리 어머니가 정화여학교 선생님으로 와서, 거기 교장선생님 집에서 살아."

기창이 사는 정화여학교 교장댁인 큰 기와집 옆에는 '군자정'이라는 정자가 있어, 그곳에 앉으면 맑은 시내와 평화롭게 물 위를 노니는 거위와 오리 떼가 보였다. 운보의 '바보산수' 연작에서 보이는 기와집과 정자, 시내가 바로 이 해나무골의 풍경이다. 간혹 동무들과 송악산이나 천마산 근처까지 놀러갈 때 시냇물을 건너고, 소를 타고 가는 목동을 바라보던 추억은 '청록산수靑綠山水(여러 종류의 안료로 채색된 산수화. 산을 군청색과 녹청색 계열로 채색해서 이런 명칭이 붙었다)'에 담겼다. 최순우가 보통학교 3학년 때 기창이 경성으로 돌아가는 바람에 둘은 헤어졌지만, 한국전쟁이 끝나고 서울에서 다시 만나면서 유년을 공유한 두 사내의 우정은 계속 이어졌다.

열일곱 꽃다운 누나가 시집을 간 것도 이 무렵이었다. 누나가 시집간다는 소리를 들은 열 살의 막냇동생은 방에서 혼자 울었다. 누나는 햇빛 밝은 창가의 수틀에 앉아 많은 시간을 보내는 수줍은 소녀였다. 꽃염낭과 꽃방석, 수젓집과 수병풍 등을 만들어 담담한 집안의 공기를 생기있게 수놓을 줄 아는 누나였다. 정월이면 매화나무의 검은 등걸을 구해다가 항아리에 꽂아 남쪽 창가에 두고 청초한 흰 꽃을 피우는 재주를 가진 누나였다. 무엇보다 그를 아끼고 사랑해주던 누나였다. 슬픔에 겨워하는 어린 동생을 한번 안아주고 누나는 가마를 탔다. 훗날 그가 백자항아리에 꽃꽂이 취미를 즐긴 건 누나에 대한 추억 때문이었다.

일 나간 어머니가 늦게 오시는 날에는 누나가 없는 집이 못 견디게 허전했다. 그런 날이면 동네 어귀에서 어머니를 기다리며 쓸쓸함을 달랬다. 집으로 돌아오는 길, 어머니는 막내아들이 선하게 살기를 바라는 마음에 "참으면서, 착하게 살라"는 말씀을 해주시곤 했다. 보통학교를 졸업할 무렵 최순우는 《소년계》나 《신소년》 같은 잡지에 실린 또래 소년들의 시를 읽으며 습작을 했는데, 책읽기를 좋아하는 막내아들이 잡지를 사볼 수 있도록 용돈을 쥐어주신 어머니 덕분이었다.

1930년 최순우는 만월보통학교를 졸업하고 송도고등보통학교(송도고보)에 입학했다. 송도고보는 1906년 미국유학을 다녀온 개화기 선구자 윤치호가 미국 남감리교단 선교부로부터 기독교학교 설립을 위임받아 세운 학교였다. 윤치호는 1938년 친일파로 변절하기 전까지 송도고보에 많은 관심을 쏟았다. 이 학교에는 미국유학을 다녀와 자유주의 교육법으로 학생들을 가르치는 최규남 선생이 있었다. 영어 담당이면서도 양복이 아니라 한복 두루마기를 입고 말없이 민족정신이 무엇인지 보여주는 교사였다.

늘 책을 곁에 두고 글을 쓰는 소년이 문예반에 들어간 것은 당연한 수순이었다. 담당교사인 조선어과 이영철李永哲은 예사롭지 않은 최순우의 글솜씨에 격려와 칭찬을 아끼지 않았다. 몇 편을 추려서 소년잡지사와 신문사에 거듭 투고를 하기도 했다. 〈동아일보〉에 동시가 실렸을 때 신애도L. H. Snyder(미국 남감리교 선교사) 교장은 전교생이 모인 조회시간에 최순우를 연단 위로 불러 신문에 발표된 시를 낭독하게 했다.

최순우는 어머니가 일 다녀오신 후 건네주곤 하는 용돈이 어느 정도 모이면 책방에 갔다. 가장 즐겨 읽은 시집은 당시 베스트셀러였던 김소월의 《진달래꽃》이었다. 그는 소월의 시를 외고 또 외웠다. 2년 후 열여섯 살 때 〈동아일보〉에 다시 한 번 시가 실렸다.

개성박물관에서 스승 고유섭을 만나다

—

3

1934년, 5학년으로 졸업반이 된 최순우는 장래에 대한 고민이 깊어졌다. 시인을 꿈꾸었기에 경성의 대학에 진학해서 문인들과 교유하고 배우며 글을 쓰고 싶은 소망이 있었다. 그러나 작은 대서소를 하는 아버지 형편으로는 무리라는 걸 너무나 잘 알았다.

답답한 마음에 집을 나서니 발길은 저도 모르게 자남산으로 향했다. 녹음이 우거진 숲길을 반시간 넘게 올랐다. 어제 내린 비로 불은 물이 콸콸 흘러내리는 계곡 한쪽에 가로누운 너럭바위에 걸터앉으니, 숲을 헤치는 바람소리가 쓸쓸했다. 아무리 궁리를 해봐도 부청이나 군청 서기 말고는 길이 보이질 않았다.

얼마나 그러고 있었을까? 너럭바위에서 몸을 일으킨 최순우는 숲길을 내려와서도 집으로 돌아갈 맘이 내키지 않아 그저 걸었다. 문득 눈을 들어보니 개성부립박물관 앞이었다. 작년에 젊은 조선인 관장이 새로 부임했다는 소문을 들은 기억이 났다.

개성부립박물관은 개성의 역사유적을 보존하고 알리려는 유지들의 모임인 '개성보승회開城保勝會'의 노력으로 세워졌다. 우리나라 최초의 자발적 향토박물관인 셈이다. 박물관 건립에 뜻을 함께한 이들은 세계 경제불황의 여파로 개성 경제 역시 좋지 않은 상황에서도 넉 달 만에 기와집 30채 값을 모금했다. 개성보승회는 박물관 위치를 개성 중심부 자남산 기슭으로 결정하고 건축을 시작했다. 1931년 10월 약 100평의 본관과 그보다 약간 작은 사무동, 그리고 관사가 완공되었다. 개성보승회는 완공된 박물관 건물을 개성부에 기증했다.

그해 11월 5일 마침내 개성부립박물관이 개관했다. 고유섭, 최순우, 황수영, 진홍섭 등 우리나라 고미술사 분야의 걸출한 인재들을 배출한 박물관의 역사가 시작된 것이다. 초대관장은 교토제국대학 문학과(조선미술사를 배울 수 있는 대학도, 그런 과목도 없던 시절이었다) 출신의 이영순이었으나, 가을에 와서 이듬해 봄에 떠났다. 새로운 관장을 찾기가 쉽지 않았다. 일본유학을 다녀온 인텔리까지는 아니어도, 며칠 생활비밖에 안 되는 박봉을 견딜 수 있는 이는 드물었다. 일본인 사학자들 가운데 자신의 연구를 위해 지원하는 경우가 있었지만, 박물관 운영에 관여하고 있던 개성보승회는 조선인 관장을 원했다. 관장 없는 1년 남짓, 박물관의 기능은 점점 부실해졌다. 평소에는 열쇠를 걸어두었다가 관람객이 찾아올 때만 문을 열어주는 지경에 이르렀다.

어느 날 스물아홉 살의 젊은 학자가 관장으로 오겠다는 의사를 밝혔다. 경성제국대학(경성제대) 철학과에서 미학을 전공한 후 유적지를 답사하며 홀로 조선미술사를 공부해온 고유섭高裕燮(1905~1944, 호는 우현)이었다. 식

개성부립박물관 완공 직후인 1931년의 모습. 이때는 건물 앞에 석등,
왼쪽에 흥국사 7층석탑(강감찬탑)이 없었다. 성낙주 사진 제공.

구들과 함께 인천에서 개성으로 온 고유섭에 의해 박물관 문은 다시 열렸
지만 유물이 너무 빈약했다. 고유섭은 개성보승회를 설득해 개성 상인들,
특히 고한홍으로부터 기와집 20채 값의 유물구입비를 기부받았다.

개성 상인들의 문화재 사랑은 특별했다. 대표적인 예가 동원 이홍근으로,
훗날 평생 열정을 쏟아 수집한 5,000여 점의 문화재를 국립중앙박물관에 기
증했다. 역시 개성 상인 출신인 호림 윤장섭도 수많은 국보와 보물을 수집
해 1982년 호림박물관을 설립했는데, 2012년 현재 국보 8점과 보물 46점
등 문화재 15,000여 점을 소장해 간송·리움과 함께 3대 사립박물관으로
손꼽히고 있다.

고유섭은 고려 도읍지 박물관으로서의 특성을 살리기 위해 고려청자를 집중적으로 구하기 시작했다. 그때 사들인 청자 대부분은 한국전쟁 발발 1년 전 서울의 국립박물관으로 피난와 지금까지 전해지고 있으며, 그 가운데 여러 점이 국보로 지정되었다.

박물관 마당으로 들어선 최순우의 눈에 제일 먼저 띈 것은 석등 앞에 선 옥색 두루마기의 남자였다. 그는 신사복 차림의 남자들과 기모노 입은 여자들에게 박물관에 대해 설명하는 중이었다.

"개성은 고려의 도읍지였습니다. 그런 만큼 우리 박물관은 주로 고려 유물을 전시하는 향토박물관이지요."

옥색 두루마기의 남자는 저만치 떨어져 서 있는 최순우를 힐끗 보고는 관람객들을 이끌고 안으로 들어갔다. 최순우가 따라 들어가려다 입장권 파는 곳을 발견하고 주머니를 뒤적이자 남자는 그냥 들어오라는 손짓을 했다.

90평 가까운 전시장 한가운데 놓인 가슴 높이의 진열장 앞에서 옥색 두루마기 남자가 걸음을 멈췄다. 일본인들도 그 앞에 멈춰섰다. 관람객들 한 켠에 서서 최순우도 진열장 안을 들여다보았다. 용의 머리에 물고기 꼬리, 특이한 모양의 청자였다.

"이것은 청자어룡형주전자입니다. 상상의 동물인 어룡漁龍 모양으로 만든 주전자지요. 이 꼬리가 뚜껑입니다. 꼬리를 열고 물이나 술을 붓고 입으로 따르도록 만들어졌습니다. 원래 어룡은 화재를 예방하는 상징으로 대개 건물의 용마루 끝에 장식되었는데, 12세기 들어 고려 도공들은 어룡 같은 상서로운 상상의 동물 모양으로 주전자와 향로를 만들었습니다. 그런데 지금까지 남아 있는 어룡 모양 주전자는 이 한 점뿐입니다. 훌륭한 기법과 아름다운 빛깔이 걸작이지요."

청자어룡형주전자
높이 24.4cm 밑지름 10.3cm, 고려시대 12세기, 국보 제61호, 국립중앙박물관 소장
(개성박물관에서 1949년 5월 18일 이전).

설명을 듣고 나니 더욱 예사로이 보이지 않았다. 최순우가 진열장에 붙어 안을 들여다보는데, 옥색 두루마기 남자가 다가왔다.

"학생인가?"

"예, 송도고보에 다닙니다."

기특하다는 듯 고개를 끄덕이더니 남자는 자리를 옮겨 다시 설명을 시작했다.

"청자어룡형주전자와 함께 우리 박물관을 대표하는 청자기와입니다. 아주 희귀한 물건이라 우리 박물관의 큰 자랑거리지요."

남자가 잠시 말을 멈춘 사이 일본인들은 탄성을 지르며 청자로 만든 기와 앞으로 몰려들었다. 최순우도 진열장 안을 들여다보았으나 온전한 모습이 아니어서 적이 실망스러웠다. 고작 깨진 기왓조각 한 장이 어떻게 개성의 자랑거리가 될 수 있는지 이해할 수 없었다.

"이것은 고려 의종 때, 그러니까 1157년에 만들어졌습니다. 의종은 무신의 난으로 폐위되어 거제도로 쫓겨갔다가 경주에서 살해되었습니다. 그야말로 비참한 최후를 맞은 왕이지요. 술과 여색을 탐해 원성이 높았는데 호사취미도 유난했습니다. 지붕을 청자로 덮을 정도였으니까요.■ 그 만큼의 청자기와를 일일이 만들려면 고도로 숙련된 기술이 필요합니다. 청자기와 제조기술은 고려에만 있었습니다. 청자를 만들 수 있는 나라는 조선과 중국뿐이었는데, 중국에서는 청자기와로 덮은 건물이 있었다는 기록도 청자기와도 발견되지 않았습니다. 그러니 세계적으로도 아주 귀한 유물이지요.

■《고려사》의종 11년 4월조에 이런 기사가 나온다. '대궐 동쪽에 이궁(離宮)을 완성하였다. 또 민가 50여 채를 허물어 태평정(太平亭)을 짓고 태자에게 명하여 현판을 쓰게 했다. 정자 남쪽엔 연못을 파고 관란정(觀瀾亭)을 구축했으며, 그 북쪽에는 양이정(養怡亭)을 세우고 청자로 덮었다.'

최순우가 1964년 전라남도 강진군 대구면 사당리에서 발굴한 청자기와.

다만 이렇게 깨진 조각으로만 몇 점 발견되었을 뿐이라는 게 아쉽습니다."

최순우는 저도 모르게 고개를 끄덕였다. 이런 사정을 몰랐다면 대수롭지 않게 보아넘겼을 깨진 기왓조각, 그 속에 얼마나 많은 이야기와 내력과 의미가 담겨 있을지 어렴풋이나마 짐작할 수 있을 것 같았다. 무엇보다 우리 문화재에 대한 옥색 두루마기 남자의 애정과 박식함이 인상 깊었다.

최순우는 아직 몰랐지만 그 남자는 고유섭이었다. 그는 청자공예의 변천과 발달 과정에서 청자기와의 위치가 중요하다고 판단해, 1939년에 조선어와 일본어로 쓴 논문을 발표했다. 청자 연구자들에게 큰 관심을 불러일으킨 이 논문은 청자기와에 관한 우리나라 최초의 논문이었고, 오랫동안 유일한 것이 되었다.

박물관을 나와 언덕길을 내려오면서 최순우는 박물관이 생각보다 흥미로운 곳이라는 생각이 들었다.

모호한
미래 앞에
서서

—

4

졸업을 앞둔 1934년 가을, 최순우는 선죽교 아래 용우물골에 사는 선비 무
안 박씨의 딸과 결혼했다. 이름은 금섬金蟾, 나이는 최순우보다 한 살 아래
로 열일곱이었다. 최순우의 어머니는 당신 이름에도 두꺼비 '섬蟾' 자가 들
어 있는데 이렇게 만나니 천생 인연이라며, 신부가 잘살 사주를 타고나 이
름을 '금두꺼비'라고 지었다는 중매쟁이의 말을 전해주셨다. 부모님과 맏
형 내외가 사는 본가 사랑방에 최순우와 박금섬은 신접살림을 차렸다.

박금섬은 최순우가 집안형편에 신경쓰지 않고 원하는 길을 갈 수 있도록
평생 살뜰히 내조했다. 개성에서는 물론 서울로 옮겨와서도 남대문시장에
좌판을 벌이고 나이 쉰이 될 때까지 채소를 팔았고, 이후에는 집에서 하숙
을 쳤다. 녹록지 않은 생활이었지만 남편의 손님이 찾아오면 언제라도 웃
는 낯으로 정성껏 맞이하고 대접했다.

최순우가 임종하기 얼마 전에는 공무원 병가기간 2개월이 만료되었다며

사표를 받으러 온 방문객에게 남편 대신 호통을 치기도 했다.

"평생을 박물관에서 보내신 관장님께 어떻게 그런 소리를 할 수 있소!"

그를 돌려보낸 후 박금섬은 남편의 병상 옆에서 눈물을 훔쳤다. 이 헌신적인 아내는 훗날 세상을 떠났을 때 고명딸 수정에 의해 남편 곁에 합장되었다.

일가를 이루고 졸업도 다가오니 장래에 대한 고민이 더욱 깊던 어느 일요일, 최순우는 문득 지난여름에 들렀던 박물관이 생각났다. 해나무골에서 박물관까지는 천천히 걸어도 20분이면 충분했다.

추운 아침이어서인지 아무도 없는 박물관 안을 그는 홀로 천천히 자유롭게 둘러보며 감상할 수 있었다. 그 가운데 한 청자항아리가 눈에 띄었다. 거기에는 원숭이 한 마리가 누군가에게 주려는 듯 과일을 들고 나무 아래 앉은 모습이 새겨져 있었다. '고려시대에도 원숭이가 있었구나' 생각하며 최순우는 원숭이가 든 과일이 무엇인지 보려고 진열장 가까이 눈을 갖다댔다. 한참을 봐도 잘 모르겠어서 고개를 갸웃하며 허리를 펴는데 인기척이 느껴졌다. 돌아보니 전에 본 옥색 두루마기 남자였다.

"송도고보 학생이군. 박물관이라는 데가 궁금해서 다시 왔나? 그래, 이름은 뭔가?"

"양주 최씨이고, 빛날 희 자를 순 자 항렬 앞에 붙여씁니다."

"빛날 희 자가 좋군. 몇 학년인가?"

"올해 졸업반입니다."

"장가는 갔나?"

"예."

느닷없는 질문에 얼굴이 붉어지면서도 최순우는 공손히 대답했다.

청자원숭이무늬항아리
청자상감에 화금, 높이 25.5cm 굽지름 9.3cm, 고려시대 13세기,
국립중앙박물관 소장(1933년 만월대 부근에서 수습).

"뭘 그리 한참 들여다보고 있었누?"

"원숭이가 든 과일이 뭔지 모르겠어서요."

"다른 사람들은 깨진 항아릿조각이라고 휙휙 지나치는데, 원숭이가 든 과일이 궁금했다니 눈썰미가 제법인걸."

고유섭은 흡족한 표정으로 말을 이었다.

"2년 전 만월대에서 출토됐지. 무늬에 금가루를 입혀 화금畵金 청자라고도 한다네. 조선땅에서 발견된 유일한 화금 청자야. 원숭이가 든 과일은 복숭아고."

그때 사환이 다가왔다.

"관장님, 손님 오셨습니다."

최순우는 비로소 그가 이 박물관의 관장임을 알았다.

"그럼 찬찬히 둘러보고, 가기 전에 나 좀 보고 가게."

전시실을 나서는 고유섭을 향해 고개를 꾸벅 숙여 보인 후 최순우는 정몽주의 초상화를 바라보았다. 선죽교에서 이방원의 철퇴에 맞아 세상을 떠난 정몽주는 개성의 자랑이자 영웅이었다. 최순우는 고려 충신의 초상화가 아직 남아 있다는 사실이 신기해서 그 앞에 한참을 서 있었다.

27개의 진열장에 전시된 120점의 유물을 살펴보는 데 생각보다 많은 시간이 걸렸다. 사환에게 관장을 찾자, 밖으로 나가서 오른쪽에 있는 관사로 가라고 일러주었다. 관사 문을 두드리자 고유섭이 나와 안으로 이끌었다. 협소한 방 한쪽을 차지한 책상에는 여러 권의 책과 원고 뭉치가 쌓여 있었다. 최순우의 눈길은 흩어진 책들 사이에 놓인 돌조각 하나에 머물렀다.

"고려 궁터 만월대에서 나온 돌기왓조각이라네. 흙으로 만든 기와는 흔해도 돌기와는 매우 귀하지. 방금 다녀간 골동상이 갖고 왔기에 쌀 한 말

값(2원)을 주고 샀다네."

고유섭은 그때까지 아무도 가지 않은 조선미술사학이라는 학문의 길을 걸은 개척자였다. 또한 그는 우리나라에서 처음으로 발품을 팔아 문화유적을 답사하고 글을 써서 세상에 알린 문화유산 답사의 선구자였다. 끊임없이 현장을 찾아 실물을 확인하고 문헌을 통해 보충하는 실증적 연구를 실천했다. 때로는 답사에서 얻은 결과로 역사책의 잘못된 기록을 바로잡기도 했다. 그에게 답사는 곧 고증이었다.

주중에는 박물관에서 업무를 보는 틈틈이 공부했고, 주말이면 허리춤에 도시락을 달고 《고려사》의 기록을 따라 세월 속에 감춰진 석탑이나 비석, 잡초에 파묻힌 주춧돌을 찾아다녔다. 그렇게 고려의 국찰 흥왕사를 비롯해 수많은 폐사지를 답사하고 비문을 해석해 옛시대의 모습과 영광을 글로 써서 알렸다.

고구려의 흔적을 찾아 북쪽으로는 국내성, 석탑 변천사 연구를 위해 남쪽으로는 전남 화순의 천불천탑동千佛千塔洞까지 찾아갔으니, 동서남북 그의 발길이 닿지 않은 곳이 없었다. 춘원 이광수는 역사소설을 쓸 때 정확한 고증을 위해 고유섭과 함께 답사를 다니기도 했다.

하찮아 보이는 돌조각 하나도 귀중히 여기는 고유섭에게 보여주기 위해 개성의 골동상들은 발굴의 단서가 될 만한 유물들을 박물관으로 들고 왔다. 고유섭은 그들을 언제나 환대했고, 예산이 없을 때는 사비로 구입해 박물관에 기증하기가 예사였다. 골동상들은 그의 인품과 학식을 존경해마지 않았다.

"박물관에 다시 온 특별한 이유라도 있나?"

"특별한 이유는 없습니다. 지난번에 구경을 다 못했고, 관장님이 해주시

애꾸 최순우, 한국미의 순례자

조선미술사학의 개척자이자 문화유산 답사의 선구자인 고유섭. 개성부립박물관장 시절
그는 최순우를 박물관과 옛것의 매력 속으로 이끌었다. 고병복(고유섭 선생 따님) 사진 제공.

는 설명도 듣고 싶어서 왔습니다."

"내 이야기는 또 왜?"

"기왓조각 하나에도 이야기가 있다는 게 신기했습니다."

"혹시 책을 좋아하나?"

최순우가 물 만난 고기처럼 가슴을 펴고 그동안 읽은 시집과 소설 제목
을 읊자 고유섭이 빙그레 웃었다.

"문학청년이구먼. 나도 그런 시절이 있었지."

고유섭은 잠시 회상에 잠겼다. 1920년 보성고등보통학교(보성고보)에 입학한 그는 경인기차 통학 1세대였다. 인천의 집과 경성의 학교를 오가는 기차 안에서 많은 책을 읽었고, 인천의 진보적 문인들과 문예동인 '한용단'을 조직하기도 했다. 1925년 경성제대에 입학해서는 보성고보 동창이자 훗날 거물 공산주의자가 된 이강국 등과 문학동인 '오명회五名會'를 만들어 활동하면서《조광》에 〈애상의 청춘일기〉를 발표했다.

고유섭은 한층 친근한 목소리로 물었다.

"졸업하면 무얼 할 생각인가?"

"경성에 가서 대학에 다니며 문학공부를 하고 싶은데, 형편이……"

"꼭 경성에서 대학을 다녀야 문학수업을 받을 수 있는 것도 아니고, 문학수업을 받는다고 다 훌륭한 문인이 되는 것도 아니라네. 어디서 무슨 일을 하건 많이 읽고 열심히 쓰면 얼마든지 좋은 문인이 될 수 있지. 대학 갈 형편이 안 된다고 상심할 필요 없네. 한데 서당엔 다녔나?"

"서당에서《동몽선습》을 뗐습니다. 집에서는 사서까지 배웠고요."

최순우를 바라보는 고유섭의 눈빛에 기쁜 빛이 서렸다.

"혹시 조선민족의 장래를 위해 보람되고 의미 있는 일을 해볼 생각은 없나?"

"그, 그게 어떤 일인지……?"

"우리 문화유산과 고적을 찾고, 지키고, 알리는 일! 자네처럼 눈썰미 있고 글재주 좋고 옛 문헌을 읽을 수 있는 청년이 적임자라고 난 생각하네만……"

이 수줍은 청년에게는 무엇보다 아름다움을 볼 줄 아는 눈과 자세가 있었다. 그걸 고유섭은 최순우에게서 알아봤다.

"우리나라 박물관에 나 말고는 조선인이 없는 실정이라네. 우리 문화와 유물에 대해 가르치는 대학도 없어서 나 혼자 공부했지."

고유섭은 우리나라 최초로 철학과에서 서양미술사와 미학을 전공했다. 경성제대에서 미학을 전공한 사람은 광복 때까지 그가 유일했다. 그러나 조선의 문화나 유물에 대해서는 독학으로 공부할 수밖에 없었다.

"선조가 남긴 문화유산의 가치, 내용, 시대를 연구하는 일도 민족에 이바지하는 길이라네. 그래야 훗날 독립되었을 때, 우리 민족의 자랑이 무엇이고 자부심이 무엇인지 계승하고 알릴 수 있지 않겠나. 나는 자네가 그런 일을 하면 좋겠네."

'민족에 이바지하는 길', '독립', '우리 민족의 자부심'…… 가슴속에서 불덩이가 올라오고 얼굴에 열꽃이 퍼지는 듯했다. 최순우는 상기된 얼굴로 말없이 고유섭을 바라보았다. 고유섭 역시 최순우를 뚫어지게 쳐다보았다. 그 형형한 눈빛에 압도되어 최순우는 그만 고개를 숙였다.

"졸업할 때까지 잘 생각해보게."

박물관을 나서는 최순우의 발걸음은 가볍지 않았다.

인생을
가르는
결정

—

5

최순우는 며칠을 고민하다 문예반 담당인 이영철 선생을 만나 고유섭의 제
안에 대해 상의했다.

"저는 관장님이 말씀하신 일이 무엇인지 아직 잘 모르겠습니다. 제가 해
나갈 수 있는 일인지도 알 수 없고……."

"나도 박물관 일에 대해서는 잘 모르지만, 경성제대를 나와 얼마든지 봉
급 많은 직장에 다닐 수 있는 분이 여기까지 와서 고생하는 건 오로지 사명
감 때문일 게다. 그런 분의 제안이니 허투루 한 말씀은 아니겠지. 뭔가 계
획이 있으실 거야. 네게도 기회가 될 수 있을 테고. 나는 찬성이다. 그분 말
씀대로 네가 조선의 자랑이 무엇인지 알리고 민족의 자긍심을 고취시킬 수
있는 일을 한다면 나도 기쁘겠다. 열심히 해보아라."

이영철은 민족의식이 투철한 조선어교사였다. 1940년에 일제의 창씨개
명 강요를 조롱하는 글을 발표해서 헌병대에 끌려가 모진 고문을 당해 결

국 불구가 되었다. 광복 후에 그는 매일같이 목발을 짚고 학교 근처에 나가 등교하는 학생들을 바라보는 것으로 소일하며 여생을 보냈다.

최순우는 깊이 의지하는 선생님의 격려에 마음을 굳히고 박물관으로 고유섭을 찾아갔다.

"제가 감당할 수 있을지 모르겠지만, 열심히 해보겠습니다."

고유섭은 자신이 조선미술사를 연구하겠다고 했을 때 "자네 집안에 먹을 것이 넉넉한가?" 하고 묻던 교수의 얼굴을 떠올리며 최순우에게 물었다.

"자네가 이제 들어서려는 길은 뚝심을 갖고 우직하게 가야 할 길이네. 돈도 안 되고 외롭고 힘든 길이지. 중도에 포기하지 않을 자신 있나?"

"예, 가르침을 주시면 끝까지 해보겠습니다."

흡족한 표정으로 고개를 끄덕인 고유섭은 책 몇 권을 챙겨 보자기에 싸주었다. 장지연의 《대한강역고大韓疆域考》, 김택영의 《역사집략歷史輯略》, 현채의 《동국사략東國史略》, 신채호의 《조선사연구초朝鮮史研究草》, 어윤적의 《동사연표東史年表》였다.

"총독부 금서니까 집 안에서만 보고…… 다 읽으면 다른 책도 빌려주마. 이번 겨울에는 역사책을 떼자꾸나."

"예."

이로써 최순우는 우현 고유섭의 제자가 되었다. 1934년 12월, 그의 인생이 결정되는 순간이었다.

1935년 2월 28일 송도고보를 졸업한 최순우는 3월 1일부터 개풍군청 고적계로 출근을 시작했다. 고적계는 해당 행정구역의 고적과 유물을 관리하는 것이 주업무라고 하지만 예산도 인력도 없는 유명무실한 부서였다. 개풍군도 예외가 아니었지만 고유섭의 주선으로 고적계에 인력이 배정된 것이다. 고려 왕도 인근으로서 역사적 지위가 있는 개풍군의 유적과 유물을 체계적으로 정리하면서 최순우는 식견과 경험을 쌓을 수 있을 터였다. 또한 유적이 발견되면 개풍군으로부터 발굴예산을 따낼 수도 있을 것이었다. 개성부립박물관에는 두 사람이 일할 자리가 없다보니 고유섭이 마련한 방도였다.

군청은 집에서 멀지 않았지만 최순우는 아내와 함께 직원관사에 있는 방 하나에 들었다. 남편의 봉급만으로는 생활이 어려워 박금섬도 손에서 일을 놓지 못했다. 홍삼을 만드는 과정에서 품질이 떨어지는 백삼을 다듬는 일이며, 농가에서 푸성귀와 과일을 받아다가 시장에 앉아 파는 일 등을 하면서 그녀는 어렵게 살림을 꾸려갔다.

최순우가 군청에 나간 지 일주일쯤 되었을 때 고유섭이 좁쌀을 건네주면서 주먹만 한 주머니를 만들어오라고 했다.

"이번 일요일에 탁본할 때 필요하네."

약속한 일요일, 아침 일찍 좁쌀주머니를 가지고 가니 고유섭은 박물관 현관 옆에 선 탑으로 최순우를 이끌었다.

"만월대 동남쪽 동네인 탑재의 어느 사가에 방치되어 있던 강감찬탑이라네. 총독부와 어렵게 교섭해 이리로 옮겨왔지. 탑이 있던 집은 흥국사터로 추정되는데, 이 탑은 고려 현종 12년에 건립됐더군. 연대가 정확히 남아 있어 자료적 가치가 높지. 자, 이제 탁본을 해보세."

고유섭은 젖은 창호지를 탑의 기단 부분에 붙이고 좁쌀주머니에 먹물을 묻혀 창호지를 몇 번 두드렸다. 곧 검은 바탕에 글자만 하얗게 도드라졌다. 고유섭은 조심스럽게 창호지를 떼어 햇볕에 널었다. 최순우도 똑같이 해보았지만 어쩐 일인지 글자에까지 검은 물이 번졌다. 얼굴이 벌게진 제자에

—

흥국사탑(강감찬탑)
높이 2.61m, 고려시대 1021년, 북한 국보 문화유물 제132호,
북한 개성역사박물관 소장.

게 스승이 일렀다.

"먹물을 너무 많이 적시거나 너무 세게 두드리면 그렇게 되지. 연습 많이 해서 요령을 익히게."

그 일요일은 탁본 뜨는 연습으로 하루가 다 갔다.

다음 주에도 최순우는 고유섭과 함께 개성 시내에 있는 절터를 답사하며 일요일을 보냈다.

"여기가 묘련사 있던 자리네. 고려 말 충렬왕이 원나라에서 시집온 제국 공주와 함께 원 황제를 위해 창건한 절이지."

고유섭을 따라 답사를 다니면서 최순우는 개성에 300여 개의 사찰이 있었다는 사실을 알고 무척 놀랐다. 답사가 끝나면 고유섭은 탁본과 자료를 정리해 답사기를 작성했고, 이를 《고려시보》에 연재했다. 최순우는 스승의 글을 통해 답사 후 보고서를 정리하는 방법과 근거자료 찾는 방법을 배울 수 있었다.

그렇게 1년 반을 보낸 가을, 최순우는 이영철 선생의 주선으로 호수돈여고 조선어강사 자리를 얻었다. 봉급이 너무 적은 탓에 군청 업무 외에 다른 일을 겸하는 것을 묵인해주는 분위기였기에 가능한 일이었다. 호수돈여고는 미국 남감리교단에서 세운 학교로 교장은 여성 목사인 '왕래', 즉 엘라수 와그너Ellasue Wagner였다. 교장 사택이 있는 학교 안 언덕은 라일락이 풍성해 학생들이 '라일락동산'이라고 불렀다. 라일락동산 위 키 큰 느티나무 아래서 최순우는 쪽빛 세일러복을 입은 소녀들에게 시를 읽어주곤 했다.

주중에는 군청과 학교에 출근하고 일요일이면 답사를 다니는 생활이 계속되던 어느 날, 예성강을 건너 백마산의 강서사터를 답사하고 돌아오는 열차 안에서 고유섭이 말했다.

"다음 달부터는 만월대와 자남산에서 청자 가마터를 찾아보자."

스승은 입버릇처럼 늘 청자 가마터를 찾아야 한다고 말해왔다.

"내가 가마터를 발굴해 청자파편을 찾으려는 이유가 무엇이겠느냐?"

고유섭이 돌발적으로 질문했지만 최순우는 여유있게 대답했다.

"제가 처음 박물관에 왔을 때 관장님께서 말씀해주셨습니다. 개성박물관을 대표하는 유물은 고려청자라고요. 그게 바로 고려의 예술문화를 대표한다고 말씀하셨습니다."

최순우의 대답에 고유섭이 흐뭇한 표정을 지었다. 최순우는 이미 고유섭의 믿음직한 제자가 되어 있었다.

"바로 그거다. 고려의 청자공예는 신라의 불상조각처럼 고려를 대표하는 예술이지. 그리고 무엇보다도 당시 중국의 도자기를 뛰어넘는 예술적 경지를 이뤘단다. 중국인들에게도 '고려의 비색이 천하제일이다'라는 극도의 찬사를 받았거든."

여기까지 말한 고유섭은 손수건을 꺼내 이마의 땀을 닦았다. 그는 어려서부터 잔병치레가 잦았다. 건강한 체질이 아니어서 주변 사람들은 책 보는 시간을 줄이고 몸을 생각하라며 염려했지만 그의 응수는 한결같았다.

"모르고 오래 살기만 하면 무엇 합니까? 하고 싶은 공부나 하다가 죽지요."

고유섭은 연희전문(지금의 연세대)과 이화여전(지금의 이화여대)에 강의하러 갈 때마다 도서관에서 책을 빌려왔다. 책을 실컷 사보았으면 좋겠다고 푸념하다가 책 살돈을 마련하겠다고 장인에게 돈을 빌려 중국에서 새우젓 수입하는 사업을 계획했는데, 사기를 당하는 바람에 시작도 못하고 망했던 일도 있었다.

1937년 여름, 고유섭과 최순우는 본격적으로 가마터를 찾아나섰다. 그러나 청자파편들만 나올 뿐, 가마터는 나타나지 않았다. 다만 고려시대 관공서 이름이 새겨져 있어 자료로서 가치가 높은 파편이 많아 그나마 위안이 되었다.

8월 28일 밤, 개풍군 영취산에서 천지가 뒤흔들리는 듯한 폭발음이 들렸다. 불과 두 달 전 중일전쟁이 시작된 터라 신고를 받은 면주재소에서 즉시 출동했다. 그러나 무장봉기가 아니라 현화사 7층석탑의 1층 일부가 부서진 일이어서 사건이 고적계로 넘어왔다. 최순우는 이 석탑이 보물 제156호(조선총독부 지정)임을 알고 고유섭에게 급히 연락했다. 도굴범들이 흉기를 지니고 다니던 때여서 개성경찰서에도 연락해 경찰관 셋과 함께 현화사로 달려갔다.

현화사는 고려 현종이 아버지 안종과 어머니 헌정왕후의 명복을 빌기 위해 1023년 창건한 사찰이다. 8미터가 넘는 7층석탑은 그 3년 전인 1020년에 세워졌다. 위층으로 올라갈수록 몸돌의 크기가 비례해 줄고, 각 층의 지붕돌이 비교적 얇으며, 처마를 길게 빼 경쾌한 느낌을 주는 아름다운 탑이었다. 특히 1층 몸돌 부분의 부처와 보살, 동자, 사천왕 조각은 고려시대 조각의 백미라 할 만큼 훌륭했다.

최순우는 참담한 심정으로 한쪽 귀퉁이가 파손된 탑을 바라보았다. 고유섭은 엎드린 채 한참을 살피더니 파손된 부분에 손을 집어넣었다.

"없어졌다. 사리구가 없어졌어. 이놈들이 이걸 노리고 탑에 폭탄을 터뜨린 거야."

침통한 목소리였다.

"나쁜놈들! 천하에 몹쓸놈들!"

고유섭은 분을 참지 못하고 펄펄 뛰었다. 사리를 담는 사리구舍利具는 최

현화사 7층석탑
높이 8.64m, 고려시대 1020년, 북한의 국보급문화재, 현재 북한 개성역사박물관 소장.

상의 재료, 최고의 기술로 제작되는 불교용구로 매우 가치있는 문화유산이 었다. 고유섭은 망연자실한 채 최순우에게 말했다.

"여기서 멀지 않은 부소산 경천사터에도 10층석탑이 있었지. 13미터 높이의 그 걸작을 일본 궁내성의 다나카 미스야키田中光顯가 무장한 일본군 100여 명을 동원해 해체해서는 일본으로 가져갔어. 1918년 우여곡절 끝에 돌려받긴 했지만 너무 심하게 훼손되어 손도 못 댄 채 여태 방치하고 있지. 나쁜놈들……."

화가 좀 삭자 고유섭은 탑이 무너지지 않아 그나마 다행이라며 스스로를 위로했다. 이날의 경험으로 최순우는 탑 속에 사리구라는 보물이 간직되어 있음을 알았다. 훗날 국립박물관 미술과장 시절에 도굴범들이 불국사 석가탑을 들어올렸다는 소식을 듣고 경주로 달려가 제일 먼저 사리구가 온전한지부터 살폈다.

한편, 사리구 도굴 사건으로 충격을 받은 고유섭은 9월 10일 고적 애호에 대한 강연회를 열어, 개성에서만큼은 도굴이 발생하지 않도록 다 같이 감시하자고 호소했다. 그리고 며칠간 박물관을 무료로 개방해 개성 부민들에게 유적과 유물의 중요성을 역설했다.

별이
지다

—

6

청자 가마터 발굴작업은 해를 넘기도록 진전이 없었다. 고유섭과 함께 하는 일요일 답사뿐 아니라, 군청의 고적계 일로 출장을 나갈 때도 최순우는 가마터로 짐작될 만한 곳들을 누볐다. 여름에 비가 많이 와서 산에서 흙이 밀려내려오면 인근 학교 학생들까지 동원을 부탁해 조사했지만, 청자 가마터는 끝내 발견되지 않았다.▪

1940년에 접어들면서 식민 통치는 더욱 혹독해졌다. 일제는 1937년에 시작된 중일전쟁의 전선을 확대했고, 미국과의 관계도 점점 악화시켜 조선에 있는 모든 미국인과 캐나다인, 영국인까지 추방했다. 미국인 '왕래' 목사도 추방당해, 호수돈여고에는 강기순 여사가 새 교장으로 부임했다.

▪ 오랜 추적 끝에 마침내 가마터를 발견한 것은 1964년 5월에 이르러서였다. 고려왕실용 청자기와를 구워내던 가마터가 예상과는 달리 개성에서 멀리 떨어진 전남 강진에 있었던 까닭이다. 최순우의 발견에 동행한 이는 당시 국립박물관 미술과 학예관 정양모(훗날 국립중앙박물관장)였다. 청자연구의 열쇠가 된 이 발견으로 18년에 걸친 청자 가마터 발굴작업이 마무리되었고, 강진군은 청자의 고향으로 자리매김했다.

이즈음 최순우는 스승을 찾아가 가마터를 찾지 못하는 안타까움을 토로했다. 고유섭은 봄에 과로로 쓰러졌다가 다행히 얼마 후 회복해 평생의 숙원인《조선미술사》와 삼국시대부터 조선시대까지 탑의 역사를 다룬《석탑연구》집필에 몰두하고 있었다. 그래서였을까, 그는 담담했다.

"조금 더 찾아보고도 안 되면 포기할 수밖에…… 대신 조선백자와 조선미美에 대해 공부하게. 당대의 미술에는 그 시대 사람들의 세계관과 이념이 깃들어 있네. 고려시대에는 왕족과 귀족들의 호사스러운 취미 때문에 청자가 화려하게 발달한 반면, 조선시대에는 성리학을 숭상했던 만큼 단아하고 소박한 백자가 발달했지. 우리 민족의 미술과 공예가 세계에서 독특한 존재로 장래에 재평가되리라고 나는 확신하네. 자네도 잊지 말게. 우리 예술에는 우리 민족만의 독자성이 있고, 그것이 바로 조선미의 진가라는 것을."

"예."

조선미의 진가…… 최순우는 그것이 무엇인지 정확히 알지 못했다. 아마도 스승이 쓰고 있는《조선미술사》의 일부일 터였다. 최순우는 '조선미의 진가'와 '조선미의 독자성'이라는 두 구절을 가슴에 담았다. 그리고 고유섭이 끝내《조선미술사》집필을 완성하지 못한 채 세상을 등지자 스승이 남긴 이 두 명제를 평생의 과제로 삼았다.

최순우는《조선총독부박물관 진열품도감》과《이왕가박물관 소장품사진첩》을 보면서 청자뿐 아니라 조선시대의 백자와 분청사기까지 공부의 폭을 넓혀갔다. 안견이라는 화가가 몽유도원도라는 대작을 그렸다는 이야기, 투견도가 안중식의 장난으로 김홍도의 낙관이 찍힌 사실이 알려지면서 '작자미상'이 되었다는 이야기 등, 스승이 발표한 글들을 통해 조선시대 그림에 대한 지식 또한 키워나갔다.

《조선총독부박물관 진열품도감》(위)과
《이왕가박물관 소장품사진첩》.

그러는 사이 또 한 해가 흘러 1941년이 되었다. 봄에는 '호수돈'이라는 학교명이 영어라는 이유로 사용이 금지되면서 폐교 위기까지 치달았다. 다행히 개성의 젊은 부자 진홍섭과 황명규가 기와집 50채 값으로 재단법인 명덕학원을 설립하여 호수돈여고를 인수하고 교명을 명덕여자중학교로 변경했다.

메이지대학에서 경제학을 전공하고 돌아온 진홍섭은 인수한 학교에서 교편을 잡았다. 또 개성상업중학교에는 도쿄제국대학에서 경제학을 공부하고 돌아와 교편을 잡은 황수영이라는 청년이 있었는데, 개성 출신 동갑내기인 황수영과 진홍섭은 함께 박물관을 드나들다가 고유섭을 도와 그의 원고를 정리하는 일을 했다. 고유섭의 새로운 제자가 생긴 셈이었다.

교장이 추방되고 교명이 바뀌는 사태 속에서도 학생들을 계속 가르쳐온 최순우는 1943년 모든 학교의 조선어과목이 폐지되면서 학교를 떠나야 했다. 게다가 일본이 미국을 상대로 태평양전쟁을 일으킨 후 조선땅에도 전시체제 강화를 위한 광풍이 몰아쳤다. 늙지 않은 남자는 징병이나 징용으로 끌고 갔고, 결혼하지 않은 여자는 정신대로 데려갔다. 또 무기 만들 철이 필요하다는 이유로 쇠붙이란 쇠붙이는 죄 강탈해가면서, 최순우는 종鐘이 있는 사찰을 안내하라는 경찰서와 헌병대의 다그침에 시달렸다. 차마 그렇게 할 수 없었던 그는 대서소를 하는 아버지에게 도움을 청해 군청 고적계에서 개성부청 서기로 자리를 옮겼다.

언제 징용에 끌려갈지 모르는 불안 속에서 집과 부청을 오가며 최순우는 책과 스승의 글을 거듭해 읽었다. 당시 고유섭은 문학지《문장》과〈조선일보〉에 조선시대 미술작품과 작가론을 연재하고 있었다. 최순우는 이를 암기하다시피 했다. 훗날 최순우가 여러 매체에 '화가열전'을 연재한 것은 스승의 영향이 컸다.

최순우와 달리 교사직을 유지해 징용 대상이 아니었던 진홍섭과 황수영은 경제적 여유도 있어 주말이면 고유섭과 함께 경주로 내려가 석굴암과 인근 답사를 다녔다. 또 방학이면 전국의 불교유적지를 조사하면서 고유섭의 가르침을 받았다. 훗날 두 사람은 불교미술 전문가가 되었다.

1944년, 고유섭이 급성간경화로 쓰러졌다. 최순우와 진홍섭, 황수영 모두 황급히 달려왔지만 제자들이 할 수 있는 것은 쾌유를 비는 일뿐이었다. 몇 년 전에도 쓰러졌지만 금세 털고 일어났으니 이번에도 거뜬히 회복할 거라고, 정화수 떠놓고 기도나 하라며 고유섭은 짐짓 너스레를 떨었다.

그러나 그는 다시 일어나지 못했다. 꽃 피는 봄날 "내 천직이며 오직 하나의 소원"이라 했던 《조선미술사》를 미완으로 남겨둔 채, 한국 최초의 미술사학자 고유섭은 39년의 짧은 생을 마감했다. 광복을 한 해 앞둔 1944년 4월 26일이었다. 생전에 발표한 논문이 150편에 달했고, 캐비닛 하나를 가득 채울 만한 분량의 유고와 2,000여 권의 장서를 남겼다. 우현 고유섭이 그토록 일찍 세상을 떠나지 않았다면 한국 미술사학계는 보다 탄탄한 발전을 이루었을 것이다.

스승을 잃고 최순우는 며칠을 울었다. 열아홉에서 스물여덟까지 함께한 10년의 세월이 애틋했고, 소금처럼 귀한 이를 너무 빨리 잃은 것이 애통했다. 무엇보다 그 얼굴 그 눈동자를 다시 볼 수 없어 서러웠다. 고유섭이 이승과 마지막 작별을 하는 길은 때아닌 바람이 거셌다. 최순우는 그날을 이렇게 기록했다.

마지막 들가로 내모시는 초여름 아침은 때아닌 바람이 거세게 자남산 중턱을 휘몰아치고 있었다. 고별식장의 차일들이 마구 바람에 펄럭이고 상복의 미망인과 아이들의 머리카락이 자꾸만 애처로운 얼굴 위에 흐트러지곤 했다.

긴 조사를 들으며 거센 바람에 시달리는 뜰의 원추리꽃을 바라보면서 나는 이 시골 도시 하나가 온통 해쑥하게 빛을 잃었구나 하는 생각을 하고 있었다.

선생은 자남산실子南山室의 서재에서 10년간 연구에 몰두하는 동안 건강을 그르쳤고 끝내 자남산실에서 서거하셨지만, 선생이 일상 하신 말씀으로 보면

할 일을 못하고 살아가기보다 한국 미술의 진가와 전통의 올바른 체득을 위해서 심신을 모조리 불사르고 자진하신 것이다.

고유섭이 없는 박물관은 적막하고 쓸쓸했다. 그가 떠난 봄에서 여름이 지나고 가을이 오도록 박물관은 빈자리를 채우지 못하고 있었다. 그만 한 학식, 그만 한 열정, 그만 한 소명의식을 가진 인물을 찾기란 불가능한 일이었다. 그러나 언제까지고 그 자리를 비워둘 수는 없는 일. 9월, 중학교 교사 민태식이 3대 개성부립박물관장에 임명되었다. 개성 부민들에게 신망이 높은 인물이었다.

이듬해인 1945년 8월은 온통 태극기의 물결이었다. 일장기 중앙의 붉은 원에 먹물을 들인 다음 태극문양을 그려 칠한 태극기였다. 집집마다 급히 만든 태극기가 걸렸다. 최순우가 근무하던 개성부청에도 일장기가 내려지고 당당히 태극기가 올랐다.

마침내 압제에서 해방된 이 눈부신 여름에 스승은 어디 있는가! 최순우는 개성소주 한 병을 사들고 수월동에 있는 고유섭의 무덤을 찾았다. 생전에 스승이 좋아하던 술을 올린 후 절을 했다. 그렇게 엎드린 채 그는 한동안 일어나지 못했다. 한참 후 무덤에서 내려온 최순우의 발걸음은 어느덧 박물관으로 향하고 있었다.

박물관은 어쩐 일인지 문이 굳게 잠겨 있었다. 최순우는 관사로 가 문을 두드렸다. 이내 희끗한 머리의 민태식이 나왔다.

"드디어 최 서기가 왔구먼. 그렇잖아도 한번 오지 싶어 내심 기다리고 있었네."

"그간 안녕하셨습니까? 그런데 박물관 문이 닫혀 있더군요."

"문을 잠갔네. 미군이 올 때까지는 문을 꽉 닫고 유물을 잘 지키는 게 나을 것 같아서."

해방 직후 우왕좌왕하던 시절이라 최순우는 말없이 고개를 끄덕였다.

"나는 최 서기가 이 박물관에 꼭 와야 할 사람이라고 생각하네. 개성에서 최 서기만큼 유적과 유물에 대해 잘 아는 사람이 또 누가 있겠나. 물론 진홍섭 선생과 황수영 선생도 있지만, 해방이 되었으니 더 큰 일을 찾아 서울로 가거나 가업을 잇지 않겠나. 개성부청 책임자가 정해지면 다시 이야기해보세."

그토록 고대하던 해방이었건만 시국은 예상치 못한 방향으로 흘러가고 있었다. 박물관도 예외가 아니었다. 박물관을 나서는 최순우의 발걸음은 마냥 무거웠다.

8월 29일, 붉은 깃발을 앞세운 소련군이 개성으로 들어왔다. 공산주의자들은 만세를 불렀지만 대부분은 불안하고 마뜩찮은 눈길로 그들의 행렬을 지켜보았다. 미군이 올 것으로 예상했던 관청에서는 일대 소란이 벌어졌다. 우익 관계자들은 급히 서울로 달려갔고, 상황을 파악하기 위해 서울에서 오는 이들도 있었다. 결국 소련군이 철수하고 이틀 후 미군이 들어왔다. 미군이 서울에 도착한 지 일주일 만이었다.

10월 초, 개성부립박물관의 행정적 지위가 '지방박물관'으로 결정되었다는 소식이 들려와 최순우는 다시 박물관을 찾아갔다. 민태식이 상세히 설명했다.

"지난달 미군정청에서 국립박물관장을 임명했네. 유럽에서 고고학을 공부하고 온 김재원 박사인데, 나이는 30대 후반이고 영어에 능통해서 군정청 사람들과도 대화가 잘 된다고 들었네."

　김재원은 1945년 9월부터 1970년 5월까지 25년 동안 초대 국립박물관장으로 재직했다. 그는 뮌헨대학에서 교육학과 고고학을 전공해 박사학위를 받은 뒤, 벨기에 켄트국립대학에서 중국고고학과 동양미술사를 공부했다. 10여 년의 유학생활을 마치고 1940년 귀국한 후로는 보성전문(지금의 고려대)에서 독어를 가르치고 있었다. 그러던 차에 해방이 되어 조선건국준비위원회와 학술원의 위촉으로 조선총독부박물관을 접수했다. 미군정이 시작되면서 조선총독부박물관은 국립박물관으로 새롭게 출발했고, 김재원은 국립박물관장으로 정식 임명되었다.

　"내가 김재원 관장을 만나고 왔네. 그분 말이 경주·부여·공주박물관은 총독부박물관 시절부터 분관이었기 때문에 국립박물관의 분관으로 결정됐지만, 우리는 개성부립박물관이었기 때문에 전처럼 개성시에서 관리하는 지방박물관으로 놔뒀다는 거야. 그래서 내가 해방도 됐는데 분관으로 접수해달라고 했더니, 지금은 총독부박물관에 있던 유물을 인수받고 파악하는 데 정신이 없고, 이 일을 먼저 끝내야 국립박물관 문을 열 수 있으니 그 다음에 생각해보자고 하더군."

　고유섭은 생전에 개성박물관이 총독부박물관의 분관이 되어야 본관과 유물을 교류하고 재정지원도 받으며 발전할 수 있다고 판단했다. 그러나 개성 유지들은 총독부박물관의 통제를 받는 것을 거부했다.

　"그러면 국립박물관은 언제쯤 개관할까요?"

　답답한 표정으로 최순우가 물었다.

　"그리 오래 걸릴 것 같진 않아. 그렇지만 난 곧 사표를 낼 생각이네."

　최순우가 깜짝 놀라자 민태식은 장탄식을 하며 말했다.

"고향 떠나고 싶은 마음은 추호도 없지만, 38선이 가로지르고 있는 개성이 영 불안하군. 다행히 공주 어느 중학교에 교장 자리가 났어. 내년 봄학기부터 근무하기로 했네. 후임이 결정되면 내가 이야기해놓을 테니, 자네는 그저 박물관 사람이다 생각하고 기다리시게……"

12월 3일, 마침내 국립박물관이 정식 개관했다. 김재원 관장이 미군정청 사람들에게 유물을 설명하는 사진이 실린 신문기사를 보며 최순우는 국립박물관에 가봐야겠다고 생각했다. 열흘 후에는 민태식이 시청으로 찾아와, 자신의 사표가 수리되었으며 후임은 개성도서관 관장 이풍재라고 알려주었다. 이풍재가 이미 도서관장직을 맡고 있는데다 박물관 일은 전혀 모르니 최순우가 박물관 일을 도맡아야 할 거라는 말도 덧붙였다.

최순우는 민태식과 헤어진 후 도서관으로 달려가 이풍재를 만났다.

"최 서기, 마침 잘 왔소. 최 서기와 함께 일하면 될 거라 해서 마지 못해 박물관장을 겸직하게 되었어요. 그런데 시와 군정청에 알아보니 박물관에 할당된 인원은 관장과 서기, 수위뿐이고 예산도 몇 푼 되지 않아 최 서기에게 말 꺼내기도 민망하게 되었소. 하지만 해방된 조국과 박물관을 돕는다는 생각으로 일을 좀 해주시오. 훗날 좋은 세상이 오면 진급도 되고 월급도 오르지 않겠소."

최순우는 고유섭을 생각했다. 스승이 11년 동안이나 박물관장으로 재직한 것은 돈 때문이 아니었다. 자신이 고적계에서 일했던 것도 먹고살기 위해서가 아니라 우리 문화유산을 공부하기 위해서가 아니었던가. 최순우는 마음을 굳혔다.

"예, 박물관에서 일해보겠습니다."

이풍재의 얼굴이 환해졌다.

"고맙소, 최 서기. 우리는 지금 미래만 바라보고 가야 하오. 박물관을 위해 열심히 해주시게. 부탁하오."

"예, 관장님."

"서기라는 직급에 신경쓰지 말고 박물관을 활발히 운영해주시게. 관사는 최 서기가 전부 쓰시고."

고유섭은 관사를 '파월당波月堂'이라 이름짓고 10년 넘게 살았다. 관사에 가면 여전히 그의 온기와 숨결이 느껴지고 목소리가 들리는 듯했다. 스승이 기거하던 곳에 깃들게 되었다는 생각에 최순우는 감격과 그리움으로 가슴이 먹먹했다.

박물관 관사로 이사하던 날, 개풍군청과 개성부청 관사 단칸방에서 살아온 아내는 뛸 듯이 기뻐했다. 세간살이를 수습하고 나니 벌써 한밤이었다. 창호를 열자 달빛보다 환한 눈빛, 소리없이 내린 눈이 어느새 산과 들을 소복이 덮고 있었다. 불어오는 칼바람에 창호를 닫으며 최순우는 생각했다.

'월급이 적으면 어떻고 운영비가 없으면 어떠랴. 스승이 그랬듯이 화로에 숯불 피워 견디며 이 길을 가보는 거다.'

이부자리에 들었어도 최순우는 쉽사리 잠이 오지 않았다.

최순우는 파월당에서 1946년의 새해를 맞았다. 1월 9일에 국립박물관 이홍직 주사가 분관 결정 문제로 방문했다. 생각보다 빠른 움직임이었다. 국립박물관장으로서 의욕적으로 일을 추진하던 김재원은 마음먹은 일은 어떻게든 설득해 관철시켰다. 미군정청에서 '불독'이라는 별명을 붙여줄 정도였다. 분관 결정 문제도 일사천리로 진행되었다.

최순우는 '개성박물관 소장품 현황과 발전 방향'이라는 문건을 이홍직

김재원 초대 국립박물관장(오른쪽)과 미군정청의
국립박물관 담당 크네즈 대위. 김리나(김재원 관장 따님) 사진 제공.

주사에게 건넨 후 차근차근 설명하기 시작했다.

"진열관 87평, 수장고 36평, 사무실 36평의 개성박물관에는 현재 315점
의 유물이 소장되어 있습니다. 종·불상 등을 포함한 금속품 55점, 석탑과
옥석제품 30점, 토기·도자기·청동기 등이 229점, 회화 1점입니다. 소장량
은 해방 전과 거의 다름없는데, 구입할 재정 여력이 없기 때문입니다. 올해
도 개성시가 박물관에 책정한 예산은 관원 월급뿐인 상황입니다. 그러나
더 많은 고려청자를 소장하게 된다면 청자박물관으로서 명성도 얻고 관람
객도 많이 유치할 수 있을 것입니다. 이를 위해서는 국립박물관의 분관이

되는 것이 유일한 방법입니다."

이홍직은 고개를 끄덕였다. 국보급 청자가 많고 규모있는 한옥 건물이 흡족한 듯했다. 그는 서울로 돌아가 잘 보고하겠다는 말을 남기고 박물관을 떠났다.

이홍직이 다녀가고 얼마 지나지 않아 마침내 분관 결정이 내려졌다. 개성시 학무과장 최일영은 국립박물관장이 직접 방문해 개성 유지들에게 분관의 결정에 대해 설명해주기를 부탁했다. 흔쾌히 청을 수락한 김재원은 개성에 와 박물관을 둘러본 후 유지들을 만났다. 그는 개성박물관이 국립박물관의 분관이 되어도 유지들의 성금으로 마련된 소장품은 고스란히 개성에 두겠노라 약속했다.

1946년 4월 15일, 김재원은 군정청 관계자 몇 명과 함께 개성에 와 분관 개관식을 거행했다. '개관기념 무료입장' 안내문을 보고 찾아온 관람객도 600명에 달했다. 관람객들을 안내하고 질서를 잡느라 분주한 와중에도 최순우는 만감이 교차했다. 이 자리에 스승이 없는 것이 안타까웠고, 스승의 오랜 바람이 이루어져 기뻤고, 개성박물관의 환한 앞날이 그려져 행복했고, 그래서 스승이 더욱 깊이 그리웠다.

그렇게 최순우는 서른 살의 봄을 맞았다. 고유섭을 만난 지 11년 만에 국립박물관 개성분관의 관원이 되었다. 그리고 이날부터 1984년 12월 15일 세상을 떠날 때까지 38년 8개월 동안 국립박물관원으로서 삶을 산다.

개성박물관에서
첫해, 설렘과
떨림으로

—

7

어느 날 아침, 주민들이 떼지어 박물관으로 몰려왔다.

"마, 만월대에…… 굴착기가 주춧돌을 들어올리고 있소!"

만월대에 미군 막사를 세우는 공사가 시작될 거라는 소문은 진즉 돌았다. 있을 수 없는 일이었다. 만월대는 박물관 관리 대상 유적지였다. 무엇보다 개성의 성지와도 같은 곳이었다. 이풍재와 최순우는 개성 주둔 군정청 담당자를 면담해, 만월대는 고려의 왕궁터로 지금도 유물이 출토되는 곳임을 설명했다. 시민단체들도 막사 자리로 만월대는 불가하다는 의견을 전달했다. 그런데도 느닷없이 공사가 시작되자 인근 주민들이 득달같이 달려와 알려준 것이다.

최순우는 박물관 자전거를 타고 급히 만월대로 내달았다. 현장은 난장판이었다. 통역을 찾아 미군 담당자에게 강력히 항의했지만, 돌아온 대답은 어이가 없었다.

"아무것도 없는 벌판인데 무슨 소리요? 후일 막사를 철거하면 원래대로 될 테니 걱정 말고 돌아가시오."

그때, 와아 함성소리가 들리더니 개성 시민들이 몰려왔다. 개중에는 몽둥이를 든 이도 있었다. 노인 몇 명이 굴착기 앞에 드러눕고 나머지는 굴착기를 둘러싼 채 시위를 벌이기 시작했다. 미군들은 한동안 당혹스러워하다가 소리를 지르며 화를 냈다. 그러나 시민들은 꿈쩍도 하지 않았다. 결국 미군들은 굴착기를 남겨둔 채 부대로 돌아갔다. 시민들은 만세를 부르며 승리를 자축했지만 언제 미군이 돌아올지 모른다는 염려에 삼삼오오 모여 앉아 만월대를 지켰다. 오후에는 학교 운동장에서도 함성소리가 들리는 등 시내 분위기가 심상치 않게 흘러갔다.

이풍재는 서울의 김재원에게 전화를 넣어 이 일을 자세히 알렸다. 김재원은 바쁘게 움직였다. 그는 3주 전 분관 개관식 때 참석했던 크네즈E. Knez 대위부터 찾아갔다. 크네즈 대위는 얼마 후 주한 미국공보원장을 겸직하게 된 국립박물관 담당으로, 훗날 1·4후퇴 때는 국립박물관 소장품을 무사히 부산으로 피난시킬 수 있도록 특별열차를 주선해주었다. 김재원과 최순우가 한국 국보 순회전으로 미국을 방문했을 때는 워싱턴DC에 있는 그의 자택으로 초대해 성대한 식사대접을 해주는 등 한국과의 인연을 이어갔다.

군정청에 들어가보니 마침 일본 주재 태평양총사령부에서 문화 부문을 담당하고 있는 골든 불스Golden Boweles 박사와 하버드대학의 랭던 워너Langdon Warner 교수가 서울을 방문해 크네즈 대위와 함께 있었다. 워너 교수는 미공군이 일본의 유서 깊은 도시 교토와 나라를 폭격하지 못하도록 탄원서를 내서 관철시킨 문화재 애호가였다. 김재원의 설명이 끝나자 크네즈 대위가 개성 군정청으로 전화를 걸었다.

고려의 왕궁터인 만월대 전경. 1918년 사진.

"새로운 명령이 하달될 때까지 공사를 중지하고, 개성 시민들과 불필요한 충돌을 일으키지 마시오."

워너 교수 역시 도쿄의 태평양총사령부로 전문을 보냈다. 그리하여 마침내 서울의 미8군사령부로 명령이 하달되었다. 막사 자리로 다른 곳을 찾으라는 내용이었다. 만월대는 그렇게 파괴를 면해 개성 시민의 품으로 돌아왔다.

만월대 일이 무사히 수습되자 최순우는 조선시대 회화 전시회를 기획했다. 개성분관이 소장한 회화로는 공민왕 초상화 한 점밖에 없었는데, 그림 관람을 원하는 시민들의 문의가 많은 터였다. 분관 개관 후 첫 전시회인 만큼 풍성하게 꾸미고 싶은 의욕이 최순우의 마음을 가득 채웠다. 그는 이풍재에게 본관에서 작품을 빌려올 수 있는지 알아봐달라고 부탁하면서 대여 목록을 건넸다. 그 목록에는 스승이 우리나라 실경을 가장 많이 그렸다고 칭송했던 정선, 인상 깊은 풍속화의 대가로 언급한 김홍도, 그리고 《화가사전》을 준비하면서 주의 깊게 일러준 안견의 적벽도와 설천도(고유섭은 이 두 작품이 안견의 작품일 가능성이 높다고 판단했다), 윤두서의 노승도와 마상처사도 등이 적혀 있었다.

그러나 본관에서는 관장을 비롯한 거의 전 직원이 경주에 내려가 국립박물관 최초의 발굴작업에 매달리고 있었다. 당시 학예직이라고 할 수 있는 이는 총독부박물관에서 근무했던 아리미쓰 교이치有光教一와 경성제대 출신으로 고려대학에서 동양사를 강의하다가 박물감으로 들어온 김원룡 그리고 도쿄제국대학에서 일본사를 전공한 이홍직 주사뿐이었다. 다른 직원으로는 제도사 임천, 기록사 서갑록, 사진사 이건중이 있었다. 5만 점이 넘는 유물을 소장한 국립박물관으로서는 턱없이 적은 인원이었고, 예산도 부족했다. 무엇보다 미술사나 고고학을 전공한 이가 없었다. 해서 김재원은 경주에서 돌아온 후에 신출내기 화가 장욱진을 미술·전시 담당 박물감(지금의 학예사)으로 채용할 정도였다.

국립박물관은 경주의 발굴작업에서 '을묘년 국강상 광개토지 호태왕 호우십'이라는 글자가 새겨진 청동용기를 찾아냈다. '을묘년'은 415년이라는 제작 연대를, '호우'는 술을 담는 용기로 추측할 수 있었다. 그리고 이 청동기가 나온 무덤을 '호우총'이라 이름 붙였다. 김재원은 발굴 보고서에 이렇게 썼다. "이 청동기는 이번 경주 발굴에서 가장 중대한 발견품이며, 고적 발굴사상 특필特筆할 만하다."

첫 발굴을 성공적으로 마친 국립박물관은 내부를 수리하고, 개관기념 특별 전시회를 개최하느라 눈코 뜰 새 없이 분주했다. 그런 이유로 개성분관에 조선시대 그림을 대여해주기 힘들다는 답변을 보내왔다.

그러나 최순우는 낙담하거나 포기하지 않았다. 개성 유지들 가운데 조선시대 그림을 갖고 있는 이들을 수소문해, 개성보승회에서 활동하던 김정호의 소장품을 중심으로 다양한 작품을 확보할 수 있었다. 이렇게 해서 개성분관의 첫 번째 전시회이자 최순우의 첫 기획전은 막이 오르기만을 기다리고 있었다.

'조선시대 회화 전람회' 포스터를 붙이느라 시내 곳곳을 누빌 때 최순우의 마음은 몹시도 설레었다. 이 어렵고 혼란한 시절에 옛그림을 보러 올 사람이 몇 명이나 될까 회의가 들면서도, 분명 회화를 감상하고 싶어 하는 이들이 있고 이번 전시회는 그들을 만족시킬 것이라는 자신이 있었다.

마침내 전시회의 막이 오르는 날, 간밤에 잠을 설쳤는데도 새벽 일찍 눈이 떠졌다. 최순우는 관사를 나와 박물관 마당을 거닐었다. 가을 새벽 공기는 차고 하늘에는 아직 별이 총총했다. 곧 동이 트고 아침이 밝으면 관람객이 하나둘 찾아오리라. 얼마나 많은 이가 올지는 이제 자신의 손을 떠난 일이었다. 전시회는 스스로의 운명에 의해 돌아갈 것이다.

오전은 한산했다. 그러다가 점심시간이 지나자 관람객이 눈에 띄게 불어났다. 그림 앞에 선 사람들은 사뭇 진지했다. 책에서 본 그림이 있으면 반가워했고, 재미있는 묘사를 발견하면 즐거워했다. 10월 15일부터 20일까지, 엿새 동안 전시회를 찾은 인원은 모두 2,655명, 하루에 450명꼴이었다. 본관의 하루 관람객이 50명 정도였으니 대단한 성공이었다.

이 전시회로 최순우는 박물관원으로서 커다란 긍지와 보람을 느꼈다. 좋은 전시에는 사람이 들게 되어 있음을 가슴 깊이 새겼다. 그리고 사람들의 문화적 갈급도 발견할 수 있었다.

첫 전시회를 성공적으로 마치고 오래지 않아 본관에서 연락이 왔다. 내년부터 관보를 발행하니 개성분관의 연혁과 활동내역을 작성해 보내라는 내용이었다. 최순우는 그동안의 활동을 정리해 글로 썼다. '일제 잔재문헌 청산의 긴급성'이라는 글도 함께 썼다. 박물관에서 사용하는 일본용어들을 하루빨리 조선어로 바꿔야 민족정신이 바로 선다는 내용이었다. 관보에 그 글이 실려 일본용어들이 우리말로 바뀌는 계기가 되기를 소망하면서 최순우는 서울로 편지를 보냈다.

마침내 관보가 도착했다. 최순우는 두근거리는 가슴을 진정시키며 관보를 펼쳐보았다. 그러나 자신의 글은 어디에도 없었다. 다만 '편집후기'에 이런 내용이 있었다.

개성분관 최희순의 '일제 잔재문헌 청산의 긴급성'이라는 투고가 있었으나 본 관보의 특성상 싣지 못했음을 유감으로 생각한다. 앞으로는 박물관에 참고가 될 의견이 있으면 본관으로 직접 말씀하여주기를 바란다.

문화유산 관련 용어를 우리말로 바꾸는 작업은 꿈도 못 꾸던 시절이었다. 국립박물관원으로서의 첫해가 그렇게 저물었다.

혜곡 최순우, 한국미의 순례자

개성 3걸의
탄생

—

8

1947년 1월, 어느 날 아침 박물관에 손님이 찾아왔다. 스승과 답사를 다닐 때 가끔 동행하던 강필운과 초면의 사내가 함께 왔다. 강필운은 최순우와 동갑으로 고미술에 관심이 많은 화가였다. 생계를 위해 극장간판을 그리고 있지만 순수미술에 대한 꿈을 포기하지 않는 의지를 높이 평가한 고유섭은 그를 답사에 동반하곤 했다. 강필운은 답사에 좋은 동행이었다. 최순우가 탁본을 뜬 후 자를 들고 여기저기 뛰어다니는 동안 그는 옆에서 화구를 펼쳐놓고 폐사지의 쓸쓸한 풍경을 화폭에 담았다.

"그간 소식이 궁금했는데, 이렇게 찾아주시니 고맙습니다. 그런데 같이 오신 분은?"

"이쪽은 윤경렬 형입니다. 우리와 동갑이죠. 일본에서 인형공부를 하고 돌아와 지금은 시내 고려인형사에서 인형을 만듭니다. 단청에 관심이 있어 같이 답사를 다니고 있습니다."

강필운의 소개가 끝나자 윤경렬이 악수를 청했다.

"함북 주을에서 온 윤경렬입니다. 우현 선생님 계실 때 가르침을 얻고자 강필운 형과 함께 찾아뵌 적이 있지요."

훗날 경주로 내려가 '영원한 신라인'의 삶을 산 윤경렬. 그는 일본에서 귀국 후 조선 인형을 만드는 곳을 찾아 4년 전 개성에 온 터였다. 고유섭을 찾아간 것도 조선의 토우를 만들고 싶어서였다. 어떻게 공부해야 할지 가르침을 청하자 고유섭은 대뜸 꾸짖기부터 했다.

"3년간 손에 절은 일본의 독소를 빼내려면 10년은 걸릴 게야. 일본 인형을 공부한 자네는 조선 인형일랑 아예 만들 생각도 말게."

윤경렬은 포기하지 않고 다시 한 번 고유섭을 찾아가 무릎을 꿇었다.

"방향만 가르쳐주시면 앞으로 10년이 걸리든 20년이 걸리든 열심히 해보겠습니다."

"백제 불상은 전라도 사람을 닮았고 신라 불상은 경상도 사람을 닮았다네. 전라도에 피는 꽃은 전라도의 아름다움이고 경상도에 피는 꽃은 경상도의 아름다움이지."

알 듯 모를 듯하던 그 이야기가 고유섭으로부터 들은 마지막 말이었다. 윤경렬은 그에게서 가르침을 얻을 기회를 영영 잃고 말았다.

"최희순이라고 합니다. 스승님을 뵌신 적이 있다니 반갑습니다."

최순우가 인사를 마치자 강필운이 보퉁이 하나를 건넸다.

"얼마 전 윤경렬 형하고 수락암동고분벽화를 보러 갔다가 흩어져 있던 것들을 주워왔습니다. 그리 중요해 뵌진 않지만 혹시 몰라서……."

개성 개풍군 청교면에 있는 수락암동고분水落巖洞古墳은 오래전 도굴을 당해 방치되어 있었는데, 희미하게 남아 있는 벽화를 보러 갔다가 몇 가지 유

수락암동 제1호분 현실 북벽 모사도

개성시 개풍군 수락암동 소재 고분에 있는 고려시대 벽화를 임천이 모사했다. 높이 1.8m.
10~13세기 고려 귀족의 묘이다. 현재 국립중앙박물관 소장.

물을 수습해온 것이었다. 보통이 안에는 동전 두 닢과 청자파편 석 점, 누렇게 칠한 나뭇조각 몇 점과 쇠못 한 점이 있었다. 무덤의 주인을 알려주는 단서가 될 유물은 아니었지만, 최순우는 인수증을 써주며 감사인사를 했다. 이들이야말로 선조들이 남긴 문화를 지키는 사람들이었다.

봄기운이 서서히 퍼지던 3월 중순, 강필운이 다시 박물관을 찾아왔다.

"알고 지내는 사냥꾼이 있는데, 장단에 도굴된 고분이 있답니다! 약도를 그려주더군요."

건네받은 약도를 보니 개성 서쪽, 장단군 진서면 부근이었다.

"가봅시다."

최순우는 이풍재에게 보고한 후 강필운과 함께 서둘러 박물관을 나섰다. 한적한 야산에 무너져내린 봉분이 하나 있었다. 직경 60센티미터 크기의 도굴갱을 바라보며 한숨짓고 있는데, 강필운이 윗도리를 벗어부치더니 갱 안으로 주저없이 들어갔다. 수락암동고분에 몇 번 들어가본 솜씨를 발휘한 것이다. 언제 준비했는지 초와 성냥도 가지고 있었다. 갱 안으로 사라지는 강필운의 뒷모습을 보며 최순우는 그저 허허 웃었다.

그런데 한참이 지나도록 강필운은 나타날 기미가 없었다.

"강형! 괜찮소?"

귀를 기울여보았으나 아무 소리도 들리지 않았다.

"강형! 강형!"

초조해진 최순우가 목청껏 부르자 저 밑 어딘가에서 강필운의 목소리가 들려왔다.

"곧 올라가요!"

잠시 후 강필운이 모습을 드러냈다.

"석실 안에 벽화가 있어요!"

흥분한 강필운에게 초와 성냥을 받아들고 이번에는 최순우가 윗도리를 벗었다. 법당방고려고분벽화는 이렇게 발견되었다. 수락암동고분벽화에 이어 개성 인근에서는 두 번째로 발견된 고려 벽화였다.

최순우는 한 주 뒤 다시 한 번 고분을 살펴보았다. 그리고 본관 차원의 발굴조사가 필요하다고 이풍재에게 보고했는데 그가 쓴웃음을 지었다.

"나, 사표 냈소. 분관도 되었으니 이젠 전문가가 분관장으로 와야 하지 않겠소? 이 건은 최 서기가 직접 본관에 가서 상의하는 게 좋겠소."

4월 첫날, 최순우가 본관에 들어서니 박물감으로 승진한 이홍직이 다가와 귀띔을 해주었다.

"오늘 자로 이풍재 분관장의 사표가 수리되고, 후임으로 진홍섭 명덕여중 이사가 임명됐어요."

이풍재의 사표를 수리한 김재원은 신임 분관장에 적합한 인물을 추천해 달라고 학계에 의뢰했다. 국어학자 이희승이 진홍섭을 추천했다. 고유섭과 가까이 지내던 그는 개성에 갔을 때 진홍섭을 만난 인연이 있었다.

"고유섭 선생 제자라더군요. 최 서기보다 두 살 아래인데, 괜찮겠소?"

"조정막여작朝廷莫如爵▪입니다. 염려하지 않으셔도 됩니다."

"그래요. 최 서기가 그 말을 아는 걸 보니 걱정하지 않아도 되겠네요. 그런데 오늘은 무슨 일로 오셨소?"

"신임 분관장께 상의드린 후 다시 말씀드려야 할지 모르겠는데, 발굴조

▪ 조정에서는 벼슬의 높낮이를 위계의 최우선으로 한다는 뜻.

사가 필요한 고분벽화가 발견되어 들렀습니다."

최순우가 건넨 보고서를 훑어본 이홍직이 물었다.

"석곽의 위치며 크기, 내부구조를 표시해가며 그릴 정도면 상당한 실력인데, 최 서기가 직접 하셨소?"

"예, 제가 들어가서 쟀습니다."

"전에 박물관에서 일한 적 있소?"

"그건 아니고, 개풍군청 고적계에서 일하며 고유섭 선생님께 어깨너머로 배웠습니다."

조심스럽게 스승의 이름을 꺼냈지만 이홍직은 심상히 들어넘겼다.

"알았어요. 관장님께 보고드린 후 연락하죠."

"예."

공손히 인사하고 사무실을 나오는 최순우의 주먹이 저도 모르게 꼭 쥐어졌다. 그는 마음을 다잡았다. '실력을 키우자. 그래, 실력을 키우면 된다. 아무도 넘볼 수 없는 그런 실력……' 최순우는 심호흡을 하면서 앞만 보고 서울역을 향해 걸었다.

최순우는 분관장에 대한 예의를 갖춰 진홍섭을 대했고, 진홍섭은 고유섭 문하에서 함께 공부한 문도門徒로서 최순우를 대했다. 두 사람은 힘을 합해 개성분관의 내실을 다지기 시작했다. 본관과의 연락을 강화하기 위해 전화도 설치했다.

진홍섭이 개성분관장 직무를 시작하고 열흘 후인 4월 10일, 김재원 관장과 이홍직 박물감, 김원룡 박물감, 임천 제도사가 개성박물관에 도착했다. 법당방고분이 본관 차원에서 발굴조사를 할 가치가 있는지를 살피기 위해서였다. 발굴을 중시하는 고고학을 전공한 김재원이니만큼, 고려시대 고분이 틀림없어 보이는데 그 안에 벽화가 있다는 최순우의 보고서를 읽고 가능한 한 빨리 달려온 것이었다.

최순우의 안내로 진홍섭과 김재원 일행은 법당방고분에 당도했다. 도굴갱 입구를 덮어두었던 나뭇가지들을 걷어내며 최순우가 윗도리를 벗었다. 임천도 윗도리를 벗고 최순우를 따라 갱 안으로 들어갔다. 어둡고 고요한 땅속, 임천은 최순우에게 촛불을 들고 있을 위치를 정해주더니 종이 위에 무언가를 쓱쓱 그리기 시작했다. 10분쯤 지났을까, 임천은 종이를 접어 주머니에 넣으며 말했다.

"나갑시다."

최순우와 함께 햇빛 속으로 나온 임천은 종이를 펴보이며 김재원에게 내부구조를 설명했다.

"석곽은 장대석으로 4면벽이고, 천장은 관석 세 개를 덮어 평천장입니다. 천장에 천체도天體圖가 그려져 있습니다. 벽면에는 홀을 잡고 관복을 입은 사람과 12지신상이 그려져 있고요. 거의 탈색되어 옷에서 주색과 청색만 알아볼 수 있을 정도입니다."

언제 그걸 다 보고 그렸을까, 최순우는 경이로운 눈빛으로 임천을 바라보았다. 임천, 그는 전설의 박물관원이었다. 그의 일은 박물관 소장품이나 발굴지의 유물을 그대로 그려 남기는 것이었다. '신의 눈' 혹은 '신의 손'이라고 불릴 정도로 눈썰미가 훌륭했고 벽화 모사 실력이 뛰어났다. 그를 능가할 이는 이전에도 이후에도 없었다.

도쿄미술학교 동양화과에서 수학한 임천은 귀국해서는 고고미술에 뜻을 두었다. 1933년 개성 관음사 대웅전 보수공사 때 채색화원彩色畵員으로 공사를 담당했고, 이후 황해도 성불사 극락전, 평양 대동문, 구례 화엄사 각황전 등의 보수공사에 참여했다. 광복 후에는 국립박물관에 소속되어 문화재의 복원·보수·실측 공사를 도맡았다. 1962년 숭례문 중수重修 때 훗날 복원이 가능하도록 정확히 실측한 것도 그였다.

임천은 비운의 박물관원이기도 했다. 초창기 국립박물관 직제의 한계 때문이었는지 그는 능력에 걸맞은 대우를 받지 못했다. 세월이 흐를수록 폭음이 잦아진 그는 1965년 57세의 나이로 아까운 생을 마감했다. 그가 세상을 떠나자 당시 미술과장이던 최순우는 선친의 뒤를 이을 수 있도록 그의 외아들을 미술과로 불렀다. 부전자전이었는지 아들 역시 눈썰미와 손재주가 훌륭했다. 이후 그는 청자문양 연구에서 독보적인 업적을 남겼다.

"본관에서 발굴할 만한 가치가 있겠소?"

김재원 관장이 묻고 임천이 대답했다.

"해볼 만합니다. 벽화는 모사해서 보존할 만한 가치가 분명하고요."

"모사하는 데 시간은 얼마나?"

"손상이 심해 열흘은 걸릴 듯합니다."

"알겠소. 조만간 조사를 시작하지요."

지난해 경주 호우총 발굴에 이은 국립박물관의 두 번째 발굴은 이렇게 결정되었다. 서울 사람들을 배웅하며 최순우는 임천을 향해 힘차게 손을 흔들었다. 세상이 얼마나 넓은지를 보여준 것에 대한 답례였다.

1947년 5월 3일, 국립박물관의 2차발굴이 시작되었다. 최순우는 인부 다섯을 구해 봉분을 걷어내는 작업을 시켰다. 서울에서 온 일행이 10여 일간 거처할 기와집도 한 채 빌렸다.

발굴작업은 빠르게 진행되었다. 경주 호우총은 도굴이 안 된 처녀분이어

1947년 8월 제1회 분관장회의 후 기념촬영한 사진. 앞줄 왼쪽에서 네 번째가 김재원,
일곱 번째가 진홍섭. 뒷줄 오른쪽에서 두 번째가 최순우, 세 번째가 장욱진,
다섯 번째가 김원룡이다. 혜곡 최순우 기념관 사진 제공.

서 부장품 수습에 많은 날이 필요했지만, 이 고분은 도굴당한 상태라 박물
감들이 내부를 실측한 후 인부 한 명이 남아 임천이 벽화를 모사할 수 있도
록 촛불을 들고 있으면 되었다. 최초 발견자로서 발굴을 참관하던 강필운
은 임천의 모사작업을 관심있게 지켜보았다. 임천은 그를 임시조수로 채용
해 벽화 일부를 모사하게 했다.

그사이 박물감들은 주변에 또 다른 고분이 있는지 조사해 5기를 더 발견
했다. 김재원 관장은 서울에서 〈조선일보〉 편집국장 홍종인과 군정청 문화
담당 고문 길버트슨을 데리고 와 발굴작업을 소개했다. 이 같은 민첩하고

적극적인 홍보 덕분에 당시 국립박물관의 활동은 여러 언론에 비중있게 소개되었다.

하루치 발굴작업이 끝나면 그야말로 적막강산, 밤은 길고 할 일은 없었다. 매일 밤 왁자한 술판이 벌어졌다. 서울에서 온 장욱진, 김원룡, 임천 모두 대단한 술꾼인데다 최순우도 뒤지지 않았다. 같이 거나하게 취하면서 우정의 싹을 틔운 최순우와 장욱진은 이후 평생을 벗으로 지냈다. 이들이 마신 술의 양은 오랫동안 박물관의 전설로 회자되었는데, 훗날 김재원의 뒤를 이어 2대 국립박물관장이 된 김원룡은 당시를 이렇게 회상했다.

1947년 개성 근처 법당방法堂坊에서 고려 고분을 발굴하였을 때이다. 우리가 숙식한 곳은 독채로 된 기와집이었는데 젊은 발굴대원들은 매일 밤 동동주를 사다가 퍼마셨다. 온돌에서 뛰다가 대청마루로 나가고 대청에서 뛰다가 양푼을 두들기며 마당을 돌았다. 어찌나 연일 떠들었는지 큰 구렁이 한 마리가 딴 곳으로 이사가다가, 그래도 충격이 덜 가셨는지 넘어가던 담 위에 목을 걸치고 저것들도 사람인가 하고 혀를 차고 있었다. 이것은 거짓말이 아니다.

고분 발굴작업은 5월 12일에, 벽화 모사작업은 17일에 끝났다. 이홍직이 강연을 맡아 명덕여중에서 '법당방고분 조사 보고 강연회'도 열었다. 학생과 시민 400여 명이 참석한 가운데 강연회는 성공적으로 끝났다. 이런 반응에 고무되어 진홍섭과 최순우는 모사한 벽화를 개성분관에서 먼저 전시하기를 원했다. 본관의 허락을 받아 18일과 19일에 '고분벽화특별전'을 열었더니 이틀간 무려 3,400명이 다녀갔다. 개성 사람들의 고려 사랑이 얼마나 크고 깊은지 알 수 있는 전시였다.

초록의 봄이 가고 눈부신 초여름이 왔다. 박물관은 그 어느 때보다 활기에 차 있었지만 일하는 사람으로서는 고충이 이만저만이 아니었다. 진홍섭은 본관에 업무 과다와 인력 부족을 보고하고, 최순우의 직책을 행정직에서 학예직으로 변경해달라고 요청했다. 그 결과 인력이 보충될 때까지는 수·토·일요일은 휴관하기로 허가를 받았고, 한 달여 후 최순우는 참사로 승진했다.

행정직 서기에서 학예직 참사가 된 최순우는 진홍섭에게 진심어린 감사를 표했다. 진홍섭은 그가 박물감이 되지 못한 것에 대해 적이 미안해했지만, 최순우는 충분히 기뻤다. 열정을 바쳐 성실을 다하면 언젠가는 합당한 결과가 온다는 믿음과 자신감을 얻었으니, 이번에는 그것으로 충분했다. 열심히만 한다면 앞으로 기회는 얼마든지 있을 터였다.

8월 1일에는 황수영이 본관의 박물감 발령을 받았다며 찾아왔다. 근무는 서울과 개성을 오가며 한다고 했다. 개성분관에 할당된 정원이 분관장을 제외하면 참사인 최순우와 수위 단 두 명뿐이어서 김재원이 편법을 쓴 것이었다. 이렇게 고유섭의 세 제자는 모두 국립박물관원이 되었고, 최순우·진홍섭·황수영은 '고유섭의 세 제자', '개성 3걸'로 불리며 평생 우정을 이어갔다.

글의 빛,
오래된 것'의
향기

—

9

그날도 본관에 출장 나온 길이었다. 이홍직이 최순우를 불러세우더니 신문을 내보이며 말했다.

"내가 쓴 '삼국시대의 금석학'이라는 글이 〈서울신문〉에 실렸어요. 연재 형식으로 몇 번 더 실릴 겁니다."

"좋은 일입니다. 축하드립니다."

"허허, 고마워요. 한데 내가 축하받자고 자랑하는 건 아니고, 신문사에서 박물관원들의 좋은 글을 소개해달라는 부탁을 받았어요. 최 참사가 하나 써보지 않겠소?"

개성으로 돌아온 최순우는 책상 앞에 앉아 무엇을 써야 유익한 글이 될지 고민했다. 재능을 인정받은 문학청년이었으되 글쓰기와는 소원하게 살아온 이즈음이었다. 무엇을 어떻게 써야 할지 쉬이 감이 잡히지 않았다. 붓 나아가는 대로 쓰다 보면 자칫 전문성이 떨어지는 산문이 될 위험이 있었다. 신문사에서 박물관원에게 글을 청탁하는 것은 문화재에 대한 전문적인 식견을 기대하기 때문 아닌가. 하지만 그렇다고 너무 전문적으로 쓰면 독자들에게 감동을 주기는커녕 외면받기 십상일 것이었다.

몇 날 며칠 고민 끝에 '내가 가장 잘 쓸 수 있는 글을 쓰자'고 맘을 먹었다. 가장 잘 쓸 수 있는 글······ 문득 청자 가마터가 떠올랐다. 고유섭과 청자 가마터를 찾아다닌 경험은 누구도 해본 적이 없을 것이다. 당시 채집했던 청자파편과 거기 씌어 있는 관공서 이름으로 위치를 추적하며 가마터를 찾아다녔지만 끝내 가마터는 발견하지 못했다. 그렇다면 실패담인 셈인데, 신문사에서 좋아할까 걱정이 되기도 했다.

'몇 년 동안이나 찾아다녔지만 결국 찾지 못했다. 하지만 누군가는 찾아야 할 것 아닌가. 내 실패담이 후일의 발굴자에게 도움이 될 것이야.'

최순우는 용기를 내 글을 쓰기 시작했다. 일단 방향이 잡히니 이야기는 술술 풀렸다. 퇴고하고 나자 이 글을 과연 보내야 할지 또 망설여졌다. 처음으로 써본 학술적인 글이었기에 신문에 실을 만하다고 인정해줄지 자신이 없었다. 최순우는 혹여 실리지 않아도 좋은 경험으로 생각하자고 마음을 정리했다. 그래서였을까. 이홍직에게 전화를 받았을 때는 장원급제 소식이라도 들은 양 기뻤다.

"최 참사 글이 '개성 출토 청자파편'이라는 제목으로 오늘 〈서울신문〉에 실렸어요."

"그래요? 이 박물감님이 애써주신 덕분입니다."

"아니에요. 광복 후 최초로 발표되는 고려청자에 관한 글을 자기네 신문에 실게 해줘서 고맙다고, 최 참사 덕분에 오히려 내가 인사를 받았어요."

스승 고유섭의 오래전 기대대로, 최순우는 해방된 조국의 유일한 청자

연구자로 세상에 등장한 것이다. 최순우는 목이 메었다. 글로써 우리 문화재를 알리는 일의 중요함을 역설하던 스승의 목소리가 들리는 듯했다.

"관장님도 글을 읽고 놀라시던데요. 이런 글이 많이 발표될수록 박물관 위상도 올라간다며 입에 침이 마르도록 칭찬하셨어요. 박물감들한테 앞으로 청자에 관해서는 모두 최 참사에게 물어보라고 하셨어요."

"과찬이십니다. 아직 모르는 것투성이입니다."

"《고려사》를 읽지 않으면 쓸 수 없는 부분이 있던데, 최 참사가 그런 실력자인 줄 몰랐어요, 하하."

전화기를 내려놓은 최순우는 조용히 사무실 밖으로 나와 자전거를 타고 수월동으로 향했다. 마음속으로 '스승님'을 수없이 부르면서.

'개성 출토 청자파편'은 최순우가 남긴 600편의 문화재 관련 글 가운데 첫 번째로, 겸손한 자세로 썼으되 오랜 기간 연구·조사하지 않으면 쓸 수 없는 글이었다. 또 청자파편에 남은 고려시대 관청 이름과 파편의 출토지는 향후 청자 제조와 발전 과정을 추적하는 결정적 단서가 될 수 있었다. 최순우는 이렇게 박물관에서 청자 전문가로 인정받기 시작했다.

그해 가을, 최순우는 크나큰 상실을 겪었다. 달 밝은 밤 어머니는 잠자리에서 홀연 이승을 떠났다. 그 고요한 죽음에 아무도 임종을 지키지 못했다. 비보를 전해들은 최순우는 아내와 함께 해나무골 본가로 달려갔다. 답사를 다닌다고 자주 찾아뵙지 못했다는 자책감과 다시는 어머니를 뵐 수 없다는 슬픔에 통곡이 멈추질 않았다. 훗날 최순우는 "인생을 여유있게 살 수 있었던 것은 어머니가 강조하시던 인내와 관용, 이해의 정신이 큰 도움이 되었다"면서 어머니를 그리워했다.

장례를 치르고 돌아온 10월 초, 아이들의 수학여행이 절정을 이루었다. 서울에서 수학여행 와 박물관을 관람하고 가는 학생이 하루에 수백 명이었다. 최순우와 수위로는 감당이 안 돼 분관장인 진홍섭까지 질서정리에 나섰다. 5개 학교에서 800명의 학생이 한꺼번에 들이닥친 날도 있었다. 시간이 지날수록 피로는 쌓이고, 다른 일은 도무지 손도 댈 수 없는 지경이었다. 그렇게 한 달을 시달리자 모두들 녹초가 되었다.

그러나 보람된 피로였고 즐거운 시달림이었다. 까르르 웃고 재잘대며 유물을 구경하고 석탑과 비석을 만지며 뛰어노는 아이들을 바라보는 것은 더없이 기쁜 일이었다. 장난기 어린 그 눈빛들에도 우리 옛것에 대한 경이로움과 친근감이 언뜻 스쳐가는 걸 최순우는 놓치지 않았다. 오랜 일제강점기 동안 우리 문화에 대해 전혀 배우지 못한 아이들이지만, 그들도 분명 한국인이었고 한국인의 정서를 지니고 있었다.

그런 아이들의 눈빛에서 최순우는 우리 문화유산을 찾아 후대에 물려주고 그 가치를 알리는 것이 박물관에서 일하는 자신의 사명과 의무라는 사실을 다시 한 번 깨달았다.

수학여행철이 지나 10월도 하순에 이르렀다. 서울에서 이홍직과 김원룡이 본관과 분관 유물의 교체 전시를 준비하기 위해 개성을 방문했다. 용건이 끝난 후 최순우는 이홍직에게 그동안 생각해온 본관과의 답사계획에 대해 상의했다.

"이 박물감님, 혹시 용매도에서 좋은 고려청자가 출토된다는 얘기 들어보셨는지요?"

"그런 얘기는 듣지 못했는데, 용매도가 어디에 있는 섬인가요?"

재미있는 골동 이야기가 나오나 싶어 이홍직은 빙그레 웃으며 물었고, 김원룡과 진홍섭도 최순우 주변에 자리를 잡았다.

"해주 앞바다에 있습니다. 개성 골동가게에서는 그 섬에서 좋은 청자가 나온다는 얘기가 왜정 때부터 은밀히 나돌고 있지요."

김원룡이 궁금한 표정으로 얼른 물었다.

"그런 외딴섬에서 어떻게 청자가 출토된다는 거지요?"

"고려가 몽골과 전쟁을 벌일 때 일부 귀족들은 임시수도인 강화도가 아니라 개성과 강화도 사이에 있는 용매도로 피난을 갔는데, 그들이 세상을 떠났을 때 생전에 쓰던 청자를 함께 묻었기 때문이라는 얘기를 들었습니다. 용매도뿐 아니라 대수압도, 소수압도, 대청도, 소청도, 초도, 청란도, 백금도에서도 청자가 나온다는 이야기가 있고요. 그래서 일단 용매도에 남아 있는 고려 고분을 살펴본 다음, 가치가 있다고 판단되면 내년 봄쯤 본관과 함께 본격적인 발굴조사를 하면 어떨까 생각하고 있었습니다."

"거기는 비록 황해도라도 38선 이남이긴 한데, 배 타고 가다가 잘못해서 이북으로 넘어가면 큰일 아니오?"

이홍직이 진담 반 농담 반으로 물었다.

"아, 거기는 배를 타지 않아도 됩니다. 물이 빠지면 그냥 걸어서 들어갈 수 있습니다."

"육지에서 얼마나 떨어졌기에 걸어가요?"

"한 시간에서 한 시간 반쯤 걸으면 된다고 들었습니다."

"허, 그런 데가 있다니, 구경삼아라도 한번 가봐야겠네요. 그럼 쇠뿔도 단김에 빼랬다고, 다음에 오려면 또 절차가 복잡하니 지금 관장에게 전화해서 허락을 받고 내일이라도 다녀옵시다. 그거 참, 섬을 걸어서 간다니 재미있는 곳이네. 하하."

이틀 후 최순우는 이홍직, 김원룡, 강필운과 함께 용매도를 향해 떠났다. 국립박물관으로서는 청자 발굴을 위한 최초의 사전답사였다.

용매도는 작은 섬이었다. 섬을 한 바퀴 도는 데 한 시간쯤 걸렸다. 섬 가운데 자리잡은 야트막한 산 위로 올라가자 호수처럼 잔잔하고 짙푸른 바다가 한눈에 들어왔다. 바다 한가운데 돛포를 활짝 펼친 채 떠 있는 두 척의 배가 그림 같았다. 노래 한 자락이 저절로 흘러나올 만한 풍경이었다. 다들 바다를 바라보며 말이 없는데 문득 사람 소리가 났다. 마을 사람들이 떼를 지어 올라와서는 조사단의 행색을 아래위로 훑어보며 물었다.

"어디서들 오셨습니까?"

자칫하면 도굴꾼으로 몰릴 판이었다.

"서울 국립박물관에서 왔습니다."

이홍직이 나서자 마을 사람들은 박물관이 뭐 하는 곳인지 모르겠다는 듯 다시 물었다.

"서울에서 여기까지 뭣 하러 오셨습니까?"

사람들이 조금씩 다가왔다. 금방이라도 달려들 기세였다. 이번에는 최순우가 나섰다.

"저는 개성에서 왔는데, 이분들은 서울에서 나랏일을 하는 분들입니다."

마을 사람들이 움찔하며 조금 물러났다. 최순우는 침착함을 잃지 않고 말을 이었다.

"저 아래 보니까 국민학교가 있던데, 교장선생님께 가서 여쭤보세요. 박물관은 나라에서 옛날 물건을 찾고 조사하는 곳입니다. 저희는 굴총꾼이 아니라, 이 섬에 고려시대 무덤들이 있다고 해서 조사하러 온 겁니다. 여기

박물관에서 발행한 신분증도 있으니까 보세요."

최순우는 주머니에서 박물관원증과 출장증명서를 꺼내 마을 사람들에게 건넸다. 고유섭과 다닐 때 오해를 받은 적이 많아 그때부터 증명서를 만들어 갖고 다닌 터였다. 최순우가 건넨 증명서를 건성으로 훑어본 마을 촌로가 한 손으로 바지춤을 추켜올리며 겸연쩍게 웃었다.

"담배 하나만 주시구레."

최순우가 담배를 건네자 촌로는 담배를 한 모금 빨더니 자기를 따라오라며 앞장섰다. 마을 사람들도 구경삼아 따라오기 시작했다. 촌로가 발길을 멈춘 곳에 제법 규모있어 보이는 봉분이 있었다. 그러나 군데군데 도굴갱이 보였다. 최순우가 허탈한 표정을 짓자 김원룡이 혀를 찼다.

"이런 섬까지 와서 도굴을 하다니⋯⋯."

"말도 마시구레. 왜정 때는 주재소도 없어서 왜놈들이 인부들 데리고 와 여기저기 굴총을 해도 어쩔 수가 없었수다레."

촌로도 한숨을 내쉬었다. 일제강점기 일본에서 온 도굴꾼들은 조선의 산천을 휘젓고 다니며 어린아이들에게 알사탕을 나눠주고 소문을 수집한 후 마을 뒷산을 뒤졌다. 좋은 청자가 나온다는 소문이 난 이곳 또한 예외가 아니었다. '설마 이런 섬까지' 하며 왔지만 결과는 허탈했다.

마을 청년 몇 명과 몇 군데 모여 있는 고분군을 살폈지만, 규모가 있어 보이는 고분에는 모두 도굴의 흔적이 있었다. 그러나 불행 중 다행으로 큰 고분 주변에는 청자파편이 많이 남아 있었다. 조사단은 준비해간 자루에 파편들을 수습했다.

청자 발굴을 위한 사전답사는 파편을 수습하는 미약한 성과로 끝났다. 하지만 섬 일대를 자세히 조사하면 도굴되지 않은 고분이 있을 가능성이 높다는 결론을 내리고, 이홍직이 〈서울신문〉 11월 11일자와 18일자에 '용매도 기행'이라는 글을 발표하는 것으로 답사 보고서를 대신했다. 그리고 내년 봄에 본격적인 발굴팀을 꾸려 다시 오기로 했지만, 이 계획은 실현되지 못했다. 이듬해 봄, 김재원과 김원룡이 장기간의 해외출장으로 부재했던 까닭이다.

록펠러재단의 후원으로 1년간 미국과 캐나다의 박물관들을 둘러보기 위해 떠나는 두 사람을 환송하며 최순우는 다시 한 번 마음을 다잡았다. 노력을 게을리 하지 않고 실력을 인정받으면, 언젠가는 김원룡처럼 해외 박물관들을 둘러보며 안목을 키울 기회가 올 터였다. 그때부터 최순우는 잠자는 시간을 줄여가며 영어공부를 했다. 서른둘, 적지 않은 나이에 새로운 언어를 익힌다는 것은 결코 쉬운 일이 아니었다. 하지만 스승은 말씀하셨지 않은가. 이 길은 뚝심을 갖고 우직하게 가야 한다고.

김재원과 김원룡이 출장에서 돌아온 것은 1949년. 그때는 이미 38선 일대에서 국지전이 벌어지기 시작해 용매도 발굴은 불가능했다. 그렇게 용매도는 북녘의 섬이 된 채 오늘에 이르고 있다.

용매도 답사에서 돌아온 후, 최순우는 진홍섭과 함께 본관을 오가며 개성에서 전시할 유물을 빌려왔다. 11월에는 신라시대 토기와 조선시대 백자·분청사기를 빌려와 전시했고, 12월에는 임천이 모사한 수덕사 벽화도를 빌려왔다. 이렇듯 박물관이 활발하게 돌아가자, 개성 군정청 재산관리처에서는 광복 후 일본인들이 서둘러 떠나면서 남겨둔 고려청자와 조선백자 62점을 서울로 보내지 않고 개성분관에 기증했다.

1947년, 박물관원으로서의 두 번째 해가 그렇게 저물어갔다.

웅장하고
의젓한
우리 탑

—

10

1948년 들어 개성분관에는 하루 평균 200명 이상의 관람객이 찾아왔다. 서울본관이나 경주분관의 절반 수준이었고, 공주나 부여의 분관에 비해서는 세 배 정도 많은 수였다. 관람객의 증가로 박물관원들의 업무 또한 늘어났지만, 최순우는 바쁜 가운데도 저녁이면 어김없이 《고려사》 등의 책을 꾸준히 읽으며 공부했고, 휴무일이면 여전히 청자 가마터를 찾아다녔다. 관람객들이 어떤 유물을 관심있게 보는지도 꾸준히 살폈다.

그리고 3년간의 미군정이 끝났다. 8월 15일, 이승만 대통령은 대한민국 정부 수립을 대내외에 선포했다. 서울 한복판 숭례문에 정부 수립을 경축하는 현수막이 걸리고, 다음 날 저녁에는 경복궁 경회루에서 대통령이 주최하는 축하연이 열렸다. 북한 역시 9월 9일 조선인민민주주의공화국 수립을 선포했다. 38선을 경계로 한반도에 두 나라가 세워진 것이다. 그러나 개성은 아직 대한민국 영토에 속해 있었고, 최순우는 별다른 변화를 느끼지 못한 채 박물관 일에 몰두하고 있었다.

그해 가을, 김재원의 출장으로 관장 업무를 대행하던 이홍직에게 최순우는 함께 답사할 세 곳을 통보받았다. 경주의 고선사터와 천군리 폐사지(천군동 사지), 그리고 속리산 법주사. 세 군데 모두 고유섭이 다녀와 글로 남긴 곳이었다. 떠나기 전 스승의 글을 거듭 정독하면서 최순우는 가슴이 설레었다. 스승의 발길이 닿고 손길이 스쳤던 곳에 가는 것이다.

최순우는 이홍직과 함께 경주에 도착했다. 역 근처 파출소에서 고선사터와 천군리 가는 길을 물었더니 순경 한 명이 반가워했다.

"제 고향이 고선사터가 있는 암곡리 아닙니까."

가는 길을 자세히 가르쳐주면서 그가 덧붙였다.

"총독부에서 세운 표석이 있습니다. 보물 몇 호라고 씌어 있는데, 그 표석이 있는 탑이 고선사 3층석탑입니다. 그런데 다 쓰러져가는 그 탑이 왜 보물인지 모르겠네요."

다 쓰러져가는 그 탑, 고선사지 3층석탑은 스승이 '통일신라시대 탑의 범례'라 했던 탑이다. 얼마나 훼손되었기에 순경이 고개를 갸우뚱거리는 것일까?

암곡리 가는 길은 꼬불꼬불한 산길이었다. 스승도 이 길을 걸어갔으리라는 생각에 숙연해졌다. 한편으로는 스승이 걸었던 길을 자신도 걷는다는 사실이 뿌듯하기도 했다. 그렇게 암곡리에 도착했을 때, 해는 산 너머로 떨어져 어둠과 함께 적막이 내려앉아 있었다. 두 사람은 이장 집에서 하룻밤 신세를 졌다.

이튿날 새벽, 최순우는 아득한 눈길로 황량한 고선사터를 바라보았다. 곧 무너질 듯 낡은 3층석탑이 위태롭지만 웅건하게 서 있었다. 어디선가 스

고선사지 3층석탑
높이 9m, 통일신라시대, 국보 제38호(1962년 지정), 현재 국립경주박물관 소장.

승의 목소리가 들리는 듯했다. '고산高山 밑에 있으되 더욱이 기백은 이를 능가한다. 실로 삼국통일의 위업을 완수한 신라 그 자신의 위용이 나타나고 있다.'

최순우는 스승에게 다가가듯 한 걸음 한 걸음 석탑을 향해 걸음을 옮겼다. 이것이 신라의 탑이구나, 스승이 감은사지 3층석탑과 함께 통일신라를 대표하는 탑이라고 말한 고선사지 3층석탑이구나, 원효 스님이 주석했던 고선사가 바로 여기에 있었구나……

얼마나 서 있었을까, 개울 건너 숲속에서 푸드득 깃을 터는 소리에 정신을 차렸다. 허공으로 날아오른 솔개의 뒤를 좇던 최순우의 시선은 동해 바다에서 긴 밤을 돌아 천천히 다가오는 상기된 얼굴 하나로 향했다. 전신에서 붉은 기운을 발산하는 아침 해가 황량한 고선사터 위로 솟아오르고 있었다. 햇살이 석탑의 화강암에 부딪혀 반짝였다. 여기저기 흩어져 있는 옛절의 초석 위에도 햇살이 부서졌다.

"총독부에서 세운 '보물 1977호' 표석이 어디 있나 찾아봤더니, 누가 논두렁에다 처박아놨어요. 해방되니까 총독부 이름도 보기 싫었나 봐요."

어느샌가 다가온 이홍직이 피식 웃으며 말했다. 최순우는 여전히 꼼짝 않고 서서 탑에 고정시킨 시선을 거두지 못했다.

"최 참사, 그런데 원효대사가 고선사 주지로 있었다는 건 믿을 만한 이야기인가요?"

그제야 최순우는 탑에서 눈을 떼 이홍직을 바라보며 말했다.

"예. 고유섭 선생님이 쓰신 '경주 고선사지 3층석탑'이라는 글에 의하면, 이 부근에서 서당화상비誓幢和尚碑가 발견되었는데, '서당'은 원효대사의 어린 시절 이름이라고 합니다. 비석에는 원효대사를 '고선대사高仙大師'라고 표현했는데,《삼국유사》에 '원효는 일찍이 고선사에서 살았다'는 내용이 있습니다. 그래서 고선대사라고 부르기도 했답니다."

고선사는 원효가 머물렀던 사찰이고, 그의 입적이 통일신라시대 전기에 해당되는 686년이므로, 석탑의 건립 연대 역시 이쯤으로 추정하고 있었다.

"어휴, 그런데 이거 탑이 너무 낡아서 빨리 보수공사를 해야지, 금방이라도 허물어질 것처럼 아슬아슬하네요."

이홍직이 혀를 차며 걱정하자 최순우도 맞장구를 쳤다.

"예, 기단 쪽 몇 군데만이라도 손을 보는 게 좋을 것 같습니다."

최순우는 바로 종이를 꺼냈다. 우선 탑의 형태를 그린 후, 줄자와 막대자로 탑의 치수를 재서 그림 옆에 기록했다. 실측을 하면서 그는 남쪽 지방에도 할 일이 많다는 생각에 가슴이 벅차올랐다. 스승처럼 전국을 다니며 세월에 감춰진 채 쓰러져가는 문화유산을 찾고 알려야겠다는 사명감이 가슴을 가득 채웠다.

탑 실측을 끝낸 최순우는 이홍직과 함께 고선사터를 실측했다. 감포 쪽에 있는 천군리 폐사지를 향해 떠날 때는 해가 이미 중천에 떠 있었다. 암곡리를 떠나면서 최순우는 몇 번이나 뒤를 돌아보았다. 이곳이 훗날 수몰지구가 되어 다시 못 보게 되리라는 사실은 꿈에도 몰랐지만, 그렇게 자꾸만 뒤가 돌아다봐졌다.

고선사지 3층석탑 보수공사는 한국전쟁 발발과 국립박물관 이전 등으로 늦어지다가, 개성에서 경주로 내려가 향토사학자가 된 윤경렬을 중심으로 한 '신라문화동호인회'에 의해 훗날 부분적으로 보수되었다. 그리고 고선사터는 덕동댐 건설로 1975년 수몰되었다. 수몰 전에 터 일대를 조사해 금당지·강당지·중문지·회랑지 등 많은 유적지를 발굴했으며, 금동불상과

와전류 등 상당한 유물을 수습했다. 3층석탑은 경주박물관 뒷마당으로 옮겨졌다.

천군리 폐사지에서 동·서 3층석탑을 살펴본 후에는 속리산 법주사에 가기 위해 경부선을 타고 옥천역에서 내렸다. 박물관 예산이 넉넉지 않던 시절이라 기차표도 철도국에 협찬 요청을 해서 다녔다. 옥천역에서 속리산이 있는 보은까지는 덜컹거리는 버스를 타고 몇 시간을 가야 했다. 버스에서 내려 또 40리 길을 걸어서 속리산 입구에 도착했는데, 마을 사람들에게 물으니 법주사까지 다시 5리 길이라 했다.

높이 솟은 전나무숲 사이로 난 길을 걸을 때, 최순우는 마치 속俗을 떠나는 길인 듯했다. 그렇게 반시간을 꿈결인 양 걸었더니 병풍을 친 듯한 산줄기 아래 자리잡은 심산명찰 법주사가 눈앞에 나타났다. 조심스러운 발길로 경내에 들어서자, 우리나라 유일의 목조탑인 팔상전이 아름답고 장중한 모습으로 우뚝 솟아 있었다. 이홍직이 깜짝 놀라며 물었다.

"최 참사, 이 건물이 절이 아니라 탑이에요?"

"그러게요. 저도 스승님 글에서만 접했는데, 실제로 보니까 정말 대단하네요."

우리나라에서 탑이라면 보통 석탑을 연상하는데, 팔상전은 한 채의 건물을 연상시키는 웅장한 목조탑이었다. 고유섭은 '보은 법주사 목조5층탑 팔상전'이라는 글에서 이렇게 썼다.

법주사는 통일기 신라의 명찰이었고 고려에 들어서도 중요한 사찰의 하나였다. 조선시대에 들어와서도 태조와 세조가 다녀갔고, 그래서 왕가의 원당願堂이나 종친의 태실胎室 등 각종 시설이 적지 않았고, 그래서 조선 말기까지 법

법주사 목조5층탑 팔상전
높이 22.7m, 조선시대, 국보 제55호(1962년 지정), 충북 보은군 속리산면 법주사.

등法燈이 꺼지지 않았다. 그래서 법주사에는 많은 불교유적이 남아 있는데, 그 중에서도 조선시대 유일의 목조탑이 현존함은 다행이라고 할 것이다.

스승의 글을 읽어 최순우도 팔상전이 커다란 목조탑이라는 사실은 알았지만 막상 눈앞에서 보니 규모가 상상을 초월했다. 훗날 최순우는 '속리산 법주사 팔상전'이라는 글에서 이 탑의 독창성과 가치를 이렇게 설명했다.

임진란 이후의 건축으로서 연대는 오래지 않으나 옛 우리나라 목조탑 형식의 좋은 예를 남겨준 귀중한 보물이다. 웅대하고 정제된 구성미는 우리나라 목조건축 문화재 중 단연 이채를 띠고 있는 것이다. 일본에는 이러한 종류의 목조탑이 많이 유존遺存되고 있으나, 일본 건축이 지니는 깔끔하고 경묘輕妙한 맛과는 비길 수 없는 무게를 우리 팔상전은 의젓하게 자랑하고 있다.

남쪽 답사에서 돌아온 최순우는 자신의 눈이 깊어져 있음을 느꼈다.

이 풍진
세상에서

—

11

1949년 새해 첫 달, 김원룡을 남겨두고 김재원이 예정보다 빨리 귀국했다. 관장이 돌아오면서 본관이 가장 먼저 한 일은, 박물관원들이 중심이 되어 준비한 '미술연구회'를 승인하는 것이었다. 인천시립박물관의 이경성 관장, 덕수궁미술관의 이규필 관장 등 외부인사도 포함된 미술연구회의 첫 번째 사업은 강좌 형식을 띤 연구발표였다. 우선 서울 시내 중학교 교사들에게 초대장을 보냈다.

2월, 강당 대용으로 쓰던 경회루 앞 수정전에서 열린 첫 연구발표는 이홍직이 맡았다. 발표주제는 '신라 6부의 성격'으로, 교사 20여 명이 참석했다. 김재원이 미국에서 구입해온 환등기와 스크린도 이용했다. 우리나라 최초의 박물관 문화강좌가 이렇게 시작되었다.

3월에 열린 두 번째 주제는 '조선 도자기의 변천', 발표자는 최순우였다. 문화강좌가 전무하다시피 했던 시절이라 강의를 들으러 온 이들의 눈은 호기심과 기대감으로 빛났다. 그 반짝이는 눈빛들 앞에 서자 일순 긴장이 되었다. 깊은 숨을 들이마시고 천천히 내뱉은 다음, 최순우는 좌중을 둘러보며 입을 열었다.

"오늘 주제는 국립박물관에 소장되어 있는 조선시대 도자기들에 대한 것입니다. 사진을 보기 전에 조선의 도자공예에 대해 간략히 말씀드리겠습니다. 도자기 하면 여러분은 고려청자를 떠올리실 겁니다. 그러나 조선시대에도 도자공예는 훌륭한 성과를 남겼습니다. 조선 전기에는 청자를 대신해 분청사기라는 새로운 형태의 도자기가 탄생했고, 후기에는 청화자기가 만들어졌지요."

최순우는 환등기를 통해 조선시대 도자기들을 보여주면서 쉽고도 상세하게 설명했다. 두 시간은 금방 지나갔고, 강의가 끝나자 박수소리가 길게 울려퍼졌다. 이 강의는 국립박물관에서 대중을 상대로 한 첫 번째 문화유산 강좌로 기록되고 있다. 최순우는 이렇게 우리의 문화유산을 알리는 전령으로서 첫발을 내디뎠다.

모든 것이 순조로웠다. 박물관과 최순우는 함께 성장해갔다. 그러나 삶에는 복병이 숨어 있게 마련, 어느 날 송악산으로부터 귀청이 터질 듯한 총성과 포성이 울려왔다. 1949년 4월 25일, 한국전쟁 전 최대의 국지전인 송악산전투가 시작된 것이다. 송악산 정상 부근의 북한군 요새에서 국군부대 쪽으로 소총 공격을 한 것이 발단이었다. 국군이 박격포로 대응하면서 전투는 본격화되었다.

북한군에 비해 화력이 약했던 남한군은 열흘 후 후퇴하고 말았다. 기다렸다는 듯 북한군이 38선을 넘어 개성 시내로 진입했다. 시가전이 벌어지자 진홍섭은 박물관 문을 굳게 걸어잠그고 본관에 상황을 보고했다. 최순우는 주요 유물들을 포장하기 시작했다.

5월 8일에는 김재원의 요청으로 개성박물관에 국군이 들어와 천막을 치고 마당에 야포 2기를 설치했다. 이날 밤, 귀국한 지 열흘밖에 안 된 김원룡과 이홍직, 황수영이 개성에 도착했다. 이홍직은 분관장과 최순우, 수위가 모두 무사한 걸 보고 안도의 숨을 내쉬었다.

"이 난리통에 인명피해가 없어서 다행입니다. 현재 포장이 어느 정도 되었습니까?"

"300점 정도 포장을 해서 사과궤짝에 담았습니다. 이제 몇십 점 안 남았는데, 지난번 본관에서 빌려온 부석사 벽화 모사도는 크기가 커서 포장을 못했습니다."

진홍섭의 대답에 이어 최순우가 조심스러운 목소리로 덧붙였다.

"부석사 벽화 모사도는…… 서울 가실 때 직접 갖고 가시면 어떨까요?"

최순우는 주요 유물도 함께 서울로 보내고 싶었지만, 진홍섭의 의중을 모른 채 말하는 것은 올바른 처신이 아닌 것 같아 본관 대여품만 언급했다. 오랫동안 공무원생활을 하면서 터득한 '분수 지킴'이었다.

최순우의 말에 진홍섭이 고개를 끄덕였고, 이홍직도 동의했다. 이튿날 아침 부석사 벽화 모사도는 마차에 실려 개성역으로 향했고, 거기서 열차에 옮겨져 본관으로 무사히 돌아갔다. 그사이 국군의 개성 전력이 증강되어 북한군은 다시 송악산으로 퇴각했다. 박물관에 주둔했던 국군도 철수했다. 최순우와 진홍섭은 포장했던 유물을 풀어 진열하고 5월 12일에 박물관 문을 다시 열었다. 그 다음 날 진홍섭은 김재원을 만났다.

"아무래도 개성분관 소장품을 본관으로 피난시켜야겠소. 개성에 국보급 고려청자가 많잖소. 38선 정세가 너무 불안해요."

김재원의 말에 진홍섭은 얼굴을 찌푸린 채 고개를 저었다.

"그도 쉽지 않습니다. 개성 유지들에게도 권리가 있는지라 시민들의 반발이 예상됩니다. 정부에서 소개명령을 내린 것도 아니고……."

진홍섭이 난색을 표하자 김재원도 더는 채근할 수 없었다. 개성박물관이 국립박물관 분관이기는 해도 개성 시민들의 성의로 만들어진 것은 틀림없는 사실이지 않은가. 그러나 이튿날 김재원은 전화로 개성분관 소장품을 서울로 옮기라고 지시했다. 진홍섭의 입장은 여전했다.

"저는 동의할 수 없습니다만, 강제집행을 하면 막지는 않겠습니다."

바로 다음 날인 5월 15일, 본관에서 박물감들이 왔다. 진홍섭은 이들을 모른 체하고 최순우에게 서울 손님을 맞이하도록 했다. 최순우도 저간의 사정을 모르지 않았다. 진홍섭은 결국 최순우에게 서울본관의 뜻을 따르라는 지시를 내린 셈이었다.

5월 16일, 피난 책임자인 이홍직은 개성박물관을 임시휴관 조치하고 소장품을 포장하라고 지시했다. 17일 늦은 밤에 500여 점의 유물이 포장되어 31개의 사과궤짝에 담겼다.

5월 18일, 아침 일찍 이홍직은 개성경찰서에 연락했고, 경찰관 세 명이 파견나왔다. 개성시청에서 지원받은 트럭에 궤짝들이 실렸다. 그때 송악산에서 망원경으로 이 광경을 지켜보고 있던 북한군이 박물관 마당을 향해 포격을 시작했다. 그러나 거리가 멀어 포탄은 박물관 부근까지만 날아왔다. 혼비백산했던 박물관원들은 가슴을 쓸어내리며 운전사를 다그쳐 역으로 달렸다. 최순우와 수위는 짐칸에서 유물을 지켰다. 유물은 사람이 많은 개성역보다 한 정거장 남쪽인 봉동역에서 열차에 실려 같은 날 오후 8시 30분 서울역에 도착했고, 기다리고 있던 트럭에 실려 국립박물관 유물창고로 옮겨졌다. 훗날 진홍섭은 당시 항명은 자신의 의견이 아니라 개성 시민들의 뜻을 대변한 것이었다고 해명했다.

개성분관에 있던 국보급 고려청자와 유물 그리고 개성 유지들의 보관품들은 이렇게 무사히 서울로 피난했다. 그런데 피난을 온 건 박물관 유물뿐이 아니었다. 정부에서 관리하던 홍삼도 무려 기차화물 열 량(10칸) 분량을 실어왔는데, 그 사실이 알려지면서 개성의 민심은 극도로 흉흉해졌고 시민들은 극심한 불안감에 시달렸다. 이에 구자옥 경기도지사는 "개성 시민은 안심하라"면서 기자회견을 했다. "현재 38선 경비는 철통같은 태세이니 도민은 군경의 경비를 신뢰하여주기 바란다. 이북 괴뢰군이 월남하는 것은 일종의 작란에 지나지 않는다. 개성사건 이후 정부에서는 홍삼과 박물관의 진열품을 서울로 이전하여 일부 개성 시민들은 부질없는 불안감을 느끼고 있다 하는데, 절대 불안감을 가질 필요는 없다. 그 같은 조치를 취함은 만사에 만전을 기함이니 절대 불안감을 가져서는 안 된다"는 내용으로 5월 27일자 각 일간신문에 크게 보도되었다.

이런 상황에서 박물관을 계속 휴관할 수는 없어, 본관에서 조선시대 청화문접시 3점, 연적 1점, 조선시대 활자 400여 점 등 그리 중요하지 않은 유물들을 대여해 전시했다. 그러나 누가 조선시대 활자만 가득한 박물관에 오겠는가. 진열품이 없다는 소문이 나자 박물관을 찾는 발길은 뚝 끊겼다. 6월 중순, 최순우는 진홍섭과 마주 앉았다.

"이런 식으로 박물관을 끌고가는 게 쉽지 않을 것 같은데, 어떻게 생각하세요?"

진홍섭의 물음에 최순우가 되물었다.

"본관에서 더 빌려다가 전시하면 어떨까요?"

"몇 번 얘기해봤는데, 본관에서는 이곳 정세가 불안하다고 봐서 그런지 대답을 안 해요."

최순우가 나지막이 한숨을 쉬었다. 진홍섭은 손을 만지작거리며 주저하다가 뭔가 결심한 듯 입을 열었다.

"휴관해야 할 것 같아요."

몸에서 뭔가 쑥 빠져나가는 느낌이었다. 자신의 거취도 그렇지만, 스승의 숨결이 스며 있는 박물관을 지키지 못하고 문을 닫는 현실이 안타까웠다. 일제강점기에도 지켜온 박물관을 해방된 조국에서 오히려 닫아야 한다는 사실이 비통했다. 최순우는 입술을 깨물며 고개를 떨어뜨렸다.

박물관을 나와 저도 모르게 수월동으로 이끌려온 최순우는 스승의 무덤 앞에 엎드려 울었다.

"스승님, 해방은 되었는데 박물관은 문을 닫게 되었습니다. 면목이 없습니다. 박물관 마당에 공산군의 대포알이 떨어지니 이제 우리 박물관은 어떻게 되는 겁니까. 스승님, 뭐라 말씀 좀 해주세요. 어떻게 박물관을 지켜야 할지 혜안을 주세요……."

한참을 그렇게 엎드려 있던 최순우는 눈물을 닦고 몸을 일으켰다.

"스승님, 다시 박물관 문이 열릴 때까지 책을 보며 공부하고 있겠습니다. 글을 쓰겠습니다. 스승님이 가르쳐주신 대로 우직하게, 앞만 보고 가겠습니다."

국립박물관 개성분관은 1949년 6월 31일 무기한 휴관에 들어갔다. 최순우는 관사에 머물며 박물관을 지켰다. 그리고 스승에게 약속한 대로 고려청자와 조선백자에 대한 글을 쓰기 시작했다.

그렇게 보름쯤 지났을 때, 본관에서 이홍직이 찾아왔다.

"개성은 좀 어떻소?"

"지금은 평온합니다."

"최 참사는 요즘 어떻게 지냅니까? 휴관이라 그나마 몇 푼 안 되는 월급도 더 줄었을 텐데……."

"그래도 관사에서 살고, 집사람이 이런저런 일을 하면서 반찬값은 벌어서…… 저는 청자와 백자에 대한 글을 써보고 있습니다."

"이거, 나라형편이 이러니 아주머니가 고생이시네요."

최순우가 엷은 미소를 짓자 이홍직이 용건을 말했다.

"최 참사, 혹 서울본관에 와서 근무해볼 생각 없소?"

최순우는 전혀 생각해보지 않은 일이라 흠칫하며 아무 대답도 못하다가 조심스러운 목소리로 물었다.

"전근발령이 정식으로 난 건가요? 아니면 박물감님의 배려이신가요?"

이홍직이 빙그레 웃었다.

"고향을 떠나 이사를 하는 문젠데, 어떻게 일방적으로 결정해 발령을 내겠어요. 아직은 내 생각이에요. 그러나 나는 최 참사가 본관에서 근무하는 게 박물관으로서나 본인에게나 좋을 거라고 생각해요."

"그럼, 개성분관은 어떻게 되는 건가요?"

"그건, 북한 김일성이가 어떻게 하느냐에 따라 결정이 나겠지요……."

이홍직은 개성분관은 별 가망이 없다는 듯 고개를 저으며 말했다. 최순우가 길게 한숨을 내쉬자, 이홍직이 다시 입을 열었다.

"당장 대답하기는 쉽지 않을 테니, 가족과 의논한 후 이달 안으로 결정해서 연락을 주면, 내 관장님께 보고하리다."

"진홍섭 분관장님도 같이 올라가나요?"

"아니에요. 그분은 개성분관장직을 유지한 채 여기 남아 있어야 해요. 그래야 문교부에서 개성분관장 직제가 없어지지 않아요. 그러니 여기는 분관장에게 맡기고 본관으로 와요. 최 참사는 더 넓은 세상에서 일해야 할 사람이에요."

1949년 여름, 최순우는 국립박물관 본관 참사로 전근발령을 받았다. 간단한 이삿짐을 꾸려 개성역에서 서울행 기차를 탔다. 아버지와 형, 누나 그리고 처갓집 식구들까지 역에 나와 서울에 가서 잘살고 크게 되라면서 손을 흔들며 배웅해주었다. 열차 난간을 붙잡고 최순우도 손을 흔들었다. 송악산이 눈에서 멀어질 때까지, 다시는 돌아오지 못할 고향이라는 사실을 모른 채 힘차게 손을 흔들었다.

최순우 내외는 삼청동 국립박물관 관사에 둥지를 틀었다. 그의 서울생활은 이렇게 시작되었다.

2부

한국의 美를
찾아서

홀리고, 취하고, 탐하고!

박물감이
되다

—

12

국립박물관 관사는 경복궁에서도 건춘문에서 더 북쪽으로 올라간 삼청동
쪽에 있었다. 관장은 경안당을 관사로 사용했는데, 모두들 1호관사라고 불
렀다. 경안당 앞 회랑은 수위들이 살면서 숙직실로 사용했다. 박물감 등 관
원들은 삼청동과의 경계 부근에 있는 일자 모양의 한옥을 관사로 사용했
다. 그동안 개성분관을 오가던 황수영 박물감과 장욱진 후임으로 온 민천
식 박물감 등 네 관원이 가족과 함께 살고 있었다. 최순우도 이곳에 짐을
풀었다.

　최순우의 아내 박금섬은 서울이 낯설었지만 그래도 관사 뒤에 자남산과
비슷한 북악산이 있고, 인근의 삼청동에도 개성처럼 한옥이 많고, 무엇보
다도 개성 나깟줄(시냇물)과 비슷한 삼청동 개천에 맑은 물이 흘러 빨래하
기가 좋다면서 서울생활에 쉬이 적응했다. 최순우는 아내를 데리고 안국동
에 가서 전차를 타고 서울역 가는 방법을 가르쳐주었다.

미국 박물관을 돌아보고 온 김재원 관장은 전시와 발굴 중심이던 기존의 박물관 운영에 학예연구 기능을 강화했다. 박물관원들의 연구와 발표가 뒷받침되지 않는 전시와 발굴에는 한계가 있음을 미국 박물관 관계자들과의 대화와 토론을 통해 깨달은 것이다. 그는 2월부터 진행된 미술연구회의 연구발표를 국립박물관 주최 '미술강좌'로 이름을 바꾸고, 5월 7일부터 매주 토요일에 강좌를 열도록 했다.

제1회 미술강좌는 6월 11일까지 6회에 걸쳐 진행되었는데, 최순우는 개성분관 유물을 무사히 서울로 피난시킨 후, 6월 11일 '고려 도자기에 관하여'라는 주제로 강의를 했다. 당시 도자기에 대해서는 최순우 외에 다른 연구자가 없어, 개성이 매우 불안한 상황에서도 서울에 와서 강연을 하도록 한 것이었다.

제2회 강좌는 10월 26~29일 경복궁 수정전에서 열렸다. 서울에서 근무하기 시작하던 최순우는 '조선 도자기의 공예미'라는 제목으로 강의를 했다. 청중은 대부분 학교 교사였다. 교사들 앞에 선 조선 유일의 도자기 전문가 최순우는 문득 고보 시절 국어교사 이영철의 너털웃음이 떠올랐다.

"훗날 우리나라가 독립되었을 때, 너는 그분과 함께 새로운 세상을 맞는 젊은이들에게 선조들이 남긴 정신을 알리는 선구자가 될 것이다. 생각만 해도 기분 좋은 일이구나, 하하하."

졸업반 때 진로상담을 위해 찾아간 최순우에게 이영철은 고유섭 선생을 계승하라면서 그런 이야기를 했다. 그로부터 15년이 흘렀고, 스승은 광복을 못 본 채 세상을 떠났다. 그러나 스승의 가르침 덕분에 이렇게 박물관에서 일을 하고, 서울의 학교 선생님들에게 선조들이 남긴 유물에 대해 설명할 수 있게 되었다는 사실이 가슴 뿌듯했다. 그리고 한편으로는 옛그림을

1949년 10월 29일 제2회 미술강좌를 끝내고 경복궁 수정전 앞에서. 앞줄 의자에 앉은 이들이 강사다. 오른쪽부터 최순우, 황수영, 이규필, 김재원, 김용준, 이홍직, 김원룡, 민천식. 혜곡 최순우 기념관 사진 제공.

아는 이가 거의 없으니, 앞으로는 옛그림 공부도 열심히 해야겠다고 다짐했다.

1949년 12월 12일, 최순우는 개성분관 서기로 들어온 지 3년 만에 본관의 박물감으로 승진했다. 그동안의 활발한 연구와 발표를 인정받은 결과였다. 그리고 이날 국립박물관의 직제도 개편되었는데, 기존의 총무과·진열과·학예과 3과 체제에서 학예과가 연구과와 보급과(고미술품을 보급하는 역할)로 분리돼 4과 체제가 되었다. 연구의 중요성을 직제에 반영시킨 것으로, 이 체제가 1961년까지 지속되었다.

1950년 새해가 밝자 박금섬은 지난 10년 동안 자신이 일해서 모은 돈에 서울 올 때 양가 어른과 친척들이 차비 하라고 조금씩 건네준 돈을 보태, 삼청동에 있는 조그만 한옥을 보러 다녔다. 개성에서 관사를 넓게 쓸 때와 는 달리 서울에서는 단칸방이었다. 남편이 밤에 책을 읽고 글을 쓰기가 불편했다. 게다가 박물관에서 불과 5분 거리인 관사에서 다른 직원들의 가족과 함께 살다 보니, 퇴근시간이면 남편들은 서열순으로 줄을 서서 관사로 걸어왔고, 부인들은 또 나란히 고개를 내밀면서 문을 열었다. 옆집에 밥숟가락이 몇 개인지까지 알 정도였으니, 남편 체면 때문에 남의 집에 일을 하러 가거나 광주리를 이고 장사를 나가기도 어려웠다. 아직 아이가 생기지 않았으므로 얼마든지 일을 할 수 있다는, 개성 여인다운 생각으로 서둘러 집을 보러 다닌 것이다.

박금섬은 건춘문 건너 사간동에서 점점 삼청동 골짜기 쪽으로 올라갔다. 북쪽으로 갈수록 허름하고 작은 한옥들이 있었기 때문이다. 물론 독립문이나 세검정 쪽으로 나가면 예산에 맞는 집을 찾기가 수월했지만, 그때만 해도 교통이 안 좋아 최순우가 출근하기 불편했다.

그렇게 한 달 동안 삼청동 골목마다 복덕방 포렴을 들추면서 집주름 할아버지들을 앞세워 발품을 판 덕분에, 2월 중순경 아주 작은 한옥을 계약할 수 있었다. 그 돈이면 차라리 전세를 알아보라고 핀잔하면서 앞장서지 않는 집주름들에게 막걸리를 한 사발 받아다 건네면서 채근한 끝에 구한 집이었다. 예전에 별당으로 지었던 것을 분리시킨 듯, 큰방과 작은방에 부엌과 변소가 있을 뿐이었다. 삼청동에서 가장 허름해 보였지만 그래도 장독대는 양지바른 곳에 있었다.

2월 말, 최순우는 손수레를 빌려 아내와 함께 이사했다. 수위들이 거들어주겠다고 나섰지만, 이삿짐이라고 하기조차 민망한 살림살이라 손사래를 쳤다. 그래도 부부는 생애 처음으로 집을 장만했다는 행복감에 힘이 드는지도 모르게 손수레를 끌고 밀면서 이사를 마쳤다. 최순우는 무엇보다도 서재가 생겨서 기분이 좋았고, 박금섬은 자신의 알뜰함으로 남편이 편하게 공부할 수 있게 되었다는 생각에 뿌듯했다.

얼마 후 최순우는 박물관 식구들을 불러 집들이를 했다. 김재원 관장도 와서 축하를 해주었는데, 이날 집을 알아뒀기에 몇 달 후 식구들을 데리고 이 집에 와서 몸을 숨기고 피난살이를 할 수 있었다. 그러나 이때는 그런 일이 생기리라는 생각은 꿈에도 못한 채, 박금섬의 음식솜씨에 감탄하며 모두들 거나하게 취했다.

금부처님
밀송사건

—

13

1950년 3월 1일 오전 10시, 동대문 옆에 있는 서울운동장(훗날 동대문운동장, 현 동대문문화역사공원)에서 3·1절 경축행사가 열렸다. 이승만 대통령과 3·1운동 당시 민족대표 33인 중 한 명인 위창 오세창을 비롯해 정부요인과 외교사절이 참석했다. 이화여중 합창단이 서울시경 주악대의 연주에 맞춰 '기미년 3월 1일 정오~'로 시작되는 3·1절 기념노래를 불렀다.

 그 시각 김포공항에는 화신백화점의 주인이자 반민족행위로 반민특위 재판을 받았던 박흥식이 일본으로 출장을 가기 위해 도착했다. 외무부장관 비서실장의 관용 지프차도 같은 시각 김포공항에 도착했다. 지프차에서 내린 사내는 박흥식에게 다가가 뭐라고 말을 하면서 누런 봉투를 건넸다. 박흥식이 고개를 끄덕이며 봉투를 들고 도쿄행 서북항공Northwest Airline편에 탑승하기 위해 출국수속을 하려는 순간, 두 사람의 행동을 눈여겨보던 세관원이 박흥식에게 다가와 봉투를 압수했다. 발신인은 '외무부장관 비서실

장', 수신인은 '주일대표부'라고 씌어 있었다. 세관원은 박흥식에게 봉투를
전달한 사내도 즉각 체포해 세관사무소로 데려갔다.

봉투에는 금부처 한 점과 미군 군표(일종의 미군부대 발행 수표) 2,000달러
가 들어 있었다. 금부처도 놀라웠지만 군표 2,000달러도 당시 굉장한 돈이
었다.** 어마어마한 액수에 놀란 세관원은 급히 동료 세관원들을 불렀고, 곧
바로 강성태 세관국장에게 보고했다.

다음 날 세관원이 금부처를 들고 국립박물관을 찾아왔다. 김재원 관장은
박물감들을 불러 감정을 해보라고 했다. 그러나 당시 박물관에서 불상을
감정할 수 있는 박물감은 최순우와 황수영뿐이었다. 다른 박물감들의 전공
분야는 고고학이나 역사학이었다. 선임 박물감인 황수영이 최순우에게 물
었다.

"나는 처음 보는 불상인데, 최 박물감은 혹시 고유섭 선생님 자료에서 보
신 적 있소?"

고유섭은 불교미술에 관해 많은 글을 남겼지만 대부분 탑에 대한 것이
었다.

"글쎄요, 이왕가박물관에 있던 반가사유상 말고는 특정 불상에 관한 언
급은 기억에 없는데요."

그 순간 최순우는 뭔가 생각난 듯 고개를 갸우뚱거리더니 잠시 후 다시
입을 열었다.

"스승께서 백제의 탑을 쓰면서 백제미술에 대해 잠깐 언급하신 걸 본 적

■ 1950년 1월 법정 환율은 1달러에 900원대였다. 그러나 남대문 암달러시장에서 달러는 3,400원에 거래되었다.
그나마 군표는 지불 날짜가 되어야 돈을 받을 수 있는 일종의 수표이기 때문에 달러에 비해 환율이 낮은 2,600원
정도였다. 따라서 군표 2,000달러는 500만 원이 넘는 돈으로, 당시 서울 시내에 있는 적산가옥 열 채를 살 수 있는
큰돈이었다.

금동보살입상
높이 15.7cm, 삼국시대 7세기, 국립중앙박물관 소장.

이 있습니다. 연꽃 위에 서 있는 상이 많고, 신라의 불상에 비해 몸이 길며, 표정은 경직한 장엄미가 있다고……."

"저도 그렇게 말씀하시는 걸 들은 기억이 납니다."

황수영이 동의하자 옆에 서 있던 세관원이 답답하다는 듯 물었다.

"그러니까 이것이 금부처님입니까, 아니면 멕기(도금)한 부처님입니까?"

당시 세관에서는 금 밀수를 가장 중범죄로 취급했기 때문에, 세관원의 관심사는 불상의 유물적 가치와는 거리가 멀었다.

"이건 청동에 금을 입힌 거지만, 대단히 가치있는 불상입니다. 그런데 이걸 어디서 입수했답니까?"

황수영이 묻자 세관원은 금덩어리가 아니라 실망한 듯 퉁명스러운 목소리로 대답했다.

"친구가 선물한 거래요. 그럼 이거 값이 얼마쯤 나가나요?"

"이런 중요한 유물은 입수경위를 알아야 정확하게 감정할 수 있으니, 그걸 먼저 좀 알아봐주세요."

입수경위, 입수경로는 문화재에서 대단히 중요한 단어다. 출토지가 밝혀진 문화재와 불분명한 문화재의 유물사적 가치는 대단히 다르다. 특히 전해지는 유물이 많지 않은 삼국시대 불상의 경우 출토지가 밝혀져야 셋 중 어느 나라 불상인지 알 수 있고, 그래야 불교미술의 발달사 그리고 각 나라별 불상의 특징을 알아가는 데 도움이 되기 때문이다. 입수경위를 모르는 작품 중에는 아예 문화재적 가치를 전혀 인정받지 못하는 경우도 있는데, 많은 도굴품이 여기에 해당된다. 도굴꾼들은 꼬리가 잡힐까봐 그리고 그 근처에서 다른 유물이 발견될 가능성이 높기 때문에, 출토지를 밝히지 않거나 엉뚱한 곳으로 말하는 경우가 많다.

"알았습니다. 나중에 알아봐드릴 테니, 일단 값 좀 알려주세요. 저는 지금 그게 제일 급합니다. 그래야 그 사람을 어떻게 처리할지 결정할 수 있으니까요. 우리 세관장님께서 눈이 빠지게 기다리고 있습니다."

세관원이 애원조로 말하자 황수영이 최순우를 바라보며 물었다.

"이거 백제 불상 틀림없겠죠?"

"예. 신체 비례와 얼굴 표정을 봐도 그렇고, 청동 부식 상태를 보아 모조품은 아니니까, 백제 불상이 틀림없는 것 같습니다."

최순우의 대답을 들은 황수영은 고개를 끄덕이며 다시 한 번 불상을 자세히 살폈다. 그리고 세관원에게 국립박물관의 감정 결과를 통보했다.

"입수경로를 몰라 정확히 감정하기는 힘들지만, 이 금동불상은 삼국시대 말기의 작품으로 국보급입니다. 그러니까 약 1300년 전에 만들어졌고, 청동에 멕기를 한 겁니다. 시가는 약 500만 원 정도입니다."

황수영의 입에서 500만 원이라는 소리가 나오자 세관원이 기함을 하면서 되물었다.

"아니, 이 조그맣고 금도 아닌 불상이 500만 원이나 합니까?"

"예, 이런 삼국시대 불상은 우리나라에 몇 점 없는 아주 중요한 유물입니다. 오른손에 보주를 들고 왼손으로 하대를 쥐어 허리를 약간 오른편으로 튼 삼굴법三屈法이 잘 나타난 불상입니다. 누가 일본으로 갖고 나가려 했는지 모르지만, 이걸 압수한 건 아주 다행스러운 일입니다. 이 불상은 박물관에 보존되어야 하는 아주 중요한 유물입니다."

최순우가 거들자 세관원은 고개를 끄덕이며 금부처를 다시 봉투에 넣고 세관으로 돌아갔다. 최순우와 황수영은 그저 그 백제 불상이 다시 박물관으로 돌아오기를 기원할 뿐, 불상을 박물관에 강제로 보관시킬 힘이 없었다.

김포세관의 금부처 압수 사건은 세관원이 돌아간 후 며칠이 지나도 언론에 보도되지 않았다. 대신 소문이 퍼지기 시작했는데, 외무부 고위관계자가 관련되어 있다거나 혹은 주일대표부가 관련됐다는 내용이었다. 소문의 근거는 그 사내가 외무부 관용차를 타고 공항에 왔다는 사실이었다. 봉투 주인의 정체 역시 의문투성이였다. 박용완이라는 본명 대신 박상집이라는 가명을 사용한 재일교포인데, 그가 일본에서 하는 일에 대해서도 온갖 소문이 나돌았다.

3월 7일, 각 신문에 '금부처님 밀송 사건'이라는 기사가 대문짝만 하게 보도되기 시작했다. 국보급으로 가치는 500만 원 정도라는, 국립박물관 황수영 박물감의 감정 결과도 함께 보도되었다. 그러나 세관에서는 아직 조사중이라며 구체적인 내용을 밝히지 않아 의혹만 눈덩이처럼 불어났다. 〈동아일보〉는 이틀 후인 3월 9일 세관국장과의 인터뷰를 보도했다.

"아직도 조사가 안 끝났습니까?"

"조사는 완료되었습니다."

"외무부와 관련이 있다는 소문이 있던데요?"

"외무부와는 관련이 없습니다. 단지 외무부 명의를 도용한 겁니다. 만약 외무부 누군가와 공모했다면 겉봉에 외무부 직인이 있어야 하는데, 그런 직인이 없습니다."

"그러면 외무부 관용차를 이용했다는 건 사실입니까?"

"사실이긴 한데, 이것도 발송인이 밀송계획을 완수하기 위해 교묘하게 이용한 것으로 보일 뿐, 결탁 혐의는 없어 보입니다. 이 부분에 대해서는 외무부장관으로부터 외무부 관련 여부를 철저히 조사해달라는 부탁을 받았습니다."

당시 범인이 이용한 차는 외무부장관 비서실장의 차였고, 자동차를 사용하게 해달라고 전화로 요청한 이는 박종근 주일대표부 1등서기관이라고 알려져 있었다. 그러자 성질 급하기로 이름났던 임병직 외무부장관이 외무부가 망신을 당한다며 재떨이를 집어던지고 직원들을 폭행하는 일까지 벌어졌다.

"박흥식 씨는 왜 석방했습니까?"

"박씨는 단지 물건을 전달해달라는 부탁을 받았을 뿐, 이번 사건과는 별다른 관련이 없었습니다."

"이 사건을 어떻게 처리하려고 하십니까?"

"이번 사건의 내용을 보면, 불상이 국보적 가치는 있다고 하지만 국보로 지정되어 있지는 않아 검찰청에 고소할 사건은 아니라고 봅니다. 그래서 세관에서 즉결처분 정도로 마무리하려고 합니다."

"그러면 이 사건이 중대하지 않다는 겁니까?"

"그렇습니다. 사건 내용으로 봐서 별로 중대시할 것은 못 됩니다."

3월 9일, 김포세관은 박흥식에게 봉투를 전달한 재일교포 박상집(본명 박용완)에게 관세법 위반으로 벌금 30만 원(당시 대법원 판사의 1년치 봉급)을 부과하고, 불상을 몰수해 국립박물관으로 보냈다.

그러나 세관의 처리가 미봉지책이라며 여론이 악화되고 신문에서 연일 의혹을 제기하자, 이승만 대통령이 직접 "금부처를 밀송하려던 자들은 엄벌에 처할 것이며, 이를 적발한 세관은 표창할 것이다. 그리고 금부처는 박물관에서 보관할 것"이라는 대국민 발표를 했다. 대통령까지 나서자 서울지검에서 박상집을 조사하겠다고 발표했다. 박상집은 검찰의 출두요구에 며칠 동안 불응하다가, 3월 14일 기자들에게 "여러 가지 사정으로 말할 수 없다. 그러나 책임을 느낀다"는 말을 남기고 구속되었다.

박상집은 검찰과 외무부 조사에서 "금부처를 손에 넣게 된 경위는, 일본에서 내 신세를 진 친구가 이번에 서울을 방문한 나에게 고맙다고 준 것이다. 그는 골동상에서 20만 원 정도 한다면서 선물로 가지고 가라고 했다. 미군 군표는, 내가 현재 일본 맥아더사령부 지정 상인이기 때문에 거래처에 지불하려던 것이다. 박흥식 씨에게 맡긴 것은, 그가 갖고 나가면 간단히 처리될 줄 알고 부탁한 것이지, 그와는 일면식도 없던 관계다. 외무부 관용차를 빌려주라고 전화한 건, 내가 다른 사람을 시켜서 한 일이다. 외무부와는 아무 관련이 없다"고 밝혔다.

결국 '금부처님 밀송 사건'은 세관에서 판정한 벌금 30만 원으로 흐지부지 끝났지만, 다행히도 불상은 몰수되었다. 당시 밀반출을 적발한 세관원은 집 한 채 값인 45만 원을 상금으로 받았고, 이 일이 선례가 되어 한국전쟁 후 국립박물관은 '유물보상금' 제도를 만들었다.

이 사건은 한국전쟁 후 무수히 이루어진 문화재 밀반출과, 최순우가 대량 밀반출을 적발하고도 겪어야 했던 정치적 우여곡절의 서곡에 불과했다.

전형필과
이경성을
만나다

—

14

1950년 4월 1일, 국립박물관은 박물감이라는 명칭을 학예관으로 바꿨다. 최순우는 4월 15일 제3회 미술강좌에서 '고도자기에 대해서'라는 제목의 강의를 했는데, 이때 안내 팸플릿에 '학예관'이라는 직책으로 소개되었다. 이 강의의 내용은 4월 17일부터 일주일 동안 열린 '국보 특별 전시회'에 출품되는 도자기들에 대한 작품설명이었다.

국보 특별 전시회에는 국립박물관 소장 국보뿐 아니라 개인들이 소장한 국보급 작품도 출품되었다. 우리나라 최초의 사립박물관인 보화각(지금의 간송미술관)의 간송 전형필은 '천학매병'으로 알려진 청자상감운학문매병과 청자기린향로를 출품했다. 당시 보화각은 비공개였기 때문에 천학매병이 일반에게 선을 보인 건 이때가 처음이었다. 최순우는 이 전시회 개막 하루 전날 박물관으로 소장품을 들고 온 전형필을 처음으로 만나 인사를 나눴다.

국보 특별 전시회는 일주일간 38,000명의 관람객이 몰려와 대성황을 이뤘다. 하루에 5,000명이 넘게 온 것이다. 최순우는 몰려드는 관람객들을 보며 개성에서 조선시대 회화 전시회를 열었던 때를 떠올렸다. 좋은 전시회에는 관람객이 든다는 사실을 다시 한 번 절감했다. 우리 민족은 선천적으로 문화재를 사랑하는 고운 심성을 타고났을 것이다. 그렇지 않고서야 쌀밥은커녕 보리밥도 제대로 못 먹는 보릿고개에 이렇게 많은 사람이 오는 이유를 설명할 수 없지 않은가! 좋은 전시만이 국민들에게 다가가는 방법이라고 생각하며 최순우는 다시금 마음을 다잡았다.

4월 30일, 〈서울신문〉에 '역사에 빛나는 도자기'라는 제목으로 최순우의 두 번째 글이 실렸다. 처음 발표된 글이 청자 가마터 발굴에 얽힌 이야기였다면, 이번 글은 당시로서는 흔치 않았던 국보 문화재 해설이었다.

우리 도자기 중 민간 소장의 국보는 도합 16점으로 좀처럼 한곳에 모아놓고 공개할 기회가 없었던 것인데, 이번에 국립박물관은 국보 전시회를 열어 그 16점 중 불가피한 5점을 제외하고는 전부 출품하여 초유의 성사를 이루게 된 것은 단지 몇 사람만의 기쁨을 위한 것이 아니다. (……)

전형필 씨 소장 청자상감운학문매병은 조용하고 청초한 담벽색淡碧色으로 맑게 윤나는 비색 바탕과 크면서도 헤식지 않고, 미끄러우면서도 단정하고, 단정하면서도 따스한 매무새로 마치 가얏고의 옛 음률을 듣는 듯 한 병 전체의 아리따운 선이 빼어난데, 이 선이야말로 고려 도자기 동류同類 공통의 특유한 곡선인 것이다.

박태식 씨 소장 철채백화당초문매병, 최초로 이 병을 대했을 때 필자는 즉각적으로 '앗! 이것이야말로 내가 희구해온 대망의 것이구나' 하는 감이 머리

철채백화당초문매병의 당시 사진.
당시 박태식 소장, 현재 소장처 미상.

를 때렸다. 이런 것이 반드시 어디 곳간에 있으리라 믿어왔던 것이다. 우리 고향집 사랑방 창호지로 도배한 미닫이가 이러할지라도 스스럽지 않게 자리잡을 듯도 싶은, 그러면서도 흰 당초문의 세련된 필치와 병 전체가 간직한 호사스럽고 기품있는 선은 엄숙한 철흑색 빛과 어울려, 지엄한 용상 위라 할지라도 매무새를 굽히지 않을 기개를 느끼게 한다.

　장택상 씨 소장 청화백자진사도문접시는 처음 만나는 수수한 시골 선비처럼 처음 볼 때보다는 보면 볼수록 친근해지는 그릇이다. 이 접시야말로 정말 우리 가정이면 어디서고 찬장 안에 놓여 있을 성싶은 생각이 들 만큼 다정한 그릇이다. 온달같이 큼지막한 지체에 접시의 전은 과히 뽐내지 않을 정도로 오긋이 세우고 내면 중앙에 큼직한 홍도 복숭아 세 개를 삼각으로 꼭지 붙여서 청화로 그렸으며 붉어야 할 부분을 진사로 붉게 물들인 것이다.

이 글이 발표되자 전형필은 최순우에게 전화해서 자신의 소장품을 잘 소개해줘 고맙다며 저녁 일 끝날 시간에 박물관 앞에서 기다리겠다고 했다. 그러나 최순우는 자신의 입장이 불편해진다며 정중히 사양했다. 오후에는 이경성 인천시립박물관장이 지금에야 신문을 받아 읽었다면서, 내일 마침 박물관에 갈 일이 있으니 퇴근 후 만나 술이나 한잔 하자고 했다. 최순우와 이경성은 미술연구회 활동을 하면서 가끔 만나 인사를 하는 사이였지만, 술자리를 갖는 건 처음이었다.

수십 점의 출품작 중 최순우가 선택해서 소개한 이 세 작품은 당대 최고의 도자기였다. 그러나 아쉽게도 전형필의 소장품 외 두 점은 이때가 마지막 국내 전시였다.

박태식(훗날 흥국증권 사장 역임)의 소장품으로 출품된 철채백화당초문매병(당시 국보 제372호)은 일제강점기에는 아가와 시게로阿川重郎라는 일본인이 소장했다가 1945년 광복 전후에 매국적 골동거간꾼인 장석구에게 넘어갔다. 그가 일본으로 건너가면서 이 매병을 비롯해 자신이 갖고 있던 골동품 50점을 박태식에게 담보로 맡기고 500만 원을 빌렸다.

국립박물관은 그 매병이 박태식에게 있음을 확인하고 국보 전시회에 출품하라는 명령을 내렸다. 당시 '문화재보존법'에 의하면, 국보는 문교부장관이 국립박물관 또는 국립미술관 전시에 출품명령을 내리면 1년 동안은 출품할 의무가 있었다. 그래서 박태식은 온전한 자신의 소장품이 아님에도 불구하고 자신의 이름으로 출품했다. 장석구는 국보 전시회가 끝나기를 기다렸다가 돈을 갖고 와 자신이 맡긴 골동품을 되찾은 후 일본으로 밀반출했고, 그후 이 매병의 정확한 소장처는 알려지지 않고 있다.

일제강점기에 많은 국보급 문화재를 일본인들에게 고가에 팔아넘긴 장택상이 소장하고 있던 청화백자진사도문접시는 당시 국보 413호로 지정되어 있었다. 이 접시는 광복 전에 일본인 나이토 사다이치로內藤定一郎의 소유였는데, 광복 전후에 장택상의 소장품이 되었다. 이 접시에는 탐스러운 세 개의 복숭아 사이에 잎사귀가 품격있게 그려져 조선 후기 청화백자의 대표작 중 한 점으로 손꼽혔는데, 노량진에 있던 장택상의 별장에 보관되어 있다가 한국전쟁 때 파괴되었다.

광복과 한국전쟁 전후에 일본으로 밀반출되거나 소실된 국보급 문화재는 이 두 점 외에도 많았다. '조선의 금광왕'으로 불리던 최창학은 청자상감보주상화문완(당시 국보 제371호)과 청자상감보문주자합자(당시 국보 제377호)를 소장하고 있었다. 그런데 최순우가 국보출품통보서를 들고 집으로 찾아가자 그는 아무렇지도 않은 표정으로 금고 속에서 깨진 조각을 꺼내 보여줬다. 실수로 깨뜨렸다는 것이었다. 물론 이렇게 국보를 파손시키면 형사처벌한다는 법령은 있었지만, 장택상과 최창학은 어떤 처벌도 받지 않았다.

다음 날 이경성이 박물관에 왔다. 1946년 인천시립박물관이 개관할 때 빌려간 유물의 반환과 새로 빌릴 유물을 상의하기 위해서였다. 그는 관장실에서 이홍직 박물감과 실무적인 논의를 끝내자마자 최순우를 데리고 청진동 쪽으로 발걸음을 옮겼다.

"청진동은 저렴하면서도 깔끔한 집이 많아요. 어떤 음식을 좋아하세요?"
최순우보다 세 살 어린 그가 공손한 말투로 물었다.
"음식은 가리지 않고 다 잘 먹습니다. 이 관장님은 청진동이 편한가 봅니다.”

“아무래도 이쪽이 박물관에서도 가깝고, 늦으면 자고 갈 수 있는 깨끗한 여관도 많아 자주 오게 되지요.”

서울역에서 인천 가는 마지막 기차를 놓치면 달리 교통편이 없던 시절이라, 당일로 돌아가기 힘들 때가 많았던 것이다.

“앞으로 그런 일이 있으면, 누추하지만 우리집에 와서 주무세요.”

“아니, 최 학예관님 벌써 서울에다 집을 장만하셨어요?”

“뭐 집이라고 하기에는 좀 누추하지만, 집사람이 박물관 근처 삼청동 언덕에 아주 작은 누옥을 마련했습니다.”

“역시 개성분들은 생활력이 강해요. 사실 저는 서울에 와서 어떻게 정착하실지 조금은 염려를 했었습니다, 허허.”

“그렇게 마음을 써주셔서 고맙습니다.”

최순우는 이경성을 따라 둥그런 탁자가 대여섯 개 놓여 있는 허름한 식당으로 들어갔다. 기름냄새 고소한 빈대떡집이었다. 이경성이 빈대떡과 막걸리를 주문했다.

“사실 저는 최 학예관님이 지난번에 발표한 글과 어제 발표한 글을 읽고 참으로 부럽다는 생각을 했습니다.”

이경성이 최순우에게 막걸리를 따르자 최순우도 그의 잔을 채웠다.

“무슨 과찬의 말씀을요. 아직 부족하고 모르는 것이 많습니다.”

“아닙니다. 단순한 인사치레로 드리는 말씀이 아닙니다. 저는 일본말로 교육받고 일본에 유학가서 일본적인 사고와 표현을 하며 살았습니다. 그러다 보니 해방된 후에도 글을 쓰려면 일본말로 생각해서 그것을 다시 우리말로 번역해야 합니다……”

이경성은 그런 자신이 부끄럽다는 듯 술잔을 단숨에 비웠다.

"그게 어디 이 관장님만의 문제겠습니까. 그때 교육받은 사람들 모두의 고민이지요."

"아니에요…… 솔직히 말씀드리면, 저도 두려울 정도로 일본식 사고방식이 깊게 자리잡고 있다는 사실에 섬뜩할 때가 있을 정돕니다. 사실 저는 해방이 되자 일본적인 요소에서 탈피하려고 노력했지만, 이번에는 갑자기 밀려오는 서구의 흐름이 나를 사로잡고 있음을 느꼈습니다. 그래서 지난번 강의 때도 한국적인 미술에 대해 이야기하지 않고, 서양의 마돈나에 대해서 말한 겁니다. 그러니까 일본적 경향이 서구적 경향으로 옮겨졌을 뿐, 우리것과의 만남은 좀처럼 이루지 못하고 있는 겁니다."

이경성은 연거푸 술잔을 비웠고, 최순우도 따라 비웠다. 그때부터 서로 주거니받거니를 반복했고, 주전자를 바꿔주는 아이의 손도 바빠졌다.

"그런데 이번 글은 저에게 너무나 큰 충격이었습니다. 최 학예관님은 우리것을 알아요. 그 감각과 표현에 모두 한국적 아름다움이 서려 있었습니다. 그래서 저는 최 학예관님과 자주 만나 어떻게 해야 그 아름다움이 보이는지를 하나하나 배워가기로 결심하고 이렇게 술을 한잔 하자고 연락드린 겁니다."

"이 관장님께서 그렇게 말씀하시니 제가 몸둘 바를 모르겠습니다. 제가 이 관장님께 배울 게 더 많습니다."

"아닙니다. 그렇게 생각하시면 절대 안 됩니다. 최 학예관님은 일제강점기에 일본물에 들지 않고 독자적으로 공부하셨기 때문에 누구보다도 한국적인 사고와 눈 그리고 감각을 지닐 수 있었던 겁니다. 지금 우리나라에 최 학예관님과 같은 관점과 안목을 가진 이가 없습니다. 자신감을 가지세요.

일본식 사고방식과 서구식 사고방식을 가진 사람들을 일깨우는 글을 쓰세요. 저는 그 일도 박물관 일만큼 중요하다고 확신합니다."

이경성과 최순우, 두 사람의 오랜 우정은 이렇게 시작되었다. 최순우가 훗날 학력의 한계 때문에 힘들어하거나 좌절할 때마다 이경성은 자신감을 불어넣어줬고, 최순우는 그의 격려에 용기를 얻어 다시 일어나곤 했다. 이경성은 한국전쟁 후 최순우의 집과 가까운 사간동으로 이사왔고, "최순우는 자석"이라고 말하면서 그와 붙어다녔다. 최순우 역시 그를 가장 가까운 친구로 생각하고 마음을 나눴다.

5월 10일, 최순우는 호남선 열차를 탔다. 전남 광주에 있는 조선대학교에서 개최하는 특별미술강좌에 참석하기 위해서였다. 김재원 관장을 비롯해 황수영·김원룡 학예관 그리고 동국대학의 김용준 교수 등과 함께였다. 근원 김용준은 박식한 지식과 특유의 달변으로 '조선시대 회화'를 강의했고, 최순우는 '옛도자기', 황수영은 '조선의 석탑', 김원룡은 '삼국시대 이전의 문화', 김재원 관장은 '고구려 고분벽화'를 강의했다.

강의가 끝나고 나서는 광산군 증심사, 영암군 도갑사, 강진군 무위사, 해남군 대흥사, 구례군 화엄사 등을 답사하면서 각 사찰에 있는 불교문화재의 현황을 조사하고 서울로 돌아왔다. 이때의 경험으로 최순우는 훗날 전라남북도 불교문화재를 점검하는 프로젝트를 조직해 각 사찰이 소장하고 있던 불화를 전면 재발굴하는 작업을 벌였다.

전쟁,
국보의
수난

—

15

1950년 6월 25일 새벽, 소련의 지원을 받아 무기와 장비를 갖춘 북한군이 38선을 넘었다. 전쟁을 일으킨 것이다. 라디오에서는 국군이 공산군의 무력침략을 용맹무쌍하게 격퇴하고 있다는 내용이 쉬지 않고 흘러나왔다. 일요일이라 출근을 하지 않고 집에 있던 최순우는 라디오에 귀를 기울이며 아내와 함께 걱정스러운 눈빛으로 가족이 있는 개성 쪽을 바라보며 전쟁 첫날을 보냈다.

6월 26일, 최순우는 걱정하는 아내를 집에 남겨둔 채 출근했다. 박물관에 도착하자 김재원 관장과 민천식 학예관 그리고 수위들이 출근해 있었다. 관사에 있던 직원들만 출근한 것이다. 김재원은 진열장의 유물들을 모두 꺼내 유물창고에 넣으라고 지시한 후, 은행에 다녀오겠다며 나갔다.

최순우와 민천식은 수위들과 함께 유물을 옮기기 시작했다. 최순우는 이미 작년에 개성에서 유물을 옮기고 포장한 경험이 있어 비교적 침착하게 수위들과 역할을 분담했다. 그렇게 유물을 옮기고 있는데 김재원이 돌아와 직원들에게 한 달치 월급을 나눠주면서 비상식량을 구입하라고 했다. 그는 유물 포장을 잘 마무리하라는 말을 남기고는 다시 밖으로 나갔다.

그리고 저녁이 다 되어 박물관으로 전화를 해서는, 내일 아침 미군 트럭이 도착할 테니 박물관의 주요 문서들을 포장하라고 했다. 그러나 그때는 유물을 창고에 넣는 작업이 거의 끝난 후였고, 집이 가까운 최순우와 수위부장만이 남아서 관장을 기다리고 있었다. 이미 시내에 피난민 행렬이 가득하다는 소식이 들리기 시작하면서, 빨리 한강을 건너야겠다며 다들 집으로 돌아간 것이다. 최순우는 서둘러 박물관의 중요한 유물 관계 서류들을 포장하기 시작했다. 그는 훗날 당시의 상황을 이렇게 기록했다.

칠흑 같은 밤, 경복궁 안에서는 아군의 155밀리미터 포열 수십 문이 불과 100미터의 거리에서 밤새도록 북방을 향해서 으르렁거렸고, 그때마다 확 끼쳐드는 포연과 함께 자경전 천장에서는 모래흙이 우수수 빗발처럼 떨어져내리곤 했다. 노끈도 새끼줄도 촛불도 없는 죽음의 고궁 속에서 나는 뜰에 끊어져 흩어진 군용전선들을 걷어다가 이들 기록문서들을 단지 혼자서 한밤내 묶어내야만 했다. 낮에 나를 돕던 수위들도 뿔뿔이 헤어져서 이내 한강을 건넜던 것이다.

'죽기 아니면 살기'라는 말이 있듯이, 나는 입이 마르고 목이 탔지만 밤이 새기 전에 챙길 것을 챙겨서 묶어놓아야만 아침에 들이닥칠 미군 트럭에 실을 수 있었던 것이다. 시간이 얼마나 흘렀는지 한밤중 내 등뒤에 나타난 검은 그림자가 수위부장 문억석 씨임을 알고 나는 얼마나 반가웠는지, 그의 충직에 눈시울이 더웠다. 석양 때 헤어지면서 밤 동안에 이 기록문서들을 같이 포장하자는 내 제의를 그 수위부장은 거절했었는데 늦은 밤에 다시 온 것이다.

궁내에서 포열이 으르렁대기 시작했고 얼마 안 남았던 시민들은 다투어 한 강을 건너야만 했던 까닭이었다. 어쨌든 날이 새도록 내 얼굴은 흙과 땀으로 뒤범벅이 되어 있었다.

6월 27일, 오전 8시에 미군 트럭 한 대가 박물관 앞마당까지 들어왔다. 최순우와 수위부장은 밤새 포장한 박물관의 주요 서류들을 트럭에 실었고, 트럭은 급히 떠났다. 북한군이 의정부를 지나 창동으로 들어오고 있었기 때문이다. 그러나 그런 사실을 모르는 최순우는 서류를 무사히 피난시켰다는 안도감에 수위부장의 손을 굳게 잡으며 고맙다는 인사를 했다.

그때 포장해서 피난시킨 서류들은 총독부박물관 시절부터 내려오던 문화재 관계 기록문서들이었는데, 그중에는 전국 불교사찰에 있는 문화재를 기록한 '31본산本山 재산 대장臺帳'과 '불교건축 복원 실측도면' 같은 소중하고 유일본인 자료가 많았다.

최순우가 아침도 먹고 잠시 눈을 붙이기 위해 집으로 왔을 때, 박금섬은 피난보따리를 싸놓고 문 앞에서 기다리고 있었다. 그러나 최순우는 박물관에 아무도 없으면 안 된다면서, 며칠 더 있다가 상황을 봐서 떠나자며 보따리를 다시 집 안으로 갖고 들어갔다.

밥을 먹은 후 라디오를 켜자, 중앙방송KBS에서는 "국민 여러분, 안심하십시오. 적을 서울 교외에서 소탕해 궤멸시켰습니다. 서울이 안정됐으니 돌아오십시오. 안전합니다"라는 뉴스를 계속 내보냈다. 최순우는 개성의 식구들이 걱정되었지만, 그래도 정부의 발표를 믿으며 다시 정세가 안정되면 개성에 다녀와야겠다고 생각하면서 잠이 들었다.

밤 10시가 되자 중앙방송에서 이 대통령의 목소리가 흘러나왔다. "UN에서 우리와 함께 싸우기로 작정하고, 이 침략을 물리치기 위해 공중으로 군기·군물을 날라와서 우리를 돕고 있으니, 국민은 좀 고생이 되더라도 굳게 참고 있으면 적을 물리칠 수 있을 것이므로 안심하라"는 내용이었다. 그러나 이승만 대통령은 최순우가 수위부장과 박물관 서류들을 포장하던 새벽 2시에 특별열차로 서울을 빠져나가 대전에 피난해 있었고, 이 방송은 대전에서 서울 방송국으로 전화해서 녹음한 것이었다.

이 대통령의 특별방송이 있고 네 시간 후인 28일 새벽 2시 30분, 한강 인도교와 철교가 모두 폭파되었다. 거의 같은 시각에 폭파했기 때문에 폭발음이 천지를 뒤흔들었고, 자다가 놀라 밖으로 뛰쳐나온 시민들은 망연한 표정으로 노량진 하늘에 솟아오르는 불길을 바라봤다. 당시 한강 인도교를 폭파하는 과정에서 다리를 건너던 수많은 피난민(최소 500명에서 최대 4,000명 추정)이 사망했다. 당시 한강을 건널 수 있는 유일한 다리인 인도교가 폭파되자, 정부의 발표를 믿고 피난가지 않은 수많은 서울 시민과 한강 북쪽에 있던 국군 5개 사단과 지원부대 국군장병 7만여 명은 그대로 고립되었다.

28일 아침 8시, 최순우는 아내의 만류를 뿌리치고 박물관으로 출근했다. 한강다리가 끊어진 후 피난민들은 배를 타고 한강을 건너기 위해 나루터가 있는 마포 하중리, 광나루, 한남동과 서빙고 도선장 등으로 가기 위해 우왕좌왕하고 있었다. 시내의 혼란은 극심했지만 경복궁 안은 조용했다. 최순우가 박물관 유물이 어떻게 될지 노심초사하다 집에 돌아오니, 김재원 관장이 가족들과 함께 와 있었다. 관사에서 멀지 않은 곳에서 총소리가 너무 심하게 들려 가족들이 불안해해서 여기로 피해왔다는 것이었다.

29일 오전 8시, 최순우가 김재원 관장에게 상황을 알아보기 위해 박물관으로 출근하겠다고 하자, 그도 관사엘 좀 가봐야겠다며 식구들은 그대로 남겨둔 채 따라 일어섰다. 최순우가 사무실에 들어선 후 행정직 직원들이 하나둘 출근했다. 미처 피난을 가지 못하고 차라리 직장이 안전하다고 생각해 나온 듯했다.

그때 한 사람이 들어서면서 중앙청에 북한의 인공기가 걸렸다며 한숨을 내쉬는데, 뒤따라 박물관 사진기사 김영욱이 붉은 완장을 차고 사무실로 들어왔다. 최순우를 비롯해 출근한 직원들은 모두 그를 바라보며 깜짝 놀란 표정을 지었다. 그가 좌익이라고는 상상조차 하지 못한 것이다. 최순우는 그래도 그의 성품이 난폭하거나 거칠지 않다는 사실에 조금은 안심이 되었다. 김영욱은 박물관 직원들을 모아세운 후 자신과 함께 온 40대 초반의 남자를, 북한의 내각직속기구인 '물질문화연구보존위원회'에서 파견된 김용태 동무라고 소개한 후 박수를 유도했다.

정말 세상이 바뀐 것인가? 최순우는 오로지 유물의 장래가 걱정이었다. 김영욱은 수위부장에게 1호관사에 관장이 있는 걸 확인했으니 데려오라고 했다. 최순우는 눈앞이 캄캄했다. 자기 집에 머물던 관장이 하필이면 이때 관사에 와 있을 게 무어란 말인가. 끌려온 김재원 관장은 박물관에 관한 모든 권한을 김용태에게 인계한다는 문건에 서명하고 말았다. 무력을 쓰지는 않았지만 강압적인 분위기였다.

"동무는 지금 막 박물관장직에서 해임된 것이오. 그러나 당분간 관사를 떠나지 마시오. 당에서 곧 새로운 임무를 부여할 것이오."

인수인계 과정이 생략된 셈이니 그들에게 아직 김재원 관장이 필요할 터였다. 어쨌든 사람이 상하지 않게 된 것만도 다행이었다. 김재원을 1호관사로 돌려보낸 김용태는 직원들에게 각자 자신의 이력과 사상에 대한 자술서를 쓰라고 했다. 그때 사무실 문이 덜컥 열렸다. 모두의 시선이 문으로 향했다. 전쟁 며칠 전 서울에 왔다가 개성으로 돌아가지 못한 진홍섭이 황수영과 함께 사무실로 들어오다가 흠칫 물러섰다.

"며칠 전 출장온 개성박물관장 진홍섭 동무입니다."

김영욱이 진홍섭을 가리키며 김용태에게 말했다. 김용태가 무뚝뚝한 표정으로 고개를 끄덕이더니 책상에 앉아 무언가를 급히 썼다.

"개성인민위원장에게 당신을 내가 보증한다고 쓴 편지요. 이걸 가지고 즉시 개성박물관으로 복귀하시오. 차편이 여의치 않을 테니 박물관 자전거를 타고 가시오."

사실 진홍섭은 개성박물관의 유물을 가지고 서울로 피난온 것이었다. 따라서 개성으로 복귀해봐야 할 일이 없었다. 김영욱은 그걸 잘 알고 있는 사람이었는데 굳이 김용태에게 발설하지 않은 걸로 봐서, 완장은 찼지만 박물관이나 관원을 해코지할 생각은 없는 듯했다. 또 김용태가 개성박물관에 신경을 쓰는 걸로 보아 개성에 아직 큰 피해는 없는 모양이었다. 부모형제가 모두 개성에 남아 있어 걱정이 태산 같던 최순우는 긴장한 가운데서도 안도했다.

같은 날, 성북동 언덕의 보화각에도 인민군을 앞세운 공산당원들이 들이닥쳤다. 보화각을 접수한 공산당원은 서울에서 이당 김은호의 문하생으로 후소회後素會 활동을 했던 월북화가 일관 이석호였다. 월북하기 전 보화각에 보물이 많다는 소문을 들었지만 자신이 생각했던 것보다 소장품이 많아서 놀랐다. 그는 그날 저녁 김용태에게 사람을 보내 포장을 도울 박물관 직원을 두세 명 보내달라고 요청했다.

30일, 김용태는 박물관 직원들을 모아놓고 일장 정치연설을 했다. 그러고는 김영욱에게 최순우와 황수영 중 누구를 여기 남기고 누구를 보화각에 보낼지 물었다. 그러자 김영욱이 최순우가 얼마 전 보화각에 있는 보물에 대한 글을 썼으니 그쪽 소장품을 더 잘 알 거라고 했다.

김용태가 학예관이 두 명밖에 없어서 한 명만 보내겠다고 하자, 이석호는 여기저기 연락해서 고미술 수집가로 알려져 있던 소전 손재형을 데려왔다. 그는 추사 김정희의 '세한도歲寒圖'를 찾아오기 위해 광복 얼마 전 일본으로 건너가 수장자인 후지즈카 치카시藤塚隣의 집 앞에서 몇 달 동안 무릎을 꿇고 사정해 되찾아온 전설의 수집가다. 지난 4월 국보 특별 전시회에도 소장품을 출품해 최순우와는 안면이 있었다. 이석호는 최순우와 손재형 두 사람을 세워놓고 앞으로 할 일을 이야기했다.

"내가 데려온 자들은 골동품을 다룰 줄 모르니, 두 사람이 지휘해 파손되지 않도록 잘 포장하시오. 하나라도 파손되면 비판을 받을 것이오."

간송 수장품의 우수성과 중요성을 잘 알고 있는 두 사람은 어떻게든 보화각과 수장품을 온전하게 보전하고 싶었다.

"아무래도 수장품목록을 작성해야겠습니다."

"먼저 좋은 것과 덜 중요한 것을 구분해야 합니다."

"더 튼튼한 상자가 필요합니다. 이걸로는 가다가 다 파손됩니다."

두 사람은 온갖 이유를 끌어다 대며 포장을 지연시켰다. 빨리 상자에 넣으라고 독촉하면 몇 점 집어넣다가, 다시 이 핑계 저 핑계 대며 꺼냈다 넣었다를 반복했다.

최순우는 솜과 종이 같은 포장재료를 가져와야 한다는 핑계로 가끔 박물관을 출입하는 길에 옷을 갈아입으러 집에 들르곤 했다. 8월 15일은 광복절이어서 일을 일찍 끝내고 집에 들렀더니 김재원 관장이 가족들과 함께

세한도
김정희, 종이에 수묵, 23.7×61.2cm, 조선시대 1844년, 국보 제180호, 손세기 소장, 국립중앙박물관 기탁.
최순우는 이 세한도를 1956년 '완당 김정희 선생 100주기 추념 유작 전람회'에서 최초 전시했다.

발을 동동 구르고 있었다. 겨우 세 시간 말미를 주고 쫓아내는 바람에 책을 꾸려 갖고 나오지 못했다는 것이었다. 최순우는 김재원에게 보화각 근처에 숨어 있는 전형필을 통해 전해들은 전황을 알려줬다.

"낙동강에서 교착상태에 빠져 있다고 합니다."

"서울이 수복될 때까지 기다리려면 차라리 필운동 우리집에 가 있는 게 낫겠어. 여기는 김영욱이 알고 있으니, 내가 여기 있는 걸 알면 또 무슨 짓을 할지 모르고……"

며칠 후 김재원은 가족들과 함께 필운동 집으로 돌아갔다가 거기서 또다시 거처를 옮겼다. 최순우는 가끔 그에게 들러 전형필에게 들은 전황과 박물관 소식을 알렸다.

최순우와 손재형이 이 핑계 저 핑계를 둘러대며 간송 수장품 포장을 지연시키는 동안, 황수영은 국립박물관의 소장품 중 중요한 유물을 골라 포장했다. 김용태와 김영욱은 트럭을 불러 포장된 상자들을 덕수궁미술관(구이왕직박물관)으로 옮겼다. 당시 덕수궁으로 옮겨진 국립박물관 소장 유물은 1,228점으로 69개의 상자에 담겨 있었다. 황수영이 덕수궁 석조전 앞에 도착하자 덕수궁미술관의 유물 중 중요한 것들도 이미 상자에 담겨 있었다.

그때가 9월 초였다. 그런데 북한군이 낙동강 전선에서 밀리면서 전황이 불리해지자 박물관 유물을 북한으로 수송할 차량을 구하기 힘들었는지, 며칠을 기다려도 트럭은 오지 않았다. 김용태는 황수영과 직원들을 종묘로 데리고 가서 구덩이 파는 작업을 시켰다. 박물관 직원들이 섬뜩해하며 머뭇거리자, 김영욱이 나서서 중요한 유물이 폭격에 파손되지 않게끔 묻기 위한 구덩이니 안심하고 파라고 했다.

그렇게 초조하고 긴 시간이 흘러 9월 25일, 인천상륙작전에 성공한 국군과 연합군이 한강을 건너 서울 시내로 들어오기 시작했다. 보화각에 있던 이석호 일행은 이른 새벽 삼선교 쪽으로 도주했다. 보화각의 주요 문화재는 이렇게 지켜졌고, 전형필은 자신의 수장품을 무사히 지켜준 최순우와 손재형에게 큰절을 했다. 같은 날 국립박물관의 김용태와 김영욱도 북쪽으로 도주했다.

9월 28일, 중앙청에는 다시 태극기가 올라갔다. 최순우와 황수영은 부둥켜안고 기쁨을 나눴다. 그러나 개성이 고향인 두 사람은 금세 수심이 가득한 눈길로 북쪽을 바라보았다.

서울 수복,
그리고
다시 피난

—

16

종묘에 묻으려고 했던 중요 유물은 다시 국립박물관으로 돌아왔다. 그런데 경기중고등학교(지금의 정독도서관)에 주둔하고 있던 북한군이 진격해오는 국군을 향해 쏜 포탄 때문에 당시 건춘문 옆에 있던 광화문에 불이 붙어 누각이 불탔다. 박물관 전시실로 사용하던 만춘전과 사정전도 파손되어, 회랑 창고 속에 있던 일부 유물이 산산조각났다. 박물관 앞뜰에 있던 법천사 지광국사현묘탑(국보 제101호)도 2,000조각이 나도록 파괴되었는데, 미술제도사 임천이 그 조각을 주워 보관했다가 1960년대 초반에 복원해냈다.

서울을 수복한 정부는 지난 3개월 동안 북한군에 협조한 부역자 색출작업에 나섰다. 대통령의 '서울 사수' 방송을 믿고 피난가지 않았거나, 한강 다리가 끊어져 피난가지 못한 사람들은 너나없이 공산치하에서 혹독한 곤욕을 치러야 했다. 식량배급을 받아 목숨을 부지하기 위해서 어쩔 수 없이 북한군에 협조한 경우도 있었다. 그런데 정부는 그들에게 사죄하고 위로하

한국전쟁 당시 폭격으로 불탄 광화문(위)과 만춘전(가운데).
아래는 만춘전 내 전시실의 파괴된 모습.

기는커녕, 어떻게 살아남았느냐고 추궁했다. 그리고 조금이라도 북한군에 협조를 했으면 등급을 나눠 처벌했다. 정부를 믿지 않고 피난간 사람들이, 정부를 믿고 피난가지 않은 사람들을 심문하고 취조하는 웃지 못할 사태가 벌어진 것이다.

부역심사는 국립박물관도 예외가 아니었다. 김재원 관장은 북한군에 의해 해고당한 후 필운동 자택과 서린동에 있는 문종소 박사(내과의사) 집에 피신해 있었던 사실이 확인되어 심사 대상에서 제외되었다. 최순우와 황수영도 자발적 협조가 아니라 강압에 의해 유물을 포장했고 북송을 막기 위해 포장을 지연시킨 사실이 밝혀져 탈없이 넘어갔다. 그러나 최순우·황수영과 함께 개성분관의 유물을 서울로 피난시키고 미술연구회 활동을 같이 했던 학예관 민천식은 박물관 직원 중 유일하게 부역자로 의심받았다. 3개월 동안 숨어 있다가 수복 후 박물관에 나타난 그를 그동안의 행적을 조사한다며 경찰서로 연행해간 것이다. 그때 받은 혹독한 취조의 후유증으로 그는 한국전쟁 후 세상을 떠났다. 훗날 김재원 관장은 "내가 아무것도 도와주지 못해 그가 죽은 것만 같아서 마음이 아프다"고 회고했다.

박물관원은 아니었지만 미술연구회의 미술강좌 때 최고의 인기를 누렸으며, 전쟁 한 달 전 최순우와 함께 광주에 내려가 강의를 하고 답사도 같이 다녔던 근원 김용준이 공산치하에서 서울미대 학장에 임명되었다. 학자라도 시키는 대로 해야 목숨을 부지할 수 있는 시절이었던 것이다. 서울에 남아 있을 경우 공산주의자로 몰릴 것이라고 생각한 그는 결국 월북했다. 그러나 북한 체제에도 적응하지 못하고, 1967년 스스로 생을 마감했다.

1950년 11월 말, 독립문 쪽에서 서대문 네거리로 미군 탱크들이 밀려들었다. 함께 온 군인들은 모두 지쳐서 기진맥진했다. 중공군이 개입하면서 전세가 역전되었고, 압록강까지 갔던 미군과 국군이 후퇴하기 시작한 것이다. 미군정청에 있다가 군정이 끝난 후 서울 주재 미국공보원장이 된 크네즈 전 대위는 김재원 관장에게 전황을 알려줬다. 김재원은 될 수 있는 대로 빨리 박물관 유물을 피난시키기로 결정하고, 백낙준 문교부장관을 찾아갔다. 하지만 박물관 유물이 피난을 가면 시민들이 동요한다고 승낙을 안 해줬다. 세 번을 찾아가 설득한 끝에 겨우 승인을 얻어냈다.

최순우와 박물관 직원들은 다시 유물 포장을 시작했다. 지난해 개성박물관에서부터 벌써 몇 번째 피난 유물 포장이라 요령이 생긴 최순우가 직원들에게 체계적으로 일을 나눠맡겨 비교적 빨리 작업이 끝났다. 그러나 중공군이 파죽지세로 남하하고 있어서 중요한 순서대로 8,300점만 190개 상자에 포장하고 큰 유물은 남겨둬야 했다.

12월 4일, 트럭 두 대가 포장된 유물들을 서울역으로 옮기기 시작했는데, 덕수궁미술관 창고에 있는 주요 유물 8,800점이 담긴 155개의 상자까지 함께 옮기느라 사흘이 걸렸다. 그때 덕수궁미술관에는 관장 외 다른 직원은 이미 피난가고 없었다. 문교부 제출용 유물목록을 만들어두지 않아서, 글씨 잘 쓰는 최순우가 8,800점을 하루 꼬박 걸려서 쓴 후인 12월 7일에야 출발할 수 있었다. 그러나 미군당국에서 국립박물관 앞으로 할당해준 열차가 한 량뿐이라, 상자들 중 중요한 순서대로 83개만 싣고 나머지 107개는 며칠 후 출발하는 기차에 싣기로 했다.

12월 7일, 김재원 관장과 박물관 학예직 그리고 가족들을 합쳐 16명이 부산으로 떠났다. 김재원은 어린 자녀가 많아 미리 미군 병원열차에 가족을 태워 보냈기 때문에 혼자였다.

12월 11일, 서울을 떠난 지 나흘 만에 부산에 도착했다. 당시 철도는 복선이 아니라 단선이었는데, 군수물자를 싣고 전방으로 올라가는 상행선을 먼저 통과시켰기 때문에 시간이 그렇게 오래 걸렸다. 기차 안에서 박물관 식구들은 박금섬이 밀가루를 반죽해 만든 수제비를 숯풍로에 끓여 먹으면서 배를 채웠는데, 가끔 김재원 관장이 정차하는 역 근처에서 멸치·간장·소금 같은 반찬거리를 사왔다.

부산에 도착한 후 국립박물관과 덕수궁미술관 유물을 미국공보원 창고에 임시로 보관해두었다. 그리고 경남도청에 창고와 사무실이 붙은 건물을 의뢰해서, 며칠 후 광복동에 있는 경상남도 관재청의 4층짜리 창고로 옮겼다. 1층은 창고와 수위실, 2층은 강당과 전시실, 3층은 학예실, 4층은 관장실로 사용하기로 했다. 그러나 직원들과 가족들이 들어갈 관사가 없어 2층을 임시거처로 사용했고, 관장 가족은 경남도청 간부 집에서 신세를 지기로 했다. 일주일 후에는 서울에 남겨두고 온 나머지 유물도 무사히 부산에 도착했다.

전형필은 최순우보다 일찍 부산에 도착해 영주동의 한 건물에 보화각의 소장품을 옮겨놓았다. 이경성 인천시립박물관장은 빌려갔던 국립박물관 소장 문화재급 유물 19점을 갖고 와 정식으로 반환절차를 밟았다.

1951년 1월 3일, 중공군이 개성을 통과하자 정부는 지난번과 달리 서울 시민들에게 피난령을 내렸다. 이른바 '1·4후퇴'가 시작된 것이다. 영등포역에서 기차에 올라타지 못한 피난민들은 얼어붙은 한강을 건너 남쪽으로 내려갔고, 인천 부근에서는 배를 타고 남쪽으로 향했다. 이번에는 서울 사람들뿐 아니라 북한에서 내려오는 피난민들도 많았는데, 최순우의 형제와 처형들도 피난민 행렬에 섞여 있었다. 그러나 큰형은 아버지와 함께 개성에 남았고, 다른 형들은 비행기가 피난민 행렬에다 총을 쏘고 폭탄을 투하

한다는 소문에 배를 타고 강화도로 갔다. 처형들도 강화도로 가서, 양가 가족 모두 그곳에 정착했다.

1월 5일, 중공군은 서울을 점령하고 기세를 몰아 계속 남하했다. 중공군이 수원을 지나 천안으로 내려오고 대전까지 위험해지자, 국립박물관의 유물을 미국 하와이로 피난 보내는 문제에 대한 논의가 시작되었고, 박물관은 다시 긴박하게 돌아갔다. 그러나 대전까지 내려왔던 중공군이 국군과 연합군의 반격으로 후퇴하면서 한숨을 돌릴 수 있었다.

3월 14일, 국군이 다시 서울을 탈환했다. 중공군과 북한군은 38선 북쪽으로 퇴각했지만, 개성에서 방어선을 구축하고 다시 남하할 준비를 하고 있었다. 이때부터 개성은 북한 점령지역이 되었고, 국군과 미군은 개성을 다시 탈환하지 못한 채 휴전을 했다.

3월 28일, 김재원 관장이 최순우를 4층 관장실로 불렀다.

"미스터 최, 내일 서울로 출장을 가야겠어."

김재원은 관원들을 세 가지 호칭으로 불렀다. 아무개 군, 미스터 아무개, 아무개 씨. 관원들은 그 호칭을 듣고 혼을 내는 건지, 지시를 내리는 건지, 칭찬을 하는 건지 판단했다고 한다.

"예?"

최순우는 느닷없는 출장명령에 당혹스러운 표정으로 물었다. 아직 전선이 불안정한데 어떻게 교통편을 구해 다녀오라는 건지 알 수 없었다.

"지금 전선이 38선 부근에서 교착되어 있으니까 서울은 안전해요. 그러니까 지금이 지난번에 못 가져온 유물들을 갖고 내려올 수 있는 기회인데, 미공군 수송기편에 우리 박물관 몫으로 겨우 한 자리를 마련했으니까 내일 올라가세요. 덕수궁미술관의 이규필 관장이 같은 비행기로 올라가기는 하

총독부박물관의 중앙아시아미술품 전시 모습(경복궁 수정전).

지만, 그 양반은 자기 미술관에 가는 거니까, 서울에 가서 함께 포장할 사람들을 구해보세요. 웬만하면 한두 명 같이 보내겠는데 비행기 자리 구하기가 하늘의 별 따기라…… 우리 박물관에서는 미스터 최가 포장을 제일 많이 해봤으니까, 잘 해낼 수 있을 거라고 믿어요. 그리고 올라가면 가장 먼저 상황 보고서를 작성해 군용기편으로 보내준 다음 서역西域유물을 포장하세요. 잘 알겠지만 그게 중국 당나라 때 유물이라 많이 삭았으니까 조심해서 다뤄야 해요."

"예, 관장님."

서역유물은 중앙아시아 지방의 유물로, 일제강점기에 총독부박물관에 왔다. 일본 교토에 있는 오래된 절 니시혼간지西本願寺의 22대 주지 오타니

고즈이大谷光瑞가 1900년대 초 발굴대를 이끌고 중앙아시아를 다녀왔다. 20대 초반의 학승學僧들을 중심으로 구성된 발굴대는 1902년 9월부터 1914년까지 모두 세 차례에 걸쳐 중앙아시아 타클라마칸사막 서쪽 끝의 오아시스 도시 카슈가르에 있는 무덤들을 파헤쳤고, 학승들의 학식과 안목으로 수준 높은 불교 소재 벽화들을 뜯어낸 후 일본으로 실어날랐다. 이렇게 수집된 유물은 그의 이름을 따서 '오타니컬렉션'이라고 불렸다.

그런데 오타니는 3차탐험이 마무리되던 1914년 절에서 일어난 재정사고의 책임을 지고 주지직에서 사임한 후, 중국의 뤼순으로 장기 외유를 떠났는데, 그때 유물의 3분의 1을 갖고 갔다. 또 다른 3분의 1은 훗날 도쿄국립박물관으로 옮겨졌다. 그리고 나머지 3분의 1은 일본의 부호 구하라 후사노스케久原房之助가 넘겨받았는데, 그 유물이 1916년 총독부박물관에 기증된 것이다. 당시 조선총독 데라우치 마사타케寺內正毅와 동향인 구하라가 조선의 광산 채굴권을 얻은 대가의 일부였다.

당시 기증받은 서역유물은 벽화뿐 아니라 조각, 그림, 토기, 자기, 나무 공예품, 수예카펫 등 여러 종류였다. 그런데 그중 벽화는 부피가 크고 무거울 뿐 아니라 매우 조심해서 다뤄야 하기 때문에 지난 번 피난 유물을 포장할 때 함께 싸지 못했다. 서역유물의 대표적 약탈국인 독일에서 고고학을 공부한 김재원 관장은 그 유물들의 가치와 희소성을 잘 알고 있었으므로 이제라도 최순우를 보내는 것이었다.

3월 29일, 서울 거리는 적막강산이었다. 길거리에는 군인과 순경 몇 명만 눈에 띌 뿐 민간인은 거의 보이지 않았다. 박물관에 도착한 최순우는 서역유물이 있는 수정전 창고로 가서 떨리는 마음으로 문을 열었다. 서역의 벽화들은 먼지를 뒤집어쓴 채 고스란히 남아 있었다. 최순우는 자신도 모르게 두 손을 모아 합장했다. 얼마나 다행한 일인가.

창고에서 나온 최순우는 남겨두고 간 다른 유물들을 확인하기 위해 몇 군데 더 창고를 살펴봤지만 모두 무사했다. 진열장과 큰 유물고가 비어 있자 북한당국이 자세히 살피지 않은 것이다. 실제로 북한은 당시 텅 비어 있는 진열장과 유물고의 사진을 찍어 "미군이 문화재를 모두 훔쳐갔다"고 대내외적으로 선전했다.

최순우는 자세한 상황을 보고서로 작성한 후 용산에 주둔한 미군부대로 걸어가 다음 날 일찍 출발할 군용기 담당자에게 전해주었다. 그리고 나자 날이 어두워져서 다시 박물관으로 돌아갈 수도 없어, 미군부대 인근에 있는 빈집에 들어가 눈을 붙였다.

다음 날 최순우는 삼청동 집으로 갔다. 아내가 식초를 담가둔 촛독과 참기름을 가득 담아놓은 석간주항아리가 어찌되었나 보고 오라고 신신당부했던 것이다. 용산에서 덕수궁을 거쳐 삼청동으로 오는 동안 최순우는 순경 외에는 사람구경을 하지 못했다. 서울에 남아 있으면 또 어떤 곤욕을 당할지 몰라 거의 대부분 피난을 간 모양이었다.

최순우는 이렇게 사람이 없었으니 설령 뭐가 없어졌다고 해도 세간 정도일 거라고 생각하며 문을 열고 집 안으로 들어섰다. 그런데 없어졌을지도 모른다고 생각했던 살림살이는 그대로 있고, 설마 했던 촛독과 석간주항아리가 흔적도 없이 사라졌다. 서울에 남은 사람들이 빈집에 남아 있던 식량을 가져다 연명한 것 같았다.

참기름과 식초가 없어졌으니, 독에 담가놓은 보쌈김치나 부엌 깊숙이 숨겨둔 보리쌀자루가 남아 있을 리 만무했다. 최순우는 대청에 털썩 주저앉았다. 앞으로 뭘 먹으며 유물을 포장한단 말인가. 망망한 시선이 건넌방 쪽

마루를 스치는 순간, 그는 자신의 눈을 의심하며 소스라치게 놀랐다. 집에 남겨둔 바둑이가 납작하게 널브러져 있었다. 굶주림에 지쳐 죽은 모양이었다. 훗날 최순우는 '바둑이와 나'라는 수필에서 당시를 이렇게 회상했다.

나는 어느 사이에 늘 밖에서 돌아올 때면 바둑이를 위하여 불던 휘파람을 "휘휘 휘요~" 하고 불고 있었다. 이때 뜻밖에도 마구 구겨진 걸렛조각처럼 말라 널브러져 보이던 바둑이가 머리를 기적처럼 번쩍 들고는 비틀거리는 다리로 단숨에 나에게 달려왔다. 내 발밑에서 데굴데굴 구르고 사뭇 미친 듯싶어 보였다. 나도 왈칵 눈시울이 더워와서 그를 덥석 껴안았지만 그때 바둑이도 함께 울고 있었다. 눈물에 젖은 그의 눈은 나의 눈길을 간단없이 더듬었고 그의 메마른 입은 사정없이, 그리고 그칠 줄 모르고 내 얼굴을 마구 핥고 있었다.

혜곡 최순우, 한국미의 순례자

넉 달 전 그를 버리고 서울을 떠나던 날은 바로 이웃 씨에게 서울에 남아 있는 동안만이라도 우리 바둑이를 좀 돌보아달라고 몇 말의 먹이를 맡겨두고 나서, 마치 바둑이가 말귀를 알아듣기나 하듯이 "집을 잘 보고 있으면 머지않아 다시 돌아오마, 응" 하면서 그를 타이른 나였다. 그후 이웃 씨도 불과 일주일 만에 서울을 떠났다는 말을 들었으니, 춥고 시장한 한겨우내, 공포만이 깃들인 어둡고 외로운 밤들을 우리 바둑이는 과연 무슨 수로 살아남아준 것일까.

나는 바둑이를 안고서 단숨에 거리로 나왔다. 우선 굶주려 지친 바둑이가 어서 무엇을 먹어야 하는 것이다. 세종로 네거리에 나와서도 핼쑥한 아주머니가 초콜릿이니 양담배 부스러기니 따위들을 길가에 손바닥만큼 펴놓고 텅 빈 거리를 지키고 있을 뿐 바둑이가 먹을 만한 것은 아무것도 없었다. (……)

4월 하순 어느 날 다시 공산군의 공세가 시작되었다. 밤새 우레 같은 포성이 쉴 사이 없었고, 시청 앞을 지나는 군용차량들의 다급한 소리가 끊이지 않았다. 그 이튿날 저녁 서울은 온통 칠흑 같은 암흑 속, 산 너머로 섬광은 번뜩이는데 피난민으로 수라장을 이루었다.

바둑이는 그동안 나와 함께 두 끼를 굶고도 그림자처럼 나를 따랐다. 이번만은 결코 놓치지 않겠다는 것 같았다. 나는 바둑이를 안고 최후의 철수열차에 연결된 박물관 소개화차에 올랐다. 가마니쪽에 환자를 뉘고 열차 곁으로 끄는 여인들의 처절한 모습, 태워달라고 발을 동동 구르며 울부짖는 아낙네들의 모습, 나는 바둑이를 꼭 안고 그들을 바라보았다. 어쩌다 우리는 이런 꼴을 당하고 있는가?

기차는 그 밤에 떠나지 못했다. 수십 량의 소개화차를 연결하느라 밤새도록 앞걸음질 뒷걸음질, 그동안에 날이 샌 것이다. 화차가 연결될 때마다 그 소리와 충격은 대단했다. 그때마다 바둑인 한 번 덴 가슴이라 깜짝깜짝 놀랐다.

거기다 가까워진 포성과 우레 쏟아지는 듯한 폭격소리가 더해지자 바둑이는 이제 더는 그 불안과 공포를 이겨낼 수가 없었던 모양이다. 갑자기 또 한 번의 충격이 있자 그 순간 바둑인 놀란 토끼처럼 내 품을 벗어나서 반쯤 열린 문틈으로 화차 밖으로 뛰어나갔다. 그러고는 달려갔다. 나도 반사적으로 화차에서 뛰어내려 바둑이를 따라 달렸다. 숨이 턱에 차서 내가 지칠 무렵에야 바둑인 겨우 달리던 걸 멈추고는 발랑 누워서 용서를 빌었다.

나는 바둑일 허리에 끌어안고 뒤를 돌아다보았다. 기관차는 아득히 먼데 기적은 연거푸 울었다. 나는 또 뛰었다. 기차가 우리를 버리고 떠날까 봐 기차가 달릴 철로 위를 되돌아 뛰었다. 내가 헐떡이며 기관차 앞에 닿았을 때 기관사는 이 판국에 강아지 한 마리가 다 무어냐고 고함을 쳤지만 나는 사과할 겨를도 기운도 없었다. 불쌍한 우리 바둑이를 또다시 이 사지에 버리고 떠날 수 없는 내 심정을 그가 알 까닭이 없었다.

4월 23일, 중공군의 제1차 춘기공세가 의정부를 지나 서울 변두리에 다가왔다. 우레 같은 포성이 쉴 새 없이 들렸고, 군용차량들이 삼선교 쪽으로 내려와서는 남쪽으로 달려갔다. 한밤에도 피난민들이 줄을 지어 남쪽으로 내려갔다. 최순우는 그 모습을 바라보며 자신도 모르게 흐르는 눈물을 닦았다.

4월 24일, 최순우는 서울에 남아 있다 박물관에 다시 출근해 포장을 도운 수위부장 문억석과 함께, 서역벽화 60면을 포장한 상자를 미군 트럭 세 대를 동원해 서울역으로 옮겼다. 벽화 외에도 40~50상자분의 서역유물이 더 있었지만, 더 이상은 어떻게 손을 쓸 수가 없었다.

4월 25일, 최순우는 서역벽화를 실은 열차칸에 바둑이와 함께 몸을 싣고 부산으로 향했다.

대통령의
문화재
국외 피난 지령

—

17

최순우가 부산에 도착해 운송해온 유물들을 관재청 창고로 옮길 무렵, 의정부까지 내려왔던 중공군과 북한군은 미군과 국군의 강력한 저항에 밀려 다시 개성으로 돌아갔다.

5월 12일, 김재원 관장은 서울 가는 미군 트럭편으로 최순우와 행정직 김상익·이영락 그리고 덕수궁미술관 행정직 박헌진을 데리고 나머지 유물을 수습하러 떠났다. 그리고 중공군이 2차공세를 펼치며 다시 의정부 쪽으로 내려온 5월 17일, 그동안 포장한 45상자를 열차에 실었다. 이로써 덕수궁미술관의 유물(155상자 8,800점)을 포함한 총 430상자 18,883점의 유물이 네 번의 열차 수송으로 무사히 부산에 도착했다.

김재원 관장은 유물들의 무사 피난으로 한숨은 돌렸지만, 아직 걱정이 많았다. 전쟁중이니 관원들 월급이 제대로 나올 리 없었다. 또 월급이라고 나와봐야 쌀값이 폭등해 며칠 끼니거리도 안 될 정도였다. 그리고 언제까지 관사 없이 합숙생활을 할 수도 없는 노릇이었다.

그런데 죽을 수가 나면 살 수가 생긴다고, 미국 록펠러재단에서 국립박물관 발전기금으로 매해 2,000달러씩 지원금을 보내왔다. 김재원 관장의 노력 덕분이었다. 김재원은 그 2,000달러를 관원들에게 쪼개주며, 월셋방을 구하거나 부인들 장사밑천으로 사용하라고 했다. 서울본관의 학예·행정직뿐 아니라 진홍섭 개성분관장을 비롯해 경주, 부여, 공주의 분관장들에게도 나눠줬으니 한 사람 앞에 불과 몇십 달러도 안 되었지만, 그때는 암달러 시세가 높아 몇 달치 월급보다 많은 큰돈이었다. 박금섬은 그 돈으로 광복동 뒷골목에 가서 좌판을 펼쳤고, 몇몇 직원의 부인들도 장사를 시작했다.

1951년 7월 말, 김재원 관장은 최순우와 진홍섭을 비롯해 학예관들을 관장실로 불렀다.

"지금부터 하는 이야기는 극비사항이니까, 학예관들만 알고 외부에는 절대 발설해서는 안 됩니다. 부인들에게도 마찬가지입니다."

학예관들은 또 무슨 일인가 궁금해하며 굳은 표정으로 관장의 입만 바라보았다.

"얼마 전 대통령 각하께서 국립박물관과 덕수궁미술관의 주요 소장품을 미군 함정편으로 하와이 호놀룰루미술관으로 옮기라는 극비문건을 문교부장관에게 발송하셨습니다. 물론 지금 전황이 불리한 건 절대 아닙니다. 그러나 중공군이 지난번보다 더 많은 인해전술로 남하한다면 부산도 안전하지 못할 수 있다는 판단에서 이런 결정을 한 겁니다."

유물을 다시 또 피난시켜야 한다는 말에 학예관들의 표정은 침통해졌다.

"그런데 이런 사실이 외부로 알려지면, 전에 개성분관 유물 소개 때 민심이 흉흉해졌던 것과는 비교도 할 수 없을 정도로 엄청난 사태가 벌어집니

부산 피난 시절, 관재청 사무실에서 직원회의하는 모습.
왼쪽에서 세 번째가 최순우다. 혜곡 최순우 기념관 사진 제공.

다. 부산에 있는 수십만 피난민이 극심한 혼란에 빠지면서 자칫 무정부상
태가 될 수 있고, 그러면 적들에게 다시 대규모 공세를 펼칠 빌미를 줄 수
있습니다. 그러니까 이번 일은 단순한 유물 포장이 아니라 매우 중요한 군
사작전이라 생각하고 보안을 철저히 지켜야 합니다. 다른 직원들에게는 지
금 상자 포장상태가 안 좋아 서울로 운송하기 편하게 다시 포장하는 작업
이라고 지시를 내리겠지만, 그래도 작업이 외부로 알려지면 유언비어가 나
돌 수 있으니, 절대 서둘지 말고 재료 반입도 조금씩만 하세요."

　선조들의 얼과 혼이 담긴 문화재들이 다른 나라 군함에 실려 바다 건너 미
국까지 피난가야 한다는 서글픈 현실에 다들 가슴이 먹먹해졌다. 눈가에 이
슬이 맺힌 사람도 있었다. "빌어먹을 전쟁……." 누군가 낮게 투덜거렸다.

사실 국립박물관 유물의 미국 피난은 이번이 처음은 아니었다. 전쟁 발발 한 달 후인 1950년 7월 25일, 한국은행 금괴를 미국 샌프란시스코에 있는 뱅크오브아메리카Bank of America 본점 금고에 보관시킬 때, 경주분관에 있던 금관 등 주요 유물 204점도 함께 떠나보냈다. 당시 이 피난은 대통령의 극비 긴급지령으로 진행되어, 박물관에서는 최순봉 경주분관장 혼자 알고 있다가 수복 후 김재원 관장에게만 보고했다. 그러니까 최순우나 다른 학예관들은 그 사실을 알 리 없었다.

8월 초부터 학예직과 행정직 그리고 덕수궁미술관에서 파견나온 몇 명은 서울에서 갖고 온 430상자를 새로 포장해야 했다. 이번에는 나무상자를 운반하기 편하게 적당한 크기로 만들고 양쪽에 아예 밧줄을 끼웠다. 국립박물관 유물은 'National'의 약자 N을 넣어 번호를 붙여나갔고, 덕수궁미술관 유물은 D로 시작했다. 배를 타고 바다를 건너가야 하므로 솜과 종이를 많이 넣어야 해서 포장을 끝내는 데 4개월이 걸렸다.

12월 18일, 포장을 마친 국립박물관은 포장유물목록과 함께 '한국 문화재 임시보관에 관한 약정안'이라는 문건을 만들어 백낙준 문교부장관에게 제출했다. 그러나 1952년부터 전선이 38선에 고착되면서 휴전협정이 활발하게 진행됨에 따라 하와이로의 이전계획은 백지화되었다.

1952년, 최순우는 서른여섯 살이 되었다. 1월 16일, 부산에서 발행되는 지역 일간지 〈민주신보〉에 최순우가 지난 연말에 쓴 '문화재의 수난'이라는 글이 실렸다.■

■《최순우전집》 4권에는 출처가 〈민주일보〉라고 되어 있지만, 그 신문은 한국전쟁 전에 폐간되어 당시에는 발행되지 않았다. 정확한 출처는 당시 부산 지역 일간지였던 〈민주신보〉로, 이 신문은 부산에 피난와서 신문을 발행하던 〈동아일보〉를 인쇄해줄 정도로 큰 인쇄시설을 갖추고 있었다. 1958년에는 박경리의 첫 장편소설 '연가'를 연재하기도 했다.

멀리는 당나라 군인들의 고구려 고분 대량 파괴로부터 가깝게는 금차^{今次} 전란에 이르는 천수백 년간에 응당 보존되어 있어야 할, 또 보존됨직한 문화재가 외적과 우리 스스로의 손으로 부단히 약탈 또는 파괴되어왔다. 시시각각으로 파괴·멸실되어가고 있는 우리 문화재의 운명이 하도 가혹함에 우리는 통렬함을 금치 못하는 바이다.

우리는 과거 36년간에 또는 임진란과 왜적의 등쌀에서 받은 문화재의 막대한 상처에 흔히 경악과 비탄의 눈초리를 보낸다. 그러나 지금도 그들이 아닌 우리 스스로의 무지와 무위무책^{無爲無策}으로 무참한 파괴가 쉴 새 없이 자행되고 있는 현실을 우리는 더 슬퍼하는 바이다. (……)

이밖에도 한국 최고^{最古} 최미^{最美}의 건물로서 고려 후기 건축으로 알려진 국보 제80호(당시 번호) 영주 부석사 무량수전도 6·25 전 보고에 우누^{雨漏}(비가 샘)가 심했다 하니 우리들 문화재 운위^{云謂}(입에 올려 말함)하는 자 실로 냉한^{冷汗}(식은땀)을 금할 수 없다.

건축 이외의 문화재만 하더라도, 다행히 국립박물관과 덕수궁미술관의 주요 문화재는 안전히 소개^{疏開}되어 있다고 하나, 이 방대한 미술품의 보존관리를 담당한 기관에 최소한도의 소요예산과 인원도 배정되어 있지 못하여, 소개 문화재는 그 중요성에 반하여 현재 너무나 부당한 처우를 받고 있는 것이 사실이다. (……)

무지와 무위무책의 악몽에서 어서 깨어나야 할 것이다. 무엇이 더 급한지 무엇이 더 소중한지를 가릴 줄 모르는 한, 모든 연유를 전쟁에만 돌리는 한, 우리 문화재 보존의 앞날은 암담하다.

보호받지 못하고 훼손되어가는 문화재에 대한 안타까움을 신문 두 면에 걸쳐 절절하게 써내려간 긴 글이었다. 최순우는 실제로 1952년 11월 하순에 부석사의 문화재 현황을 조사하기 위해 답사를 떠나기도 했다.

신문에 글이 발표된 날 퇴근 무렵, 이경성 인천시립박물관장이 찾아와 최순우를 광복동 네거리에 있는 금강다방으로 데리고 갔다. 다방 문을 열고 들어선 이경성은 안쪽을 둘러보더니 담배를 피우고 있는 목이 긴 사내 앞으로 가서 앉았다.

"수화 형, 이분이 오늘 〈민주신보〉에 글을 쓴 최희순 학예관이에요."

그러자 김환기가 의자에서 일어나 엉거주춤한 자세로 최순우에게 손을 내밀었다.

"김환기라 합니다. 서울에서 쓰신 도자기 글도 잘 봤고, 오늘 글도 아주 잘 읽었습니다. 그래서 제가 이 관장에게 한번 만나게 해달라고 청을 넣었습니다."

"서울에서 존함을 들었는데 뵐 기회가 없었습니다. 개성에서 온 최희순이라고 합니다. 이렇게 뵙게 되어 정말 반갑습니다."

최순우는 자신보다 세 살 많은 김환기가 내민 손을 두 손으로 맞잡으며 고개를 숙였다. 세 사람은 자리에 앉았다. 이경성이 커피를 주문하자 김환기가 최순우를 반가운 표정으로 바라보며 말했다.

"이 관장에게 최형 말씀을 귀가 닳도록 들었습니다. 간송댁 수장품을 지키는 데 큰 공을 세우셨고, 박물관 소장품을 여기까지 피난시킨 일등공신이라고요."

"이 관장이 과장되게 말씀드린 겁니다. 관원들이 모두 합심해서 한 일이니, 절대 저 개인의 공이 아닙니다."

"저도 조선백자 몇 점을 우물 속에 담가놓고 왔는데, 잘 있는지 모르겠습니다, 허허."

수화 김환기는 백자를 좋아해서 집에 여러 점을 가지고 있었다. 술에 흥이 나면 같이 마시던 친구에게 나눠줄 정도였다. 그는 성북동 시절 한 푼이라도 돈이 생기면 어디에선가 골동품을 사들여 방마다 갖다놓았는데, 나중에 놓을 자리가 없자 마루 밑에까지 두었다. 그리고 작품을 하다가 잘 안 되면 지그시 눈을 감고 백자항아리를 쓰다듬었다고 그의 부인 김향안은 회고했다.

"미술강좌를 함께 하셨던 근원 선생님께서 수향산방에 좋은 백자가 많으니 한번 보러 가자고 하셨는데 박물관 일에 치여서 못 가봤습니다. 이제 서울 가면 한번 찾아뵙고 실견實見하겠습니다."

그러나 한국전쟁 후 집에 돌아가 우물 속에 숨겨둔 백자들이 모두 깨진 사실을 확인한 김환기는 매우 낙심했다. 당시 이 사실을 알 리 없는 김환기는 담담히 근원 김용준을 회상했다.

"아, 근원 형과 그런 인연이 있으셨군요! 제가 사는 수향산방이 근원이 사시던 노시산방인데, 창동으로 이사가면서 저에게 시세보다 턱없이 싸게 주고 가셨지요. 그런데 동란 때 서울미대 학장을 하시는 바람에 인민군을 따라 올라가셨으니, 그렇게 선한 양반이 북쪽에서 어떻게 살지 걱정입니다."

"예, 저희도 모두 안타깝게 생각하고 있습니다."

최순우의 얼굴에 침울한 빛이 돌자 김환기는 커피를 들라고 권하면서, 세상이 좋아져 모두 서울에 가면 자기 집에 와서 진짜 커피맛을 보라고 했다. 그러자 이경성이 물었다.

"그럼, 지금 마시는 커피는 가짜 커피입니까?"

"허허! 그건 아니고, 우리 집사람이 커피 원두를 직접 갈아 끓여준다는 뜻이지."

김환기의 집안은 전라남도 신안에서 큰 어장을 경영하는 부잣집이었다. 덕분에 그는 일본 니혼대학에서 추상미술을 공부했고, 훗날 프랑스와 미국으로 부인과 함께 떠나 큰 부족함 없이 작품활동을 할 수 있었다. 그런 부자였기에 그때에는 흔치 않았던 원두커피를 마셨는데, 이경성과 최순우는 원두커피가 뭔지도 짐작할 수 없어 화제를 다른 데로 돌렸다.

"그런데 수화 선생님은 어째 그리 목이 깁니까?"

이경성이 웃으며 묻자 김환기는 장난삼아 목을 더 길게 빼는 시늉을 하며 대답했다.

"섬사람이라 그래. 섬에서 어린 시절을 보냈거든. 육지가 그리워 길게 목을 뺐더니 이렇게 길어졌어, 허허."

최순우는 김환기의 너털웃음에서 소탈함과 순진무구함을 느꼈다. 이후 그는 김환기를 형처럼 따랐고, 이런저런 모임을 통해 자주 어울리면서 막역한 사이가 되었다. 가끔 둘이만 만나면 조선백자나 목공예 이야기를 했고, 그런 날이면 서로 신명이 나서 시간 가는 줄 모르고 이야기하며 웃음꽃을 피웠다. 최순우는 김환기를 통해 조선시대 민예품의 가치에 눈을 뜨게 되었다.

김환기는 최순우에게 이중섭·박고석·정규·이준 등 화가들을 소개해서, 그가 훗날 현대미술 평론에 관심을 갖는 계기를 만들어주었다. 최순우는 전시회를 열고 싶지만 장소를 못 구하는 화가들을 위해 국립박물관에서 '현대작가 초대전'을 몇 차례에 걸쳐 열어주기도 했다.

무량수전
배흘림기둥에
기대서서

—

18

1952년 4월 1일, 김재원 관장은 진홍섭을 경주분관장으로 발령냈다. 금관과 다른 주요 유물을 미국으로 피난시킨 최순봉 관장이 지난해 11월 사표를 낸 후 서리분관장 체제로 운영되었기 때문에, 현재 할 일이 없는 개성분관장 진홍섭에게 경주분관을 활발하게 운영해보라고 한 것이다. 그리고 개성분관은 현재 북한군이 점령하고 있어도 분관장을 임명하지 않으면 직제가 없어지기 때문에, 형식적으로 김철준을 임명했다.

발령도 마무리되고 전쟁도 소강상태로 접어들자, 김재원 관장은 서울에서 운영했던 미술연구회를 재건했다. 회원은 전과 같이 국립박물관 학예관들과 이경성 등 몇몇 외부인사였다. 미술연구회는 4월 26일 첫 연구발표회를 열었다. 이때부터는 관원들과 외부 회원 모두 가능하면 한국적 주제를 발표했다. 김원룡은 신라 금귀고리에 대해, 최순우는 조선시대 도자기 중 분청사기에 대해, 개성에서 경주로 이사갔던 윤경렬은 부산까지 내려와 한국 인형에 대해 발표했다.

　최순우는 박물관 강당에서 이사나가 피난민들이 다닥다닥 붙어사는 아미산 아래 토성동에 셋방을 얻어 살았다. 아내가 장사를 계속해, 최순우는 월급이 쥐꼬리만 해도 생활비 걱정을 하지 않고 박물관에서 근무할 수 있었다. 김재원 관장도 토성동 옆 아미동으로 이사왔는데, 의사인 부인이 '신영의원'을 개업했다.▪

　7월이 되자 이경성이 인천으로 올라갔다. 새 부지를 확보한 인천시립박물관의 재개관 준비를 하기 위해서였다. 최순우는 이경성을 환송하며 고향 생각을 했다. 휴전이 되든 통일이 되든 빨리 전쟁이 끝나야 했다. 최순우는 강화도로 피신한 가족들의 안부를 아직 알지 못하고 있었다.

　그해 가을, 최순우가 서울에서 데리고 온 바둑이가 죽었다. 늦여름 어느 날 이웃 방에 세 살던 젊은이가 부산 서면에 사는 부모님을 보신시킨다며 바둑이를 훔쳐갔는데, 얼마 후 그 집에서 탈출해 토성동까지 30리 길을 찾아와서는 시름시름 앓기 시작했다. 동물병원에까지 입원시켰는데 나흘 만에 숨을 거두었다. 훗날 최순우는 '우리 바둑이의 그 후'라는 글에서 개도둑에 대한 분노를 이렇게 표현했다.

　　사람도 사람 나름이고 개도 개 나름이겠지만, 사람보다 더 의리 깊은 개도 있고 개만도 못한 사람도 있다는 것은 분명한 일이다. 사람들의 욕 중에 '개 같은 놈'이니 '개만도 못한 놈'이니 하고 개욕을 도매금으로 해넘기는 경우가 많지만, 개는 그렇게 부도덕한 짐승이 아닌 것만 같다.

▪ 병원 이름의 '영' 자는 부산에서 태어난 딸의 이름에서 땄는데, 그 막내딸이 2012년 현재 국립중앙박물관장으로 재직중인 김영나다

"관장님, 아무래도 영주 부석사 무량수전의 누수가 어느 정도인지 가서 살펴봐야 할 것 같습니다."

11월 하순, 최순우가 관장실에 찾아와 보고를 하자, 김재원은 이제 겨울이 시작되는데 무슨 답사냐는 표정으로 대수롭지 않게 말했다.

"미스터 최, 거기면 소백산인데…… 아직도 태백산맥과 소백산 쪽에는 무장공비들이 출몰해서 전투가 계속된다고 들었어. 내년 봄에나 가지."

"그래도 이제는 많이 소탕된 것 같고…… 겨울에 눈이 오면 또 물이 샐 테니 가서 살펴보고 손을 봐야 더 이상 훼손되지 않을 것 같습니다."

"미스터 최가 고적을 사랑하는 마음은 알겠는데, 거기에 뭐가 있기에 그렇게 서두르는 거요?"

"저도 부석사는 아직 못 가봤습니다. 그러나 고유섭 선생님께서 무량수전 안에 있는 아미타여래좌상은 목심木心(나무로 심을 만든 것)에 흙을 조각한 (소조) 다음 그 위에 금칠을 한 불상으로, 고려시대 소조불상 중 가장 크고 오래된 중요한 유물이라고 하셨습니다. 그리고 정면 5칸, 측면 3칸의 무량수전 건물도 고려시대 목조건물 중 가장 오래된 것으로, 후대 건물에 없는 고려시대의 특징을 많이 갖고 있는 훌륭한 건물이라고 극찬하시면서, 안과 밖에 있는 기둥이 위와 아래가 일직선이 아니라 완만한 곡선으로 흐르게 만든 독특한 기둥이라고 하셨습니다."

최순우가 열변을 토하며 설명하자 김재원도 고개를 끄덕이며 물었다.

"그런데 기둥에 완만한 곡선이라는 게 무슨 뜻이오?"

"사실 저도 그 부분이 궁금합니다. 위나 아래에 비해 가운데가 불룩하다는 뜻 같은데, 그런 기둥은 본 적이 없어 직접 가서 확인해보려고 합니다."

당시만 해도 '배흘림기둥'이라는 말은 일부 목수 외에는 사용하지 않는 단어였다. 그래서 고유섭도 '고려의 불교사찰 건물'이라는 글에서 부석사 무량수전의 배흘림기둥을 묘사할 때, 가운데 불룩한 부분을 '완만한 곡선'이라고 표현했다. 배흘림기둥이 '37-49-43센티미터'임을 아직 모르는 최순우와 김재원 역시 정확히 어떤 모양인지 알 수 없었다.

"그렇다면 겨울에 눈이 많이 와서 지붕이 내려앉기라도 하면 정말 큰일이네. 알았어요, 다녀오세요. 그런데 나와 김원룡 학예관은 3월에 경주 금척리 고분 발굴도 다녀왔고 여기 박물관도 지켜야 하니까 황수영 학예관과 함께 가도록 해요. 지난번에 들렀던 연세대 민영규 교수도 불교에 관심이 많다니까 함께 가겠다면 동행하세요."

민영규는 위당 정인보의 제자로, 연희전문을 졸업한 후 일본 다이쇼대 사학과와 대학원 과정을 마치고 돌아와 광복 후 연세대에서 강의를 했다. 불교와 고문서 연구에 관심이 깊어 자료를 구하기 위해서 자주 국립박물관을 드나들었고, 부산에 피난와서도 가끔 들렀다. 당시에는 박물관에 학예직이 많지 않아 발굴이나 답사 때 역사 관계 학자들이 원하면 함께 동행했다.

이렇게 해서 국립박물관의 최순우·황수영 학예관이 중심이 되어 첫 번째 부석사 조사를 떠났다. 부산에서 부석사를 가려면 경주·의성·안동을 거쳐 영주로 가야 했는데, 경주부터는 교통편이 거의 없다시피 해서 걷다가 운 좋게 짐 실은 트럭이라도 만나면 사정사정해서 짐짝 위에 엎드려 타고 갔다. 그렇게 도착한 소백산 기슭의 부석사 근처 마을에는 아직 피난에서 돌아온 사람들이 드물어 한낮에도 적막했다. 산 너머에서 들려오는 박격포 포성이 아직 전쟁중임을 일깨워주었다. 부석사에는 노주지 한 명뿐이었다.

"나 혼자 남았소. 다들 피난갔지."

최순우와 황수영은 공손하게 합장해 인사한 후 서둘러 무량수전을 살펴

부석사 무량수전. 고려시대의 불전으로 국보 제18호다. 왼쪽은 무량수전의 배흘림기둥이다.

보았다. 다행히 주지스님이 마을 사람들을 불러서 비가 새는 지붕을 미리 수리해놓아 큰 피해는 없었다. 벽화가 있는 조사당도 마찬가지였다. 일행이 안심하며 주지스님에게 감사를 표한 후, 갖고 온 쌀로 저녁을 준비했다.

저녁을 먹은 후 주지스님이 부석사 석룡에 관한 전설을 들려주었다.

"법당 아래 굉장히 큰 석물이 묻혀 있소. 내가 직접 봤다니까……."

주지스님의 설명은 꽤나 구체적이었다.

"일제 때 무량수전 바닥을 개조하기 위해 팠는데 용이 있더라니까. 아미타불대좌 밑에 용의 머리가 있고 법당 앞뜰과 석등 밑을 지나 장대석 아래에 꼬리 부분이 뻗어 있소. 그 길이가 아마 십수 간 될 거요. 용의 비늘이 선명하게 조각돼 있었소."

최순우와 황수영은 놀란 입을 다물지 못했다. 주지스님이 콕 찌르듯 덧붙였다.

"전쟁이 끝나면 박물관에서 발굴조사를 한번 해야 할 것이오. 그런 게 박물관에서 하는 일 아니오?"

최순우와 황수영은 동시에 머리를 끄덕였다. 주지스님이 이야기해준 내용은, 의상대사를 사모하던 당나라 여인 선묘가 의상의 불도를 돕기 위해 석룡으로 변해서 부석사의 불단 아래로 머리를 두고 그 꼬리가 앞뜰에까지 미쳤다는 '선묘화룡설화'였다. 그런데 그 설화에 등장하는 석룡이 실제로 존재하고, 자신의 눈으로 직접 확인했다는 것이었다.*

다음 날, 아침 일찍 잠에서 깬 최순우는 살그머니 일어나 조심스럽게 문을 열고 밖으로 나왔다. 고즈넉한 경내에는 아직 미명의 어스름이 가득했지만 고요하게 내리는 안개비에 기분이 상쾌했다. 최순우는 어제 저녁 주지스님이 '극락세계로 가는 과정'이라는 의미가 담겨 있다고 설명한 돌계단을 하나씩 밟으며 마치 구도자가 된 듯한 감상에 잠겼다. 범종루에서 세계단을 오르고 안양루에서 다시 돌계단을 올라가자 무량수전이 안개비 속에서 웅장한 모습을 드러내며 그의 앞으로 다가왔다.

"정말 대단하구나!"

고려시대 목조건물의 단아하고 간결한, 그래서 힘이 느껴지는 아름다움에 자신도 모르게 탄성이 터져나왔다. 최순우는 경탄스러운 눈길로 무량수전을 바라보았다. 경내에 있는 느티나무와 삼나무에서 들려오는 새들의 지저귐도, 무량수전 뒤 울창한 나무숲을 스치며 지나가는 스산한 바람소리도 들리지 않았다. 어느샌가 안개비는 그치고 새벽 햇살이 무량수전 팔작지붕을 비추기 시작했다.

■ 최순우는 1967년 5월 7일 두 번째로 부석사를 조사하면서 석룡 발굴조사도 병행했다.

무량수전 배흘림기둥에 기대서서 바라본 부석사 일대 전경.
김재경 사진 제공.

최순우는 뒤로 돌아 배흘림기둥에 기대섰다. 그 순간, 한눈에 담을 수 없을 정도로 아득하고 끝없이 넓은 일망무제一望無際의 풍광이 눈앞에 펼쳐졌다. 최순우는 산 뒤에 또 산, 그 뒤에 또 산마루, 눈길이 닿는 데까지 그림보다 더 곱게 겹쳐진 능선들을 바라보며 감탄했다. 후에 최순우는 그날의 감동을 다음과 같이 회상했다(《샘터》 1977년 11월호).

　　멀찍이서 바라봐도 가까이서 쓰다듬어봐도 무량수전은 의젓하고도 너그러운 자태이며 근시안적인 신경질이나 거드름이 없다. 무량수전이 지니고 있는 이러한 지체야말로 석굴암 건축이나 불국사 돌계단의 구조와 함께 우리 건축이 지니는 참멋, 즉 조상들의 안목과 그 미덕이 어떠하다는 실증을 보여주는 본보기라 할 수밖에 없다.

　　무량수전 앞 안양문에 올라앉아 먼 산을 바라보면 산 뒤에 또 산, 그 뒤에 또 산마루, 눈길이 가는 데까지 그림보다 더 곱게 겹쳐진 능선들이 모두 이 무량수전을 위해 마련된 듯싶어진다. 이 대자연 속에 이렇게 아늑하고도 눈맛이 시원한 시야를 터줄 줄 아는 한국인, 높지도 얕지도 않은 이 자리를 점지해서 자연의 아름다움을 한층 그윽하게 빛내주고 부처님의 믿음을 더욱 숭엄한 아름다움으로 이끌어줄 수 있었던 뛰어난 안목의 소유자, 그 한국인, 지금 우리의 머릿속에 빙빙 도는 그 큰 이름은 부석사의 창건주 의상대사다.

'이 풍광이 모두 이 무량수전을 위해 일부러 만든 것 아닌가?'
　그런 생각이 들었다. 배흘림기둥의 불룩한 아름다움이 고맙고, 팔작지붕의 의젓함이 고맙고, 무량수전 앞에 펼쳐진 풍광이 사무치게 고마웠다. 눈물이 흘러내리는 줄도 모른 채 최순우는 황홀경에 흠뻑 취해 있었다.

돌아온 서울에서,
"사흘 안에 박물관을
이사하시오!"
—

19

최순우가 부석사에서 돌아온 즈음인 1952년 12월 2일, 아이젠하워Dwight David Eisenhower 미국 대통령 당선자가 2박 3일 일정으로 우리나라를 방문했다. 그가 취임도 하기 전에 방한한 이유는 "당선되면 즉시 한국을 방문해 전쟁을 종식시키겠다"고 한 선거공약을 지키기 위해서였다. 아이젠하워는 우리나라에 와서 전선을 누비며 미군 지휘관들의 의견을 듣고는, 북진통일을 주장하며 휴전을 반대하는 이승만 대통령의 의견을 묵살하고 휴전협상을 하루빨리 성사시키기 위해 노력했다.

1953년 7월 27일 오전 10시, 판문점에서 정전협정이 체결됐다. 전선에서는 마침내 총소리가 멎었다. 3년 1개월 동안 계속된 동족상잔의 비극은 남북한의 많은 도시를 폐허로 만들고 엄청난 인명피해를 내는 등 참혹한 결과만을 남기고 끝났다. 최순우의 고향 개성은 다시는 돌아갈 수 없는 북녘 땅이 되었다.

1953년 8월 말, 국립박물관은 경복궁으로 돌아왔다. 일단 유물은 부산에 그대로 놔둔 채 사무실 집기와 서류들만 갖고 왔다. 최순우와 박금섬도 삼청동 집으로 돌아왔다. 다행히 집은 크게 망가지지 않아 바로 들어가 살 수 있었다. 서울로 돌아온 관원은 아직 많지 않았지만, 빈 진열장을 청소하고 유물창고를 정리했다. 다른 관원들도 부산에서 올라오는 대로 하나둘 사무실로 출근하기 시작했다.

그렇게 한 달쯤 지났을 때, 김재원 관장이 침통한 표정으로 사무실에 들어서더니 학예관들을 자신의 집무실로 불렀다.

"이거 정말 어이없는 일이 발생했는데, 내 힘으로는 더 이상 어떻게 할 수 없어서 이야기를 합니다……."

관장이 한참 동안 말을 잇지 못했다. 최순우를 비롯한 학예관들은 초조한 마음으로 다음 말을 기다렸다.

"우리 박물관이 경복궁에서 쫓겨났습니다……."

"예? 그게 무슨 말씀이십니까?"

성질 급한 김원룡이 눈꼬리를 치키며 물었다.

"대통령 각하께서 경복궁이 조선시대의 중요한 건물인데, 박물관이 다시 들어오고 많은 관람객이 드나들면 궁궐 보존에 좋지 않다고…… 그래서 특별면담까지 신청했는데, 소용이 없었어요……."

모두들 허탈한 표정으로 아무 말도 하지 못했다. 이번에는 최순우가 조심스러운 목소리로 물었다.

"관장님, 그럼 어디로 이사를 가는 겁니까?"

"남산 아래 예장동에 있는 민족박물관 자리인데, 앞으로 사흘 안에 이사를 하랍니다. 이거 참……."

"예? 사흘 안에요? 아니, 아무리 대통령 명령이라지만, 피난가는 것보다 더 급하게 움직이라니, 이럴 수가 있는 겁니까?"

김원룡이 자리에서 일어나 펄쩍펄쩍 뛰었지만, 그런다고 대통령의 명령이 바뀔 리 없었다. 국립박물관은 다시 이삿짐을 쌌고, 가을비가 처량하게 내리는 10월 1일 트럭 몇 대를 동원해 짐을 옮겼다. 피난가지 못하고 남아 있던 유물과 진열장까지 포함하면 트럭 30대 분량이었지만, 민족박물관은 260평에 불과했다. 당연히 공간이 부족했고, 들어가지 못한 사무실 집기는 노천에서 가을비를 맞으며 밤을 지샜다.

1954년 1월, 최순우는 국립박물관 보급과장에 임명되었다. 물품을 보급하는 과장이 아니라 우리 미술을 국민들에게 보급하는 과장이라는 뜻의 보직이었다. 그러나 유물이 아직 부산에서 올라오지 못하고 있으니, 고미술품을 전시하고 싶어도 할 수가 없었다. 그렇다고 손을 놓고 있을 수는 없어, 남아 있는 유물 일부와 최순우가 부산에 내려가 골라온 200점의 유물을 가지고 2월부터 임시개관을 했다.

최순우는 박물관 일이 끝나면 종로4가 동대문시장 들머리에 있는 전형필의 집과 성북동 보화각에 가서 유물 정리를 도왔다. 그곳에서 청자상감운학문매병 등의 청자, 백자박산향로 등의 백자, 《혜원전신첩》과 미인도 등의 신윤복 작품, 그리고 마상청앵도 · 노승염불도 등의 김홍도 그림, 《해악전신첩》과 청풍계도 등의 정선 그림을 보며 감식안을 높여갔다.

전형필은 한국전쟁 때 최순우의 목숨을 건 노력으로 보화각 수장품이 북송 위기를 넘긴 후 그를 아우이자 애제자로 대했다. 최순우도 대수장가 전형필을 큰형님이자 스승으로 존경했다. 고유섭에 이은 두 번째 스승이었다. 어느 날 전형필이 무거운 목소리로 입을 열었다.

"내가 6·25 때를 생각하면 최형에게 답례를 좀 해야 하는데⋯⋯."

"선생님도 별말씀을 다 하십니다. 이렇게 수장품을 보여주고 공부하게 해주시는 것만으로도 정말 감사할 뿐입니다. 그런 말씀 마십시오."

전형필이 지그시 눈을 감았다가 떴다.

"그럼 내가 마음의 선물을 하나 할 테니 사양하지 말고 받아."

"마음의 선물이라시면?"

"내가 자네에게 글 쓸 때 사용할 필명을 하나 만들어주려고."

"예, 그런 선물이라면 감사한 마음으로 받고 평생 소중하게 사용하겠습니다."

"그러면⋯⋯ 내가 자네를 식구로 생각하는 의미에서 우리 아이들 돌림자인 '우雨' 자가 들어간 필명을 주고 싶은데, 괜찮은가?"

순간 최순우는 코끝이 찡해졌다.

"자네 이름 중에서 순淳이 항렬자라고 했지?"

"예, 선생님."

"항렬자를 빼면 안 되니까, 자네 집 항렬자인 '순'에다 우리집 항렬자인 '우'를 합해 '순우淳雨'라고 하면 좋을 것 같은데, 어떤가?"

전형필은 '순우'라는 필명이 흡족한 듯 빙그레 웃었다.

"선생님, 감사합니다. 필명에 누가 되지 않는 글을 써서 선생님의 가르침에 보답하겠습니다."

최희순은 이렇게 '최순우'라는 필명을 얻었다. 이때부터 최희순이라는 본명은 고미술 관련 글에, 최순우라는 필명은 현대미술 비평을 발표할 때 사용했다. 그러다가 1950년대 후반부터는 거의 모든 글을 최순우라는 이름으로 발표했다.

간송 전형필의 가족과 1955년 9월 광릉에서 찍은 사진.
뒤 왼쪽부터 최순우, 전영우 현 간송미술관 부설 한국민족미술연구소장,
전형필, 부인 김점순 여사, 아래 앉은 이는 전형필의 친척 전제욱.
전영우 사진 제공.

전형필은 최순우에게 자신의 수집품을 보여주며 그에 얽힌 뒷이야기를 들려주었을 뿐만 아니라, 유물을 감식하는 여러 가지 방법도 하나둘 전수했다. 전형필의 감식안은 위창 오세창으로부터 물려받았고, 오세창은 부친인 역매 오경석, 오경석은 스승인 추사 김정희로부터 감식안을 물려받았다. 따라서 최순우는 추사 김정희의 맥을 잇는 감식안과 안목을 전수받은 셈이다. 최순우가 전형필에게 와서 공부하고 토론하는 날은 대개 집에 못 들어가는 날이었다. 두 사람은 밤을 새워가며 공부하고 마음을 나눴다.

3월 21일, 〈서울신문〉에 최순우가 쓴 '버림받은 국보, 현동자의 몽유도원도'라는 글이 실렸다. 일본에서 매물로 나온 현동자 안견의 몽유도원도를 국내에서 구입할 사람이 없음을 안타까워하는 글이었다. 몽유도원도는 김재원 관장이 미국연수를 마치고 귀국하던 1948년 12월 말 도쿄에 들렀을 때 5,000달러에 매물로 나왔다는 이야기를 들었지만, 박물관에서는 예산이 없어 포기했다.

당시 5,000달러면 서울의 집을 30채 살 수 있을 정도로 큰돈이었다. 일본에서도 적지 않은 돈이어서 거래가 되지 않자, 훗날 국보특별전에 출품되었던 철채백화당초문매병을 일본으로 밀반출한 장석구가 1949년 중반경 서울로 갖고 들어와 1만 달러를 불렀다. 장석구는 자신이 구입한 후 팔러 왔다고 큰소리를 치면서 다녔고, 그때 전형필도 몽유도원도를 보았다. 그러나 당시에는 땅 매매가 활발하지 않을 때라 집 60채 값의 현금이 없어 포기했고, 그 사실을 전형필에게 전해들은 최순우가 안타까움을 참지 못하고 이 글을 쓴 것이다. 그래도 한국에서는 끝내 몽유도원도를 살 능력이 있는 수집가가 나타나지 않았고, 장석구는 몽유도원도를 다시 일본으로 갖고 가 현재 소장처인 덴리대에 팔았다.

최순우가 그렇게 전형필의 집과 보화각을 드나들며 안목을 넓히던 5월, 박물관에 별을 단 군인이 한 명 나타나 건물을 둘러보고 갔다. 그리고 며칠 후, 또 다른 별이 나타나서 건물을 살펴보고 갔다. 휴전 직후였고 군인들에게 권력이 있던 시절이라 수위를 비롯해 아무도 그들에게 무슨 일 때문에 왔냐고 묻지 못했다. 또 얼마 후에 경무대(지금의 청와대) 직속경찰서에서 사람이 나와 김재원 관장에게 현재 사용하고 있는 건물이 박물관으로 적당한지 등 여러 가지를 묻고 갔다. 그래서 관장과 학예관들은 대통령이 넓은 데로 옮겨주실지 모른다며 희망에 부풀었다.

6월 초, 문교부에서 김재원 관장에게 전화를 했다. 지금 사용하고 있는 건물을 연합참모본부로 사용하려고 하니, 이사갈 건물을 찾아서 보고하라는 내용이었다. 그날 오후 연합참모본부 소속 군인이 김재원 관장을 찾아와 며칠이면 비우겠냐면서, 빈 학교건물이라도 빨리 찾아보는 게 좋을 것이라고 압박을 주었다.

박물관은 다시 초상집 분위기에 휩싸였다. 이사온 지 반년도 안 되어 또 쫓겨가야 하는 현실에 모두들 맥이 풀렸다. 최순우는 사무실을 나가 망연한 표정으로 남산을 바라보았다. 전쟁이 끝난 지 1년도 안 되어 두 번이나 쫓겨난다는 사실이 믿기지 않았다. 선조들의 자랑스러운 문화유산을 보존하고 알리는 박물관이 이런 수모와 푸대접을 받아도 되는 건지, 슬프다 못해 분노가 치밀어올랐다.

최순우뿐 아니라 김재원 관장 이하 모든 관원이 느끼는 울분이었다. 김재원은 대통령 독대를 신청했고, 며칠 후 경무대로 들어오라는 연락을 받았다. 당시 독대에 대해 훗날 김재원 관장은 이렇게 회고했다.

"각하, 국립박물관이 그 많은 문화재를 가지고 한지에 나갈 수는 없지 않습니까. 그러니 각하께서 저희 갈 집을 마련해주십시오."

"경무대경찰서를 통해 조사해보니 지금 그 집은 박물관으로 적당치 않다고 들었는데, 그러면 어디로 가면 좋겠는가?"

"각하, 덕수궁 안에 있는 석조전이 전쟁중에 불탔으니 그것을 수리하여 주시면 좋겠습니다."

"알았어. 이봐, 비서관. 밖에 있는 정일권 참모총장 들어오라고 해."

"부르셨습니까, 각하!"

정일권이 들어와 거수경례를 했다.

"이 사람이 박물관장인데, 당장 그 집을 내놓을 수가 없다고 하니 제너럴 리(국립박물관을 방문했던 이형근 준장)에게 그리로 가는 것을 연기하라고 전하게."

"예, 각하."

_ 김재원, 《경복궁 야화》

국립박물관이 덕수궁 석조전으로 이사하는 건 이렇게 결정되었고, 얼마 후 육군 공병대가 석조전 수리공사를 시작했다. 국립박물관은 이곳에서 1972년 6월까지 지냈다.

6월 7일자 〈서울신문〉에 최순우가 전형필의 소장품인 현재 심사정의 하마선인도蝦蟆仙人圖(두꺼비와 신선 그림)에 대해 해설한 글이 실렸다. 최순우가 발표한 최초의 고미술 관련 글이다. 그의 영역이 고려청자와 조선백자와 분청사기에서 회화로 넓어지기 시작했음을 의미한다. 최순우는 길지 않은 분량에 심사정의 가문 내력과 겸재의 제자였다는 사실, 표암 강세황의 현재 그림에 대한 평가를 소개한 후 "이 하마선인도는 비록 편화片畵에 불과한 소품이지만, 두꺼비와 더불어 가락에 맞춰 덩실거리는 선인의 모습 속

하마선인도
심사정, 비단에 수묵담채, 22.9×15.7cm, 조선시대 18세기, 간송미술관 소장.

에 탈속脫俗한 작가 자신의 풍모가 어려 있는 듯싶을 때가 있다"는 자신의 감상평까지 담았다.

최순우는 글쓰기의 영역을 고미술에서 민예품, 그리고 현대미술로 점차 넓혀갔다. 지난 4월에는 《새가정》이라는 잡지에 조선 말기까지 전해오던 목가구의 아름다움에 대해 설명한 '가정과 생활미술'이라는 글을 발표하기도 했다.

7월 4일자 〈동아일보〉에는 '전통적 격조와 높은 기품'이라는 현대미술 평론이 실렸는데, 청전 이상범의 작품에 대해 "추종을 불허하는 필묵의 높은 지체는 그 독특한 화풍의 무게가 해를 거듭할수록 가중되는 느낌을 받는다. 단조롭고 유형적인 작품인 듯하면서도 화면의 구석구석까지 작가적인 양심과 애정이 깃들어 있고, 단지 정지해 있는 하나의 풍경화폭이 아니다. 살아서 기동하는 현실생활의 주제 속에 갖가지 즐거운 여운을 풍겨준다"며 높이 평가했다. 그러나 고암 이응로와 남정 박노수의 작품에 대해서는 아쉬움을 나타냈다.

또 천경자의 작품에 대해서 "천경자 여사의 전원과 여상女想은 확실히 장내의 이채로운 작품으로 주목을 끌었다. 여상에서 볼 수 있는 현실생활 속에 버무려져 있는 현대적 보수적 요소와, 강렬하면서도 전통적인 지체를 잊지 않은 배색 등 탐구하는 작가로서의 의욕이 잘 보였다. 더구나 전원에 있어서의 파격적인 대담한 시도는 반드시 그분의 의욕대로 효과가 상부하지 못한 것이었는지 모르지만, 확실히 현대의 고뇌 속에 허덕이는 예술가 천 여사의 애틋한 작가정신이 보이는 작품의 하나였다. 안이와 허세가 아니라 구석구석 정열과 노력이 체취처럼 스며 있는 작품이라 하겠다"라며 좋게 평가했다.

청전 이상범의 화실에서 대화를 나누는 최순우. 그는 이상범을 한국 근현대를
대표하는 화가로 높이 평가했다. 그래서 1979년 미국 8개 도시에서 열린
'한국 미술 5000년전'에 이상범의 산수도를 전시했다. 중앙일보 DB.

7월 29일자 〈서울신문〉에는 김홍도의 군선도群仙圖에 대한 이야기를 실었
다. 당시 군선도는 한국전쟁 때 최순우와 함께 보화각 수장품의 북송을 필
사적으로 저지한 고미술 수집가 소전 손재형의 소장품이었다.■ 최순우가
소전이 소장한 군선도에 대해 글을 썼다는 사실은 그가 전형필의 그림뿐
아니라 다른 소장가들의 좋은 그림도 보러 다녔음을 보여준다.

최순우는 이렇게 고미술과 현대미술을 넘나들었고, 〈서울신문〉에서 〈동
아일보〉 그리고 잡지로 글을 발표하는 지면도 점차 넓혀갔다.

■ 단원 김홍도의 군선도(국보 제139호)는 훗날 손재형이 호암 이병철에게 양도했다. 현재는 삼성미술관 리움 소
장품이다. 국보도 사유재산일 경우 국내 거래는 법적으로 가능하다. 그리고 허가제가 아니라, 국보를 산 사람이
문화관광부에 자신이 국보를 샀다고 신고만 하면 되는 신고제다(문화재보호법 제40조). 손재형은 군선도뿐 아니라
정선의 인왕제색도(국보 제216호)와 금강전도(국보 제217호)도 이병철에게 양도했다.

그때 부산에 내려가서 수업을 하던 홍익대학교 미술대학이 종로2가 장안빌딩으로 옮겨왔고, 김환기가 미술학부장에 임명되었다. 가을학기가 시작되기 전인 8월 초, 김환기와 최순우가 만났다.

"최형, 이번 가을학기부터 우리 대학에 와서 강의를 좀 해줘."

두 사람은 부산 광복동 금강다방에서 처음 만난 후로 몇 년 동안 우정을 나눠서 3년의 나이 차이를 뛰어넘어 친구가 되어 있었다.

"수화, 설마 내가 고보 출신이라는 사실을 잊은 건 아니죠?"

최순우가 쓸쓸한 웃음을 띠며 김환기를 바라보았다.

"최형, 그건 아무 문제가 안 돼. 왜정 때는 대학도 별로 없었고, 고미술에 대해 대학에서 공부한 사람 이상의 학식을 최형이 갖고 있으니까. 공연히 그런 걸로 자격지심 느끼지 말고 이력서나 한 장 써줘. 지금 우리나라에는 최형만큼 고미술과 현대미술에 두루 지식을 갖고 있고 또 그만큼 글을 발표한 사람도 없어. 이건 친구로서 하는 소리가 아니라 미술학부장으로 하는 부탁이오."

"아무리 그래도 고보만 나온 사람이 어떻게 대학생을 가르쳐요. 공연히 나 때문에 입장 거북해지지 말고, 이경성이 인천시립박물관장 그만둔 뒤로 놀고 있으니 그 친구나 시켜요, 하하!"

이경성은 1954년 봄에 아무래도 서울에서 활동을 해야겠다며 낙원동에 있는 매부 집에 와 지내면서, 장욱진과 함께 국립박물관을 드나들며 '어린이박물관학교'를 만들어서 활동하고 있었다.

"그러지 않아도 이경성에게는 서양미술사를 맡길 거니까 그 사람 걱정은 말고, 최형도 좀 해주소."

최순우는 이경성도 강의를 하게 된다는 말에 귀가 솔깃해졌다.

"그런데 홍대는 현대미술을 하는 학굔데, 내가 무슨 강의를 할 수 있다고 이러시지? 허허……."

"그건 걱정 마, 고미술을 주제로 하는 강의면 돼. 우리나라 최초의 고미술강의, 하하하. 현대미술을 하는 학생들도 우리 선조들이 남긴 고미술의 아름다움이 뭔지를 알 필요가 있다고 생각해. 미래에 화가가 될 학생들에게 미의식이 뭔지, 옛그림과 유물 속에 어떤 아름다움이 있는지를 설명해주라는 거지. 그런 강의를 할 사람으로는 최형만 한 적임자가 없다고 생각하네!"

최순우는 자신이 대학생들 앞에 서서 강의하는 모습을 상상해보았다. 고미술의 아름다움에 대해 이야기하는 강의라면 자신있게 할 수 있을 것 같았다. 그러나 공무원 신분으로 그렇게 대학에 가서 강의를 해도 되는 규정이 있는지 알 수가 없었다.

"수화, 고미술강의라면 부담이 덜할 테지만, 이 문제는 아무래도 먼저 관장님과 상의를 해봐야 할 것 같아요. 나는 공무원이잖아요."

"아, 그러고 보니 최형은 나라의 녹을 먹고 있는 공무원이네, 공무원. 하하, 내 주변의 화가들은 모두 실업자라 거기까지는 생각을 못했어. 맞아, 맞아. 먼저 관장에게 허락을 받는 게 순서겠어, 하하."

다음 날 최순우가 김재원 관장에게 찾아가 상의하자, 김재원은 너털웃음을 터뜨리며 먼저 축하의 인사를 건넸다.

"미스터 최, 그렇게 열심히 공부하고 글을 발표하더니, 이제 대학 강단에까지 서게 되었구려. 축하해요, 하하하. 그런 강의는 박물관의 존재이유를 알리는 일이기도 하니, 우리 박물관으로서는 불감청고소원이지. 공무원규정에 대학 강의를 나가지 마라는 내용은 못 봤으니 지금 선례를 만들지 뭐.

미스터 최, 내가 이번 가을학기부터 강의하는 것을 허락할 테니, 대학에서 학생들에게 고미술과 유물에 어떤 아름다움이 있는지, 왜 박물관이 중요한지를 잘 설명해주시게. 우리 박물관이 넓은 석조전으로 이사가면 볼 만한 유물을 많이 전시할 수 있을 테니까, 학생들도 많이 구경오라고 하고!"

그때 김재원 관장이 만든 학예관들의 대학 강의 허용 전례는 지금도 이어지면서 박물관의 주요 기능 중 하나가 되었다. 현재 많은 국립중앙박물관 학예사가 박물관의 저변 확대와 후진 양성을 위해 각 대학에서 고미술과 고고학 등에 대한 현장경험을 바탕으로 강의를 하고 있다.

1954년 10월 15일, 남산에 있던 국립박물관은 보수공사를 끝낸 덕수궁 석조전으로 이사했다. 최순우를 비롯 20여 명의 학예직과 행정직 관원들은 신이 나서 짐을 옮겼다. 그러나 예산 부족으로 진열장을 들여놓지 못해 부산에 있는 유물을 올려오지 못한다는 소식에 다시 맥이 풀렸다. 게다가 박물관에 들어오기 위해서는 덕수궁의 출입문인 대한문을 통해야 하는데, 덕수궁은 구황실재산사무총국에서 관할하며 입장료를 받고 있어, 박물관에 들어오려면 두 번 입장료를 내야 한다는 것이 큰 문제점으로 대두되었다.

덕수궁
시대

—

20

1955년, 최순우는 서른아홉 살이 되었다. 1월에는 잡지 《새벽》에 '우리나라 미술사 개설-1'을 발표했다. 삼국시대부터 조선시대에 걸친 고미술과 도자기 등 공예의 발달사를 정리한 글의 앞부분이었다. 그리고 3월에 두 번째 글을 발표해 한국 고미술의 전체적인 흐름을 정리했다.

스승 고유섭은 《조선미술사》를 꼭 완성하고 싶어 했지만 결국 미완으로 남겨둔 채 세상을 떠났다. 고미술 전 분야를 체계적으로 정리한다는 것은 자료가 없던 당시로서는 대단히 어려운 작업이었다.

최순우의 이 글은 1935년 고유섭의 제자가 된 지 20년 만에 스승이 못다 이룬 꿈을 대신 이루겠다는 의지를 보여주기에 충분했다. 아직 단행본 분량은 안 되었지만 조금만 더 보충하면 우리나라 최초의 미술사책이 될 수 있는 글이었고, 고유섭의 선행작업이 있었기에 이룰 수 있었던 성과였다. 최순우는 스승의 가르침대로, 선조들이 남긴 문화재의 아름다움과 그 가치를 찾는 길을 뚜벅뚜벅 한 걸음씩 나아가고 있었던 것이다.

국립박물관은 덕수궁 석조전으로 이사했지만, 진열장 부족으로 개관을 하지 못하고 있었다. 부산에 남아 있던 유물도 진열장이 준비되는 만큼에 맞춰서 옮겨왔다. 따라서 시간적으로 어느 정도 여유가 있던 최순우는 꾸준히 전형필과 다른 수장가들의 집을 다니며 그림과 도자기를 보면서 안목을 높였다. 개성 출신 사업가로 문화재 수집을 막 시작한 동원 이홍근을 만난 것도 이 무렵이었다.

최순우는 또 홍대에 강의를 나가면서, 김환기와 이경성뿐 아니라 동양화를 강의하는 운보 김기창과도 자주 어울렸다. 어릴 때 해나무골에서 2년 반을 함께 지낸 김기창은 같은 동양화가 박래현과 결혼해 단란하게 살고 있었다. 그러나 청력을 잃은 여덟 살 이후에는 전혀 듣지 못해, 말할 수 있는 단어가 한정되어 있었고 그나마도 자꾸 잊어버려 글로 소통하는 게 훨씬 편했다. 정화여학교에서 교사생활을 했던 어머니가 한글을 깨우쳐줘, 글로 의사소통하는 데는 큰 문제가 없었다.

깊은 우정에도 불구하고 이경성은 김기창의 그림에 대해 날카롭게 비판하는 글을 발표하기도 했는데, 그럴 때면 최순우가 이경성에게 "김기창이 이형을 만나면 가만 안 놔둔다고 벼르니 당분간은 그 앞에 나타나지 마시오"라며 농을 건넸다.

6월 23일, 국립박물관은 석조전 동관東館에 있는 여덟 개의 전시실에 유물을 전시하고 국민들에게 공개했다. 이른바 '덕수궁시대'가 시작된 것이다. 최순우는 박물관이 다시 경복궁으로 이사가는 1972년까지 2층에 있는 보급과장실에서 20년 가까운 세월을 과장으로 근무했다.

최순우는 7월부터 토요일마다 관원교양발표회를 주관했다. 이경성과 장

최순우와 김기창은 어린 시절의 우정을
평생 이어갔다. 1960년대 추정.
혜곡 최순우 기념관 사진 제공.

욱진이 진행하던 어린이박물관학교
도 석조전 지하에 별도로 사무실을
만들었다.

최순우는《문학예술》7월호에 '조
선미의 성찰, 도자공예사 고찰'을 발
표했다. 이 글에서 "조선시대 백자
가 지닌 따스하고 부드럽고 때로는
새침하도록 소담한 흰 유색은 고려
청자가 지닌 조용한 푸른빛과 함께
우리 도자사에 있어서 일관적인 색
이다. (……) 조선시대 도자기에 나
타난 이러한 색조미는 그대로 조선
시대의 아름다움이요, 어떠한 권세

로도 어떠한 개인의 색조 취미로도 이루어질 수 없는 조선 백성의 성품과
우리 풍토에서 우러나는 것이다. 그런데 이런 조선의 도자기공예는 과거
반세기 동안에 너무나 쉽게 전락되었다. 마치 개화문명의 소리에 놀라 쫓
기듯, 밀려오는 왜풍과 양풍에 몰려 자취를 감춘 것이다. 추한 것이 아름다
운 것을, 경박한 것이 착실한 것을 몰아내는 주객전도의 결과를 가져왔다"
고 주장하며, 당시 우리 문화를 경시하던 풍조를 안타까워했다.

최순우가 이런 글을 쓸 수 있었던 것은 그가 동시대의 그 누구보다 많은
조선시대 도자기를 살폈기 때문이었다. 그리고 도자기를 단순히 오래된 유
물로만 감상하기보다는, 그 도자기가 언제쯤 만들어졌고 당시의 시대배경
이 어떠했는지를 공부했기 때문에, 도자기의 변천과 사회의 변화에 깊은

덕수궁 시대 국립박물관의 석조전 고구려벽화 전시실(위).
아래는 덕수궁 석조전 앞에서 자세를 잡은 (왼쪽부터)
이경성, 장욱진, 유강열, 최순우. 혜곡 최순우 기념관 제공 사진.

연관이 있음을 발견했던 것이다.

최순우의 글이 발표될 때마다 가장 반가워한 사람은 전형필과 이경성이었다. 이경성은 매번 최순우의 한국어로 글 쓰는 능력과 문화유산에서 미적 가치를 찾아내는 능력에 감탄하며 자신도 열심히 현대미술 평론을 썼다. 이경성이 우리나라 현대미술 평론의 선구자가 된 것은 최순우를 통해 글쓰기에 대한 도전의식을 느꼈기 때문이다.

전형필은 최순우에게 하나를 알려주면 두셋을 깨우치고 그걸 자신의 지식으로 소화해서 글로 표현하는 데 탁월한 재주가 있다며 흐뭇해했다. 그래서 그가 글을 발표한 날이면 퇴근시간에 맞춰 대한문 앞에서 기다리곤 했다. '조선미의 성찰'을 읽은 날도 그렇게 기다리다가 최순우가 나오자 손을 들어 반갑게 손짓하며 다가갔다.

"대포 한잔 하세."

큰 부자임에도 타이핀도 없는 낡은 넥타이에 허름한 양복을 걸친 전형필이 최순우의 손을 잡고 길을 건너 북창동에 있는 '드럼통집'으로 들어섰다. 드럼통을 뒤집어놓고 그 위에서 술도 마시고 안주도 덥힐 수 있는 술집이라 그렇게들 불렀다. 전형필은 일제강점기부터 술을 즐겼고, 최순우는 개성소주로 술을 배워 서울에 와서도 소주나 고량주 같은 독주를 즐겨마셨다.

"인생을 취해서 살아라. 공부에 취하고, 유물에 취하고…… 그럴 기분이 아닌 날에는 술에라도 취해라."

전형필은 최순우가 앞으로 극복해야 할 일이 얼마나 많고, 겪어야 할 좌절이 얼마나 깊을지 짐작하고 있었다. 그래서 언젠가 최순우를 자신 곁으로 데려와 보화각을 우리나라 최고의 사립박물관으로 키울 생각을 하고 있었다.

"예, 선생님. 계속 열심히, 앞만 보고 가겠습니다."

최순우도 자신의 앞날이 결코 평탄치 않으리라는 사실을 알고 있었다.

"그리고…… 내가 저번부터 물어보려고 하다가 술에 취해서 매번 잊었
는데, 이제 몇 달 후면 마흔이니, 아호를 하나 만들어야지, 하하하!"

"예?"

최순우는 무슨 당치 않은 아호냐는 표정으로 술을 한잔 들이켰다.

"아니야, 나도 위창 선생님께 '간송澗松'이라는 아호를 처음 받았을 때는
좀 쑥스러웠는데, 다른 사람들이 부르기 편해하는 것 같아. 그러니 시간 끌
지 말고 오늘 이 자리에서 하나 만들자고."

최순우는 몇 번 사양하다가 어느새 전형필이 물어보는 대로 대답을 하기
시작했다.

"그래, 고향이 개성 어딘가?"

"해나무골이라는 동넨데, 원래 이름은 괴곡槐谷입니다. 중국에서는 해나
무를 '괴목'이라고 부르기 때문에, 마을 이름이 좀 험상궂게 되었지요."

최순우는 술잔을 단숨에 들이켰다. 개성의 해나무골은 어떻게 변했을까,
아버지는 살아계실까, 큰형님과 형수님은 건강하실까, 누이는 잘 살고 있
을까……. 그는 가끔 아내와 함께 형들과 처갓집 식구들이 사는 강화도에
갔다. 강화도에는 개성에서 조그만 배를 타고 피난와 정착한 개성 사람들
이 많이 살고 있었다. 그래서 개성학당이 있던 나깟줄 건너 안곡은 폭격을
맞았다더라, 시청이랑 도립병원이 있던 각골은 괜찮은데 재판소 쪽은 좀
맞았다더라, 송도학교 부근 백삼포 쪽은 괜찮았고, 박물관 아래 연주물골
과 우물골도 괜찮았다더라는 등 개성에 대한 이런저런 이야기를 들을 수
있었다. 하지만 그 누구도 속 시원한 얘기를 해주지 못했다. 답답한 마음을

안고 형들과 함께 철산리의 제적봉에 오르면 눈앞에 송악산이 보였지만, 볼 수만 있을 뿐 갈 수는 없는 땅이었다.

"그러면 먼저…… 골 곡谷 자는 좋아.《시경》에 '줄자유곡천우교목出自幽谷遷于喬木'이라는 말이 있어. 새가 깊은 골짜기에서 나와 교목이라는 높은 나무 위로 날아오른다는 뜻으로, 가장 낮은 위치에서 시작해 덕이 높아짐을 이르는 말이지. 그러니까 '곡'은 됐지만 '괴'를 쓰면 좀 흉하고, 해나무 중 '해'도 좀 그렇고…… 어감이 비슷한 인자할 혜惠 자를 써서 '혜곡惠谷'이라고 해도 괜찮을 것 같고, 또 고향 골짜기谷를 강조하자면 어조사 혜兮를 써 '혜곡兮谷'이라고 해도 좋을 것 같은데…… 이 두 가지 중 어떤 '혜곡'을 택할 텐가, 혜곡. 하하하!"

"뭐, 두 가지 다 쓰죠. 허허허!"

최순우는 이렇게 해서 서른아홉 살에 '혜곡'이라는 아호를 얻었다. 한자는 惠谷과 兮谷 두 가지를 모두 썼지만 고향을 강조하는 의미에서 兮谷을 더 많이 사용했다.

9월 초 어느 일요일 오후, 최순우는 전형필의 집을 찾아갔다.

"선생님, 제가 어제 꿈에서 아亞·락樂·서黍 세 글자를 봤는데, 선생님이 해몽 좀 해주세요."

"하하하하…… 혜곡이 글을 하도 쓰니까 이제는 꿈에서도 글이 보이는 모양이네. 그거 아주 좋은 꿈이야, 좋은 꿈. 하하하!"

"웃지만 마시고 해몽 좀 해주세요."

"궁금하지?"

전형필이 장난기 가득한 표정으로 물었다.

"궁금하지 않으면 안 물었지요."

"알았어. 내가 해몽을 해줄게. 먼저 '아' 자는 버금 아 아닌가?"

"예, 그렇습니다."

"버금이 무슨 뜻이야?"

"최고 다음이라는 뜻으로 알고 있는데, 제가 모르는 다른 뜻이 있는지요?"

"맞아. 그러나 '버금간다'는 말에서 볼 수 있듯이, 첫째와 맞먹는다 혹은 엇비슷하다고도 할 수 있으니 결국 최고와 같다는 뜻이지. 그 다음 '락' 자는 즐길 락이니 덧붙일 게 없고, '서' 자는 글 서니까 그것도 더 설명할 게 없지. 그러면 즐거운 마음으로 글을 써서 최고의 경지에 이른다는 뜻 아닌가!"

최순우가 얼굴이 발개지면서 아무 말도 못하자, 전형필이 문갑에서 종이를 꺼내 서안 위에 올려놓으며 말했다.

"이런 길몽에 가만있을 수 없지. 내가 그 세 글자로 뭘 하나 써주겠네!"

그러고는 대나무가 운치있게 그려진 팔각형 연적을 들어올리더니 벼루의 연지硯池에 천천히 물을 부었다. 연지에 물이 차오르자 묵갑墨匣을 열고 자색 고묵古墨을 꺼내 벼루에 갈기 시작했다.

잠시 후 검은색 광채가 벼룻돌 위에서 빙빙 돌자, 전형필이 백자 필통에서 굵은 붓대를 들어올렸다. 붓털을 몇 번 벼루 위에 굴리다가 숨을 들이쉰 후 힘찬 필치로 '아락서실亞樂書室'을 썼다. 그리고 끝에다가 '을미추 오우 혜곡 몽중 득차구 간송乙未秋吾友蕙谷夢中得此句澗松'이라고 썼다. '1955년 가을 내 친구 혜곡이 꿈속에서 이 글귀(아락서)를 얻었다고 해 간송이 썼다'는 뜻이다.

"어때, 마음에 드는가? 이거 표구해서 서재 편액으로 쓰게. 옛날에는 서재 이름을 중요하게 생각해서, 서재를 만들면 재호齋號를 만들어 붙였지. 그

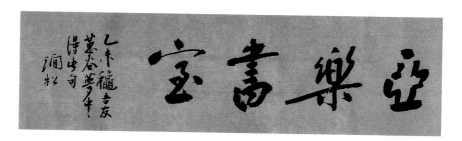

전형필이 1955년 가을에 써준 아락서실.

동안 자네 삼청동 서재에 무슨 이름이 어울릴까 생각하고 있었는데, 이 기회에 이렇게 만들어졌네그려, 하하하!"

아락서실. 훗날 이경성은 "그의 삼청동 집에는 간송이 써준 편액 '아락서실'이 있듯이, 그의 집은 물질적으로는 넉넉하지 않지만 정신적으로 가득 찬 집이었다"고 회고했다. 또 전형필은 어느 수필에서 삼청동 최순우의 집과 아락서실의 분위기를 이렇게 전했다.

작년 초가을 푸른 하늘에 구름 한 점 없이 맑게 갠 어느 일요일, 친구 집 결혼식에 참석하였다가 아내와 함께 삼청동 한적한 곳에 비둘기 모양으로 내외가 조용하게 살고 있는 최혜곡 형을 찾아갔다. 대문을 들어서니, 부인이 반가이 맞이하며 주인은 조금 전에 동저고리 바람으로 동네 집엘 갔는데 잠깐만 기다리면 곧 돌아올 터이니 들어오라고 하여, 아내와 함께 들어가자마자 아낙 둘은 이야기꽃을 피웠다.

나는 홀로 주인 없는 서재에 우두커니 담배만 피우고 앉아 있다가 서가에 꽂힌 《중국고대화도록》을 꺼내서 보고 있었는데, 그중에 팔대산인八大山人과

188

석도石濤(두 사람 다 청나라 초기 화가)의 수묵으로 담담하고 간략하게 그린 산수도가 참으로 좋아 보였다.

《중국고대화도록》은 당시 값도 비싸고 쉽게 구할 수 있는 도록이 아니었는데도 최순우가 그 책을 소장한 이유가 있었다. 조선시대 그림은 중국의 것을 보고 그린 경우가 많아, 중국 그림을 잘 알아야 중국 화가 누구의 영향을 받았는지 아니면 독창성이 있는 것인지를 구별해낼 수 있기 때문이었다.

박봉의 최순우가 이처럼 비싼 중국 그림 도록을 사서 공부할 수 있었던 것은 아내의 헌신적인 내조 덕분이었다. 박금섬은 최순우에게 살림살이 걱정하지 말고 월급은 공부하는 데 쓰면서 그저 열심히 해서 이루고 싶은 걸 성취하라고 격려했다. 덕분에 최순우는 인사동 헌책방을 드나들며 부지런히 참고자료를 구했고, 충분한 자료의 뒷받침으로 많은 글을 쓰면서 어느 누구보다 앞서갈 수 있었다.

아내의 내조는 거기서 그치지 않았다. 공무원은 옷이 번듯해야 한다며 철마다 양복을 갖춰입혔고, 밖에서 기죽지 말라며 때때로 주머니에 돈을 넣어주었다. 자신은 남대문시장에서 좌판을 벌이고 장사를 하면서……

가을이 다 가도록 국립박물관은 상설 전시만 하고 있을 뿐, 아직 부산에서 올라온 유물이 많지 않아 특별 전시회를 할 수 있는 형편이 아니었다. 최순우는 개인 소장가들의 수장품을 빌려다 전시하는 방법을 궁리하기 시작했다. 그러면서 11월에는 '성덕대왕신종'과 속리산 '법주사 팔상전'에 대한 글을, 12월에는 '전통공예의 계승'에 관한 글을 발표하면서 한 해를 마무리했다.

가난하고도
서러운
나의 조국

—

21

1956년 3월이 되었다. 친구 이경성이 이화여대 조교수로 임명되어 홍대를 떠났고, 4월에는 김환기가 프랑스로 떠났다. 지난해 부인 김향안이 먼저 건너가서 활동할 기반을 마련하고 그를 부른 것이었다. 홍대에서 함께 강의하던 절친한 친구 두 명이 한꺼번에 학교를 떠나 몹시 섭섭했지만, 최순우는 혼자서라도 부지런히 강의를 나갔다. 그러면서 올해 국립박물관 특별전시로 무엇을 할까 골몰하다가 전형필을 찾아갔다.

"선생님, 부산에서 아직 유물이 제대로 올라오지 못해 박물관에서는 상설 전시만 하고 있는데, 국민들에게 박물관의 존재도 알리면서 유익한 주제가 없을까요? 개인 소장가들의 수장품을 빌려다가 뭐 좀 해보려고 작년 말부터 이 궁리 저 궁리 해봤는데…… 도자기는 진열장이 부족해서 힘들겠고, 아무래도 그림 쪽을 해야 할 것 같은데, 어떻게 생각하세요?"

최순우의 물음에 전형필은 눈을 지그시 감고 생각에 잠겼다. 최순우는 그가 어떤 좋은 아이디어를 줄지 궁금해하며 그의 입만 바라보았다. 꽤 시간이 흐른 후, 전형필의 입가에 비로소 미소가 감돌았다.

"혜곡, 올해가 1956년이지?"

"예."

"그럼 올해가 완당 선생 사후 100주기야. 1856년에 돌아가셨거든."

최순우는 자신도 모르게 '아!' 감탄사가 튀어나왔다. 한국 사람이면 누구나 아는 완당 김정희의 100주기 추념 전시회라면 성공은 보장된 것이나 다름없었다.

"역시 선생님이십니다. 고맙습니다."

최순우가 기뻐하자 전형필은 빙긋 웃으며 말했다.

"역시 얼른 알아채는군. 그런데 박물관에 완당 작품이 얼마나 있는지 모르지만, 개인 소장가들에게서 빌려올 때는 매우 조심해야 할 거야."

"예?"

"음, 위작이 너무 많아. 그래서 위창 선생님도 나에게 몇 번이나 강조하셨지. 완당 선생 살아계셨을 때부터 위작이 있었다는 기록이 있다고. 그런데 국립박물관에서 전시한다는 건 진품이 확실하다는 도장을 찍어주는 셈이니까, 선정위원을 심사숙고해서 잘 뽑아야 할 거야."

"알겠습니다. 관장님께 상의드릴 때 선생님과 소전 선생님도 자문위원으로 올리자고 말씀드리겠습니다. 그런데 소전 선생께서 세한도를 빌려주시겠지요?"

세한도는 김정희가 제주도에서 유배생활을 할 때 중국에서 귀한 책을 계속 사다주던 제자 이상적에게 답례로 그려준 작품이다. 이후 이상적의 제자 매은 김병선과 그의 아들 소매 김준학의 손을 거쳐, 하정 민영휘와 그의 아들 민규식에게 넘어갔다. 그 후 일제강점기 경성대학교 교수이자 추사 연구자인 후지즈카 치카시의 소장품이 되어 일본으로 건너간 것을, 서예가 소전 손재형이 그의 집 앞에서 석 달을 무릎 꿇고 사정한 끝에 고국으로 되찾아왔다. 그때 위창 오세창은 손재형이 목숨을 걸고 찾아온 보물 중의 보물이라며 칭찬했다. 그러나 세한도는 훗날 손재형의 손을 떠나 개성 상인 손세기의 소장품이 되었고, 지금은 그의 아들 손창근이 수장하고 있는데, 2012년 현재 국립중앙박물관에 기탁보관 중이다.

"아무렴, 국보는 박물관에서 전시한다면 법으로 내놓게 되어 있으니 내어주겠지. 또 혜곡 자네와는 6·25 때 함께 사선을 넘은 사이 아닌가."

6월 23일, 덕수궁 국립박물관에서는 '수정으로 본 동방미술'이라는 제목으로 첫 번째 전시회가 열렸다. 그러나 아쉽게도 이 전시회는 국립박물관이 주관한 것이 아니라, 미공보원USIS에서 주선한 일종의 대관 전시였다. 뉴욕도서관에 근무하는 칼콥이라는 그림 애호가가 아시아와 중동 화가 20명의 작품을 수집해서, 뉴욕의 스튜벤 유리공예 회사에 부탁해 그 그림들을 수정유리병에 조각했다. 그렇게 만든 작품을 갖고 아시아 순회 전시를 하던 중 한국 주재 미공보원을 통해 국립박물관에서 전시를 연 것이다. 그래도 전시품 중에 운보 김기창의 검무劍舞가 포함되었고, 프랑스 화가 마티스의 작품도 한 점 있었다. 또 미공보원에서 수정제품의 제작 과정을 설명하는 영화도 상영해서 많은 관람객의 관심을 끌었다.

9월 말에는 뉴욕 메트로폴리탄박물관의 동양부장인 앨런 프리스트Alan Priest와 보스턴박물관의 로버트 페인Robert T. Paine이 국립박물관을 방문했다. 미국인들에게 각인된 '동족상잔의 전쟁을 치른 미개한 국가'라는 부정적

이미지를 바꾸기 위해 김재원 관장이 미국의 몇 개 도시 국립박물관에서 고미술 전시회를 추진했다. 어느 정도 성사 단계에 이르자 미국 측 준비위원회에서 전시품을 결정하기 위해 두 사람을 파견한 것이었다. 우리 측 선정위원으로는 전형필, 손재형, 화가이자 전형필의 스승인 고희동, 역사학자 이병도, 언론인 홍종인 등이 위촉되었다. 하지만 미국에서 비용을 부담해 준비하는 전시회라 최종결정 작품은 미국 측 위원들에 의해 이루어졌다고 해도 과언이 아니었다.

토론과 회의 끝에 미국 순회 전시 출품작이 결정되었다. 금관 등 금속제품 18점, 삼국시대 기와 7점, 불상 26점, 도자기 109점, 회화 35점 등 모두 195점이었다. 개인 수장품으로는 전형필이 소장한 청자상감운학문매병(천학매병), 청자원숭이형연적, 백자박산향로, 청화백자동자조어문병, 혜원 신윤복의 풍속화첩과 미인도, 겸재 정선의 통천문암도 등 모두 18점이 선정되었다. 손재형의 수장품 중에서는 겸재 정선의 인왕제색도와 금강전도, 김홍도의 소림명월도가 포함된 산수화첩(병진년화첩) 등 모두 8점이 선정되었다.

최순우는 이 과정에 실무위원으로 참석했는데, 이때 외국에서 한국미를 감상하고 판별하는 감식의 잣대를 어디에 두는지 배울 수 있었다. 프리스트와 페인 두 사람은 시종일관 우리 미술의 독창성을 보여줄 수 있는 작품을 선정기준으로 제시했다. 미국 박물관에는 중국과 일본의 미술품이 많으므로 두 나라의 작품을 미리 감상한 관람객들이 한국 작품에 보일 반응을 고려하는 것이 중요하다고 강조했다.

그 대표적인 예가 단원 김홍도의 군선도였다. 소장자이자 선정위원인 손재형은 많은 돈을 들여 새로 표구해서라도 당연히 출품해야 하는 작품이라

우리 문화재의 첫 번째 미국 순회 전시를 위한 유물 선정작업이 부산에서 진행되었다.
왼쪽 네 번째부터 최순우, 고희동, 김재원, 페인, 홍종인, 손재형, 전형필, 배렴(화가).
혜곡 최순우 기념관 사진 제공.

고 주장했고, 우리 측 위원들도 모두 같은 생각이었다. 그러나 미국 측 두 사람은 중국풍이 묻어나는 군선도가 대표작으로 소개된다면 오히려 한국 미술의 독창성에 대해 그릇된 인상을 심어줄 것이라며 완강히 반대했다. 한국 위원들은 미국 측의 독선과 횡포라며 분개했지만, 최순우는 내심 그들의 판단에 일리가 있다고 생각했다. 고유섭이 생전에 가장 강조한 한국의 미가 바로 독창성에 있었기 때문이다.

당시 미국 전시와 관련해 또 하나 중요한 일은 보험 문제였다. 해외 전시는 처음인데다 우리나라의 이미지 개선을 위해 개최하는 전시회라, 출품 문화재의 가치를 정확하게 산출해서 보험에 가입해달라고 미국 측에 요구하는 것이 불가능했다. 그래서 거꾸로 미국에서 부담할 수 있는 한도 비용 내에서 가입할 수 있는 보험총액을 산정해야 했다. 미국 측 준비위원회에서는 전시를 할 8개 도시의 박물관이 각 5,000달러씩을 부담해 4만 달러의 보험금을 마련해주었다. 4만 달러로 가입할 수 있는 보험총액은 3,000만 환이었다. 당시 금 7만 돈, 요즘 금값으로 환산하면 약 150억 원에 해당된다.

우리나라 국보급 문화재 195점의 가치로는 터무니없는 금액이었지만, 이 보험비용을 미국 측이 부담하게 하는 협상도 수월치 않았다. 당시 너무 가난했던 우리나라가 부담할 수 있는 것은 포장작업과 부산항까지 수송하는 비용뿐이었다. 미국에 파견하는 한국 측 담당자의 이동경비와 체재비도 미국에서 부담해주어야 했다. 물론 그 체재비가 너무 적어 최순우는 담배를 끊어야 했고, 버티다 못한 김재원 관장이 우리나라 대사관에 가서 돈을 보내달라는 외교전문을 보내야 했다.

미국 측 준비위원들은 한국을 떠나면서 이듬해 초에 전시회 도록 담당자를 보내겠다고 했고, 김재원은 최순우 보급과장이 그 일을 도와줄 거라고 소개했다.

12월 12일, 국립박물관에서 '완당 김정희 선생 100주기 추념 유작 전람회'가 21일까지 열흘 예정으로 개최되었다. 전형필, 손재형 등 내로라 하는 수장가들이 출품한 서예작품 130여 점이 1층과 2층 네 곳의 큰 전시실에 전시되었다. 추사의 대표작인 세한도를 비롯해, 죽로지실竹爐之室·숭정금실崇禎琴室 등의 횡액橫額과 호고유시수단갈 연경루일파음시好古有時搜斷碣 研經婁日罷吟時 같은 대련對聯이 출품되어 관람객들의 눈길을 끌었다. 주말에는 하루에 3,000명 이상의 관람객이 왔는데, 그러면 마룻바닥이 까맣게 변해

휴일인 월요일에는 모든 직원이 때를 벗겨낸 다음 왁스칠을 하고 다시 관람객을 맞을 정도였다.

수장가들을 찾아다니며 작품섭외에 여념이 없었던 최순우는 전시회가 성황리에 진행되자 〈서울신문〉 12월 17일자에 '연경의 추사 선생'이라는 제목으로 추사의 생애와 작품을 소개하는 글을 발표하면서 40대의 첫해를 마무리했다.

1957년이 되자 미국 순회 전시 계획이 구체적으로 확정되었다. 1957년 12월 14일부터 1959년 6월 7일까지 워싱턴국립미술관, 뉴욕 메트로폴리탄박물관, 보스턴박물관, 미네소타 미니애폴리스박물관, 시애틀박물관, 샌프란시스코 동양박물관, 로스앤젤레스 카운티미술관, 호놀룰루미술관 등 여덟 도시를 순회하며 전시를 하기로 했다. 전시기간은 1년 반이지만 한국에서 미해군 함정으로 미국 서부 오클랜드항구로 간 다음 다시 기차를 이용해 동부로 수송해야 하기 때문에, 이동기간까지 합치면 거의 2년이 걸리는 대장정이었다. 그래서 처음 1년은 김재원 관장과 최순우가 진행하고, 나머지 1년은 김원룡과 진홍섭이 진행하기로 결정했다.

3월이 되자 미국에서 영어 도록을 만들 프리어미술관의 해럴드 스턴^{Harold Stern} 학예사가 국립박물관을 방문했다. 최순우는 거의 한 달에 걸쳐 그와 공동 작업을 하면서 미국의 도록 제작방법을 구체적으로 배울 수 있었다.

도록작업이 끝나자 국립박물관에서는 5월 10~31일 '미국에서 전시할 국보전'을 개최했다. 당시 언론에서는 "우리 민족의 국보를 외국에 전시하기는 이번이 처음"이라면서, "국보의 해외 전시는 과거에 중국이 영국의 런던에서 연 일이 있고, 일본이 미국에서 전시하고 금년에 또 구라파로 보낸다고 한다"라고 언급하며, 국력 경쟁 차원에서 이루어진 전시임을 강조해 대대적으로 보도했다.

최순우는 6월부터 미국으로 떠날 문화재 포장작업을 시작했다. 당시 포장일을 도운 목수 중에 훗날 대목장이 된 신영훈이 있었는데, 그는 당시를 이렇게 회상했다.

1955년 당시 보급과장이던 혜곡 최순우 선생을 본 후로 박물관 일에 관심을 두다가, 덕수궁으로 이사한 박물관에 가서 자원봉사를 했다. 최 선생은 늘 탐구하도록 우리를 일깨우셨고, 토요일이면 관원교양발표회를 주관하면서 각자가 탐구한 바를 발표하게 했다. 간송 선생 소장품을 위시하여 소전 손재형 서예가가 소장하고 있는 유품을 중심으로 '완당 김정희 선생 100주기 추념 유작 전람회' 등의 특별전을 개최할 때 맹인재 형과 나는 자원봉사를 했고, 그럴 때마다 만나는 귀한 작품들은 그 분야에 대한 나의 안목을 높이는 결정적인 계기가 되었다. 미국 여러 도시에서 열릴 전시를 전후하여 간송 선생은 우리를 종로4가의 이현서옥梨峴書屋에 불러서 소장품을 갈무리하는 일을 돕도록 하셨는데, 그때마다 작품 하나하나에 대한 실감나는 설명은 정말 대단한 것이었다. 이 시기에 만난 작품이 상당했고, 그 수도 막대해서 공부를 시작한 첫 단계가 매우 푸짐했다. _ 신영훈, 건축사의 새로운 관점,《미술사와 나》에서

8월 3일, 이른 아침 최순우는 미해군 함정 AF57호에 미국에서 전시할 문화재와 함께 몸을 싣고 부산항을 출발했다. 그는 난간에 기대어 멀어져가는 부산항을 향해 힘차게 손을 흔들었다. 조국 대한민국을 대표하는 문화재들과 함께 미국으로 떠난다는 사실이 감개무량해 눈시울이 뜨거워졌다.

우리 국보의
첫 해외 전시

—

22

8월 22일 새벽, 최순우는 부산을 떠난 지 19일 만에 샌프란시스코에 도착
했다. 멀리 안개 사이로 금문교가 보이자 뱃고동이 울렸고, 배에 탄 해군들
이 소리를 지르며 갑판으로 우르르 몰려갔다. 최순우도 그들을 따라 갑판
위로 올라갔다. 보름 넘게 망망대해만 바라보다 멀리 육지가 보이자 몹시
반가웠다. 어마어마하게 긴 다리와 그 옆 육지에 점점이 박힌 예쁜 집들이
안개 사이로 점차 모습을 드러냈다. 드디어 미국에 도착했다는 실감이 났
다. 갈매기들이 날아와 배 주변을 맴돌았다. 최순우는 주머니에서 담배 한
개비를 꺼내 물며 처음 만나는 이국 풍경의 감상에 젖어들었다.

　배는 금문교를 지나 북쪽으로 올라가서 오클랜드 미해군 기지에 도착했
다. 기지에는 거대한 함정들이 정박해 있었다. 미국이 머릿속에서 상상했
던 것보다 훨씬 큰 나라인 것 같다는 생각이 들었다. 그러나 미국이라는 나
라가 아무리 커도 우리나라 문화재는 결코 초라하거나 부끄럽지 않다. 이

번 기회에 한국 문화의 긍지를 미국땅에 심는 계기를 만들고 말 것이다. 최순우는 눈앞에 펼쳐진 낯선 타국의 땅을 바라보며 주먹을 불끈 쥐었다.

군함이 기지에 닻을 내리자 해군들은 짐보따리를 들고 가벼운 발걸음으로 배에서 내렸다. 그들을 물끄러미 쳐다보고 있는데, 주샌프란시스코 총영사관 소속 서기관이 배로 올라와 최순우를 맞이해주었다. 김재원 관장은 비행기를 이용해 곧장 워싱턴으로 날아가서 최순우는 동행 없이 혼자였는데, 이번 미국 전시를 함께 추진해온 외무부에서 마중을 나와준 것이었다. 최순우는 이국땅에서 우리나라 외교관을 만나자 마치 고향 친척을 만난 것처럼 반가웠다. 해군 헌병들 감시하에 국보들의 하역작업이 진행되었다. 최순우와 서기관이 나무상자 수를 확인하면 곧바로 기지 안에 대기해 있던 화물차량으로 옮겨서 커다란 자물쇠를 채웠다.

"화차로 샌프란시스코역으로 실어가서 워싱턴행 열차에 연결됩니다."

서기관은 자신의 자동차에 최순우를 태우고 역까지 가서는 식당에 들어가 샌드위치와 해물수프를 시켜주었다. 마침 출출하던 차였다.

"국보 운송은 미국무부에서 책임지고 하는 것이라 저희가 손을 못 썼습니다. 하루도 쉬지 못하고 바로 떠나시게 해서 죄송합니다."

"무슨 말씀을요, 이렇게 마중나와주신 것만 해도 고맙습니다."

최순우는 그에게 고맙다는 인사를 한 후 워싱턴DC로 가는 대륙횡단 열차에 올랐다. 미국무부의 호의로 침대칸을 배정받은 최순우는 몰려오는 피로를 참지 못하고 깊은 잠에 빠져들었다.

미국은 정말 넓은 나라였다. 가도가도 끝이 없었다. 넓은 평야가 나왔다가는 바위산만 가득 찬 건조한 풍경이 펼쳐지고, 콜로라도주를 통과할 때는 다시 푸른 초원이 나왔다가 끝없는 지평선이 보이기를 반복했다. 배에서와는 달리 밀폐된 공간에서 일주일을 먹고자는 일은 쉽지 않았다. 목적지인 워싱턴에 도착할 무렵에는 김치와 고추장 생각이 간절했다.

9월 2일, 주미국 대사관에서 나온 서기관과 김재원 관장 그리고 워싱턴국립미술관 관계자가 역 구내에서 기다리고 있다가 최순우를 반갑게 맞아주었다. 영어가 능숙한 서기관과 관장이 국립미술관 학예관을 데리고 화차에 가서 나무상자 상태와 개수가 온전한지 확인하는 것으로 최순우의 수송임무는 마무리되었다.

최순우는 시원한 가을바람을 맞으며 관장을 따라 숙소로 갔는데, 외진 곳에 자리잡은 허름한 호텔이었다. 서기관이 떠나자 관장은 최순우를 방으로 데려가더니 한숨을 내쉬었다.

"미스터 최, 수고 많았어요. 그런데…… 우리 형편이 좀 딱하게 되었어. 미국 정부에서 우리 두 사람 앞으로 책정한 하루 비용이 고작 12달러(당시 햄버거가 35센트였다)라는군. 우리 둘이 하루 세 끼 밥을 먹고 나면 숙박비로 7~8달러밖에 남지를 않아서 이렇게 허름한 호텔을 잡을 수밖에 없었어요. 내가 방도를 마련해볼 테니, 당분간은 불편해도 참고 지내줘요."

"관장님도 별말씀을 다 하십니다. 저야 괜찮은데, 관장님이 불편하셔서 큰일입니다."

최순우는 자신이 불편한 게 문제가 아니라 대한민국 국립박물관 관장 체면이 말이 아니게 되어 큰일이라고 생각했다. 나라가 가난하니까 외국에 나와 활동하기도 쉽지 않다는 생각에 자신도 모르게 한숨이 나왔다.

최순우는 며칠 여독을 푼 뒤 첫 번째 전시장인 워싱턴국립미술관으로 갔다. 나무상자에서 유물을 꺼내 한 점 한 점 확인작업을 끝내자, 미술관에서는 이번 전시를 위한 진열장을 새로 만들겠다고 했다. 그 말을 듣는 순간,

최순우가 워싱턴국립미술관에서 유물을 해포(解布)하는 작업(위).
아래는 한국의 국보를 진열한 워싱턴국립미술관의 전시실 모습이다.
김리나 사진 제공.

우리나라에서는 진열장이 없어 부산에 있는 유물을 서울로 못 옮기고 있는 상황인데, 이곳에서는 불과 한 달 동안의 전시를 위해 진열장을 새로 만든다는 사실이 너무나 부러웠다.

최순우는 이날부터 두 달 동안 워싱턴국립미술관에 출근하면서, 그쪽 학예사들과 진열과 전시에 대해 의견을 나눴다. 특히 전시품의 조명효과를 극대화하기 위해 하루에도 몇 번씩 진열을 다시 해보곤 했다. 그 과정에서 전시진열의 중요성과 미국 국립미술관의 선진화된 진열방법을 배울 수 있었다.

12월 14일 토요일, 드디어 대한민국 국립박물관 첫 해외 전시회가 워싱턴국립미술관에서 개최되었다. 오전에는 미국 내 동양미술사학자들이 모인 가운데 영국의 동양도자기 연구자 곰퍼츠G. St. Gompertz와 그레고리 헨더슨Gregory Henderson이 강연을 했다. 헨더슨은 훗날 외교관으로 근무하면서 세관검사를 받지 않는 외교행낭으로 우리 문화재를 반출해서 최순우로부터 준엄한 추궁을 받은 인물이다. 존 워커John Walker 국립미술관장은 스미스소니언연구소장 등 미국 박물관 관계자들을 초대한 오찬 행사에서, "한국 문화는 세계에서 가장 우수한 문화 중 하나이고, 이번에 출품된 작품들은 한국 문화를 대표하기에 부족함이 없다"고 극찬했다.

김재원 관장과 최순우는 감개무량한 마음으로 행사를 진행했고, 주미 양유찬 대사를 비롯해 대사관 직원들이 총동원되어 한국 문화재를 설명하기에 여념이 없었다.

지성이면 감천이라고 했던가. 12월 15일자 〈뉴욕타임스〉와 〈워싱턴포스트〉에서 모두 대대적으로 '한국 국보 전시회'를 소개했다. 〈뉴욕타임스〉는 금관총 금관(국보 제87호), 신라 기마인물형토기(국보 제91호), 신윤복의 풍속도(국보 제135호), 이인문의 강산무진도, 청자사자향로(국보 제60호), 황복사지 탑 출토 순금여래입상 등 여섯 점의 유물을 컬러로 소개하면서 한국 문화의 독창성과 우수성을 자세히 보도했다. 〈워싱턴포스트〉는 개성박물관 소장품이던 청자상감모란문표형병(국보 제116호)을 들고 있는 김재원 관장의 모습과 금동반가사유상(국보 제78호), 그리고 전시회 소개 기사를 크게 실었다.

이런 언론의 호평에 힘입어 1958년 1월 12일까지 진행된 '한국 국보 전시회'는 성황을 이뤘고, 한 달 동안 43,845명의 관람객이 다녀갔다. 전시회장을 찾은 미국인들은 처음으로 소개되는 한국 문화의 아름다움과 화려함에 놀라움을 금치 못했다. 전쟁으로 폐허가 된 나라, 중국 문화의 아류 정도로만 인식되던 한국이었기 때문이다. 최순우는 전시장을 지키면서 미국인들이 어느 유물에 더 관심을 갖는지 세심히 살폈는데, 화려한 금관과 고려청자에 이끌리는 것을 알 수 있었다.

1958년 1월 16일, 워싱턴국립미술관 전시 유물은 기차를 이용해서 뉴욕으로 옮겨졌다. 최순우가 역에 내리자 김재원 관장과 서울에 체류하면서 출품 유물을 선정했던 메트로폴리탄박물관의 앨런 프리스트 동양부장이 기다리고 있었다.

자동차를 타고 메트로폴리탄박물관으로 가던 최순우는 뉴욕 중심가에 즐비한 수십 층짜리 빌딩에 입이 다물어지지 않았다. 한국에는 5층 건물도 흔치 않던 시대였다. 그러나 정작 최순우가 더 깜짝 놀란 건 메트로폴리탄박물관의 웅장한 규모였다. 불과 200년 남짓한 역사를 가진 나라가 이렇게 큰 박물관을 갖고 있다니! 최순우는 문화의 역사가 짧은데도 이렇듯 번듯하게 문화를 대접하는 힘이 어디서 오는 것일까 의아했다. 그러나 박물관

뉴욕 전시 당시 크네즈 박사 초청 만찬. 오른쪽 끝이 최순우다.
김리나 사진 제공.

안에 들어가서 유럽의 유물과 그림들을 보는 순간 그 의문이 풀렸다. 미국
이라는 나라가 영국에서 온 이민자들이 만든 나라라는 사실을 그제야 실감
한 것이다.

　최순우는 박물관을 둘러보며, 미국인들에게는 유럽의 문화유산을 자신
들의 전통으로 생각하는 문화의식이 있기에 이런 거대한 박물관에 문화재
를 가득 채울 수 있었을 거라고 생각하며 고개를 끄덕였다. 결국 국가의 얼
굴이자 존엄인 박물관이 발전하기 위해서는 무엇보다 국민들이 의식을 갖
고 문화를 사랑해야 한다는 생각이 들었다. 한국에 돌아가면 우리 문화를
알리는 글을 더욱 열심히 써야겠다고 다짐했다.

한국 국보 전시회가 열린 시애틀박물관 전시실에서.
왼쪽부터 김원룡, 최순우, 진홍섭. 혜곡 최순우 기념관 사진 제공.

박물관에서 나와 김재원 관장을 따라간 숙소는 지난번 워싱턴DC보다는 좀 나은 아파트형 호텔이었다. 객실에서 밥도 해먹을 수 있게끔 아파트와 호텔의 중간 정도 되는 숙소였다. 미리 뉴욕에 도착한 김재원 관장이 외무부에 사정 이야기를 했더니 이승만 대통령의 재가를 받아 특별경비로 1,000달러를 지급해준 것이다.

최순우는 뉴욕에 도착한 며칠 후부터 메트로폴리탄박물관 학예팀과 진열을 시작했다. 학예팀은 전시실이 많은 이점을 최대한 활용하는 전시 계획서를 작성했는데, 대표적인 예가 반가사유상 두 점을 돋보이게 하기 위해 독립 전시실을 마련한 것이었다. 전시실을 암실처럼 꾸미고 조명을 반

가사유상에 비춰서 시선을 집중시켰다. 이 전시방법은 공간과 조명을 활용해서도 전시효과를 극대화할 수 있다는 것을 최순우에게 깨닫게 주었다.▪ 또 금관 진열대 밑에 작은 선풍기를 감춰놓고 바람이 일게 함으로써 금관의 영락이 흔들리게 해서 관람객들의 시선을 끌었다. 그러나 이 방법은 유물에 손상을 줄 수도 있어서 다른 박물관에서는 활용하지 않았다. 최순우는 이렇게 다양한 경험을 통해 전시기법을 익혀나갔다.

2월 6일부터 4월 3일까지 거의 두 달에 걸쳐 진행된 뉴욕 전시회에는 38,840명의 관람객이 다녀갔다. 그중에는 개성 만월대 미군 막사 설치 반대 때, 그리고 1·4후퇴 때 유물 피난열차편을 도와준 크네즈 대위도 있었다. 그는 미국으로 돌아와 뉴욕주의 시러큐스대학에서 '김해 지방의 취락 구조에 대한 연구'로 박사학위를 받아 학자로 활동하고 있었는데, 부인이 영화배우 최지애였다. 그는 김재원 관장과 최순우를 자신의 집으로 초대해 근사한 저녁을 대접했다.

관람객 중에는 우리나라 유학생도 많았다. 사실 유학생 사회에서는 전시회가 열리기 전 "누구 창피를 보이려고 시시한 것들을 가지고 왔느냐"는 뒷공론도 있었지만, 전시회가 개막되고 〈뉴욕타임스〉 등 여러 신문에서 한국 미술의 특색있는 아름다움을 대서특필하자, 정말로 그렇게 좋은지 보겠다며 하나둘 찾아왔다. 최순우는 훗날 유학생들의 그런 모습에 대해 "말하자면 학생들은 미처 몰랐던 우리 문화의 아름다움에 대한 인식을 외국에 와서 비로소 알게 되었고, 따라서 저절로 우러나는 민족적인 긍지를 체험하게 되었던 것이다"라고 회상했다.

▪ 현재 용산 국립중앙박물관에서는 국보 제78호와 제83호 반가사유상을 1년에 한 점씩 암실처럼 꾸민 독립 전시실에 전시하고 있다. 하지만 최순우가 생존했을 때는 실현되지 못했다.

5월 6일부터 6월 15일까지 진행된 보스턴 전시에도 11,000여 명의 관람객이 다녀갔다. 최순우는 미국의 유명 대학이 많은 보스턴에서도 이렇게 많은 사람이 관람했다는 사실은, 앞으로 한국에 대한 부정적인 인식을 바꾸는 데 좋은 밑거름이 될 거라고 생각했다. 특별 전시의 성과가 얼마나 큰지를 다시 한 번 깨달았다.

보스턴 다음은 서부 도시 시애틀이었다. 최순우는 다시 기차에 국보를 싣고 대륙을 횡단했다. 7월 16일부터 8월 17일까지의 시애틀 전시 역시 관람객이 1만 명을 넘었다. 미국에서 '한국 국보 전시회'를 본 총 관람객 수가 10만 명을 돌파했다.

김재원 관장은 이 사실을 서울에 알렸고, 국내 각 언론에서는 우리나라 국보들이 성공적으로 국위를 선양하고 있다고 보도했다. 이 기사는 많은 국민에게 우리 문화재가 미국에서도 인정받는다는 자부심을 심어주었다.

최순우는 시애틀 전시가 끝나자 김원룡·진홍섭 팀과 임무교대를 하고 한국으로 돌아왔는데, 이때 난생 처음으로 비행기를 탔다. 구름 아래 푸른 바다를 내려다보며 지나간 세월을 떠올리고 미래도 생각했다. 지난 1년 동안 미국 각지를 다니면서, 우리 문화를 밖에 알리기 위해서는 먼저 안에서 할 일이 너무나 많다는 사실을 절실하게 깨달았다.

한국적
아름다움이란
무엇인가

—

23

비행기가 우리나라 상공에 들어서자 창문 아래로 낯익은 풍경이 펼쳐졌다. 최순우는 험하지도 연약하지도 않은 산과 메마르지도 기름지지도 않은 들이 보이는 순간, 미국 어디에서도 볼 수 없었던 이 풍경이 바로 우리 문화의 바탕이라는 생각이 들었다. 한국의 문화는 이렇듯 순박한 강산의 마음씨에서, 그 몸짓에서 결코 벗어날 수 없으리라. 다채롭지도 수다스럽지도 않은, 슬플 것도 즐거울 것도 없이 있는 그대로 덤덤한 모습. 한국을 떠나기 전에는 느낄 수 없었던 한국적 아름다움의 정체, 그것을 깨닫는 순간, 최순우의 가슴은 희열로 벅차올랐다.

한국 산하의 아름다움, 그것이 바로 우리 문화의 아름다움이고 특성이다! 먼 곳에 있는 것이 아니라, 이렇게 눈앞에 펼쳐진 모습이구나. 그렇구나, 쌓이고 쌓인 조상들의 긴 옛이야기와도 같은 것이구나. 우리의 한숨과 웃음이 뒤섞인 강산의 표정과 같은 것이구나. 마치 묵은 솔밭에서 송이버

섯들이 예사로 돋아나듯이, 이 땅 위에 예
사로 돋아난 조촐한 버섯들처럼 소박하고
담담한 모습이 바로 한국미로구나!

청자상감운학문베개,
당시 덕수궁미술관 소장,
현재 국립중앙박물관 소장.

서울에 도착한 최순우는 9월 한 달 동안 박
물관 식구들은 물론이고 전형필, 이경성 등을
만나 미국 이야기를 들려주기에 여념이 없었다.

"미국 사람들이 정말 우리 국보를 보고 아름답다고 하던가?"

최순우가 혜원의 풍속화가 실린 〈뉴욕타임스〉와 전시도록을 건네며 인사
를 하자 전형필이 싱긋 웃으며 물었다.

"예, 〈뉴욕타임스〉에서도 혜원의 그림을 이렇게 컬러로 소개했지요."

전형필은 지그시 눈을 감고 1934년 초겨울 일본에 가서 기와집 30채 값
을 주고 혜원의 풍속화첩을 사오던 날을 회상했다.

"이번 전시중에는 청자가 관심을 끌었는데, 그중에서도 청자베개와 선생
님이 내주신 천학매병이 가장 인기있었습니다."

최순우의 말에 전형필은 감개무량한 표정으로 고개를 끄덕였다. 일본의
대수장가 무라카미가 현해탄을 건너와 기와집 40채 값을 주겠다며 사정을
했는데도 끝까지 팔지 않고 수장한 보물이었다. 그로서는 감회가 남다를
수밖에 없었다.

"1년 동안 객지에 나가 정말 수고 많았네. 그래, 가서 뭘 느끼고 왔나?"

"앞으로 글을 더 열심히 쓰고, 부산에서 나머지 유물이 올라오면 특별 전
시도 1년에 한 번씩은 해서 국민들에게 우리 문화재의 아름다움을 지속적
으로 알려야겠다는 생각을 했습니다."

"그래 맞아. 지금은 모두 서양문화에 도취되어 우리것에 대한 자부심은

커녕 오히려 경시하는 세상이니, 그렇게 우리것도 좋다는 걸 알려나가야지. 그래, 잘 생각했어. 아무튼 그동안 수고 많았으니 오늘은 실컷 마시고 오랜만에 여기서 자고 가게, 혜곡, 하하하!"

최순우는 11월 6~23일 〈서울신문〉에 9회에 걸쳐 문화재 사랑에 대한 글을 연재했다. 여기서 그는 수덕사에 있던 고려벽화가 문화재 보호의식 부족으로 인해 무참히 사라져버린 일을 안타까워하면서, 학자라고 자처하는 일부 사람들도 스스럼없이 우리의 고미술이 빈약하다고 비하하는 현상에 대해 이렇게 반박했다.

> 이런 말을 들을 때마다 과연 과거의 한국 회화가 그렇게 빈약한 것이었을까에 생각이 미치게 되고, 나는 그때마다 이 말을 그대로 수긍할 수는 없었다. 석굴암 조각, 신라의 범종, 고려자기 그리고 세계 제일급의 미술품들에 비해 조금도 손색이 없는 고구려의 고분벽화들이 지니는 세계 회화사상의 위치는 너무나 뚜렷한 것이다. (……)
> 우리가 눈앞에 늘어놓고도 알아보지 못하던 우리의 특색있는 당당한 그림들이 재발견되어 체계가 세워짐에 따라 앞으로 한국 회화의 위신은 날로 높아가게 될 것을 의심치 않는다.

최순우는 조선시대 회화에 대한 글을 좀 더 체계적으로 정리할 필요를 느꼈고, 전형필이 모은 수백 점의 그림에 대한 목록을 작성하기 시작했다.

1959년, 최순우는 마흔세 살이 되었다. 미국 순회 한국 국보 전시회는 미니애폴리스를 거쳐 샌프란시스코에서 37,000명 이상의 관람객을 기록한 후 로스앤젤레스에 도착했다. 2월 한 달간 로스앤젤레스 전시가 끝나면 호

만폭동도
정선, 비단에 옅은 채색, 33×22cm, 조선시대 1740년대, 서울대박물관 소장.

놀룰루가 마지막 도시였다.

최순우는 3월이 되면서 다시 홍대에 강의를 나갔고, 이화여대에서도 강의를 시작했다. 조선시대 회화공부에도 계속 매진했다. 4월이 되자 프랑스로 그림공부를 하러 간 수화 김환기가 귀국했다.

5월 9일, 최순우가 쓴 '겸재 예술의 독자성'이 겸재 정선의 만폭동도와 함께 〈동아일보〉 문화면에 대문짝만 하게 실렸다. 그는 이 글에서 "겸재가 중국화풍을 추종하기에 급급하던 당시 화단의 병폐 속에서 각고의 수련 끝에 독자적인 산수화법을 대성하여, 조선시대 산수화풍에 청신하고 자주적인 생기를 일깨워줬다. 이는 문화사적으로 기념하기에 충분한 공적이다. 당시 일반 화가들이 그리던 중국 산수화풍의 소재나 인물보다는 한국의 자연을 즐겨 사생했고, 그 자연 속에 등장하는 인물들은 한복을 입은 진짜 한국 사람들이었다"고 설명했다. 그리고 정선을 '대大 겸재'라고 부르면서, 앞으로 그에 대한 연구가 더욱 활발하게 진행되어야 한다고 강조했다.

이것은 스승인 고유섭이 정선의 인왕제색도(국보 제216호)를 설명한 '정겸재 소고'(1940년 《문장》 5호)에서 "동국진경이 그로부터 비로소 시작되었다"고 언급한 이후, 보다 구체적으로 겸재 진경산수의 특징과 회화사적 의미를 파헤친 글로서 본격적인 겸재 연구의 단초를 제공하는 계기가 되었다.

6월 7일, 미국 순회 한국 국보 전시회는 호놀룰루 전시를 끝으로 막을 내렸다. 우리나라 국립박물관의 첫 해외 전시회는 1년 반 동안 미국의 8개 도시에서 160,000명의 관람객을 동원했고, 많은 미국인에게 한국이 미개한 나라가 아니라 유구한 문화유산을 간직한 나라라는 인상을 심어주었다. 미국 전시가 이처럼 큰 성과를 거두자 정부에서는 유럽 순회전을 추진했다.

유럽
순회 전시회

—

24

1960년 2월, 최순우는 그동안 정든 삼청동 집에서 궁정동 1-7번지로 이사했다. 책이 자꾸 늘어나 좀 더 넓은 집으로 옮긴 것이다. 궁정동은 경무대(지금의 청와대) 바로 옆이라 검문이 심해서 사람들이 드나들기가 매우 불편했던 탓에 집값이 쌌다. 덕분에 방 두 칸짜리에서 네 칸짜리로 옮길 수 있었다. 집의 구조가 개성 집과 비슷하고 앞뜰과 뒤뜰이 있었다. 바로 위에는 칠궁七宮(사적 제149호로 공식 명칭은 육상궁)이 있어 동네 분위기도 호젓한 게 마음에 들었다.

이사를 끝낸 최순우와 박금섬은 정성껏 집을 가꿨다. 서재에는 전형필이 써준 '아락서실' 편액을 걸고, 대청에는 소박한 조선시대 3층찬탁饌卓을 두 줄로 가지런히 놓았다. 그것을 전형필이 보고서 그 위에 올려놓으라며 조그만 백자항아리 몇 개를 선물로 보내주었다. 앞뜰과 옆뜰에는 갖가지 나무와 들꽃을 심고, 뒤뜰 구석에는 장독대를 만들었다. 그리고 마당에 세운

혜곡 최순우, 한국미의 순례자

수석에 이끼를 입혀서 정성스럽게 물을 주었다.

최순우는 이렇게 살뜰히 꾸민 궁정동 집에서 1960년대를 시작했다. 그리고 1976년 성북동으로 이사할 때까지 이 집에서 정열적으로 일을 하고 왕성하게 글을 썼다.

3월, 최순우는 '공무원으로서 그 맡은 바 직무에 정려精勵하여 공적이 뚜렷한 자'에게 수여하는 녹조소성훈장綠條素星勳章(지금의 근정훈장)을 받았다. 미국 순회 국보 전시회의 노고에 대한 치하였다.

3월 17일, 최순우는 〈서울신문〉에 '석굴암 조각 복제와 해외 전시─미국 박물관 측 요청에 대하여'라는 글을 발표했다. 미국 워싱턴DC의 국립미술관에서 경주 석굴암에 있는 신라시대 부조조각들을 실물 크기로 복제해서 전시하고 싶다는 제안에 대한 자신의 견해를 밝힌 글이었다. 이미 일제강점기에 본존불 바로 뒤에 있는 11면 관음보살상과 본존불 앞에 있는 보현보살상, 문수보살상을 석고 복제해 총독부박물관에서 전시한 적이 있으니 기술적으로 불가능한 일이 아닐 것 같고, 만약 미국 측 계획이 실행된다면 그때 한 벌 더 만들어 서울의 국립박물관에도 전시·보관하고 싶다는 내용이었다.

석굴암 10대 제자의 부조상浮彫像은 세계 불교미술사에서도 극히 드문 대형 부조조각으로, 중국이나 인도의 10대 제자상과는 다른 통일신라 특유의 예술성이 표현된 수작이라고 평가되었기 때문에 미국 국립미술관에서 그런 제의를 해온 것이었다. 미국 순회 국보 전시회의 긍정적 파급효과라고도 할 수 있었다.

서울 국립박물관의 긍정적인 답변에도 불구하고 이 계획은 실현되지 않았지만, 최순우는 얼마 후 석굴암 11면 관음보살상의 아름다움을 이렇게

석굴암 본존불
통일신라시대 8세기, 국보 제24호.
석굴암은 1995년 불국사와 함께 유네스코 세계문화유산에 공동 등재되었다.

석굴암 11면 관음보살상 부조
높이 2m, 통일신라시대, 국보 제24호.
본존불을 중심으로 벽면에 총 40구의 불상을 조각했으나 지금은 38구만 남아 있다.

소개했다. "본존 석가여래불상 뒤에 숨어서서 가냘프고도 깔끔한 모습으로 불타에 바치는 지성을 절절하게 표정짓고 있는 11면 관음보살의 얼굴을 바라볼 때마다 나는 신라 여성들이 지녔던 높은 절조와 청정한 풍김을 연상하면서 마음이 설레곤 했다. 이러한 아름다움이야말로 한국미의 본바닥에서 흐르고 있는 선과 미의 음률이다."

5월 1일, 최순우는 매우 의미 깊은 글을 한 편 발표했다. 우리나라의 회화·조각·건축·공예의 역사를 총괄한 '한국의 조형문화재'라는 글인데, 여기서 한국 미술의 역사를 2000년이라고 규정했다. 당시로서는 대단히 획기적인 발상이었다. 한반도에서 발견된 최초의 미술품이 기원전 108년에 시작된 낙랑시대의 공예미술품이기 때문에, 그때를 시작으로 2000년이 되었다고 주장하면서 최순우는 이렇게 언급했다.

이러한 수준의 미술동향을 남긴 민족이 지구상에 과연 몇이나 되는가를 생각해보면 한국 사람으로서 느끼는 자랑이라 할까, 그렇지 않으면 민족적 자신이라고 할까 하는 감정이 머리를 드는 것이다. 오늘날 우리에게 가장 소중한 것은 이러한 자신감이라고 생각하며, 또 가장 안타까운 것은 자기비 열등감에 사로잡힌 동포들의 눈길을 바라보는 일이다.

그가 이 글에서 주장한 '한국 미술 2000년'은 오랫동안 정설로 학계에 자리잡았다.

5월 중순, 최순우는 전라북도 부안군 유천리로 혼자 답사를 떠났다. 당시

■ 최순우는 1974년 4월 암사동 신석기시대 취락지에서 기원전 3000년대 빗살무늬토기를 발굴해 한국 미술의 역사를 5000년으로 조정했다.

보급과에는 학예직이 그 혼자였기 때문에 같이 갈 사람이 없었다.

유천리 답사의 목적은 청자 가마터를 찾아보기 위해서였다. 최순우는 미국 순회 전시를 통해 고려청자가 우리나라의 대표적인 문화유산이 될 수 있다는 확신을 가졌다. 그러나 당시까지도 고려청자를 연구하는 이는 아무도 없었다. 최순우도 청자 가마터를 발견하지 않고는 청자의 발달사에 대해 더 이상 구체적으로 쓸 수가 없어서 다시 자료를 찾기 시작했는데, 다행히 총독부박물관 자료더미 속에서 가마터의 위치에 대한 결정적인 단서가 나왔다. 1929년 총독부박물관에서 전국의 가마터 정밀지표조사를 할 때 일본인 학자 노모리 겐野守健이 유천리에 고려청자 가마터가 있음을 발견하고 1934년 학계에 보고했으며, 1938년 6월 정밀지표조사 때 12호로 지정했던 지역을 시굴조사했다는 기록을 찾은 것이다.

변산반도 한 골짜기에 있는 유천리는 정읍에서 50킬로미터가 넘는 거리였다. 그곳까지 가는 버스도 많지 않았지만, 버스에서 내려 12호가마터를 찾는 일도 쉽지 않았다. 마을 사람들에게 청자가마 자리가 어디인지 아느냐고 물어보면, 먹고살기도 힘든데 별걸 다 찾는다며 혀를 차거나 도굴꾼 취급을 하면서 상대도 해주지 않았다.

그러다 마주친 마을 청년 하나가 보리 한 고랑 갈 시간을 뺏겼다고 궁시렁거리며 데려간 곳은 어느 집 밭이었다. 여기저기에 청자파편이 수없이 널려 있었다. 이곳이 바로 12호도요지 부근이었다. 그러나 아무리 주변을 뒤져도 가마터로 추정되는 곳은 발견되지 않았다. 대신 세로로 갈라진 네모난 물체가 눈에 띠어서 집어들어 살폈다.

비록 반쪽에 불과했지만 그때까지 발견된 적이 없는 청자벼루가 틀림없었다. 최순우는 설레는 가슴을 진정시키며 종이를 꺼내 청자벼루의 크기를 재고 형태를 그린 후 조심스럽게 포장해서 갈무리했다. 이 정도 상태면 나머지 절반을 복원시키는 건 크게 어렵지 않을 것 같았다.

최순우는 오후가 되도록 주변 산언덕을 살폈지만 끝내 가마터를 찾지 못하고, 거의 원형에 가까운 청자등잔을 한 점 더 수

최순우가 발견한 청자벼루와 비슷한
삼성미술관 리움 소장 청자벼루.
높이 2.9cm, 길이 13.4cm, 폭 10.2cm.

습했다. 근처 어디엔가 가마터가 있는 것이 분명했다. 벼루와 등잔이 나온 걸로 봐서 왕실이나 귀족용 청자를 만들던 가마터라는 생각이 들었다. 이 정도 수준의 청자를 구웠다면 청자기와도 만들었을 가능성이 높았다.

당시 최순우의 유천리 답사는 국립박물관의 첫 번째 청자 가마터 답사였다. 그는 이 답사로 가마터 발굴이 눈앞에 다가왔다고 생각했지만, 얼마 후부터 유럽 순회 전시를 준비하고 호송관으로 떠나게 되어, 청자 가마터 발굴은 다시 몇 년 후로 미뤄진다. 그가 유천리에서 수습한 청자벼루는 국립박물관 소장품에 등록된 후 완형完形으로 보완·수리되었다.

유천리에서 돌아온 최순우에게 전형필이 만나자고 연락을 해왔다. 전형필은 놀라운 제의를 했다.

"내가 곰곰이 생각을 해봤는데, 혜곡과 나 그리고 고고미술과 고고학을 전공하는 김원룡·진홍섭·황수영 등이 술 마시는 동인 말고 책 만드는 동인을 만들면 좋을 것 같은데……."

"책이라면, 학술지 성격인가요?"

"그렇지. 고고학과 미술사를 하는 학자들이 동인을 만들어 한 달에 한 번 모여서 각자 연구한 글을 발표하고, 그 원고를 모아 매달 책으로 만드는 거

야. 어때?"

"그렇게만 된다면야 공부하는 저희들로서는 불감청고소원이지만, 매달 만들자면 상당한 예산이 필요할 텐데……."

최순우가 말꼬리를 흐렸다. 당시 전형필은 이사장으로 있는 보성중고등학교에서 학교의 존폐가 우려될 정도의 대형 재정사고가 발생해, 여기저기 남아 있던 땅과 부동산을 모두 처분하는 등 뒷수습을 하는 데 정신이 없었기 때문이다. 그러나 전형필은 늘 그렇듯 빙그레 웃으며 대답했다.

"처음에는 발행부수를 100부 정도만 하지 뭐. 인쇄시설이 있는 통문관이 나와 계산할 게 좀 있어서 제작해주겠다고 했어. 그리고 사진은 인쇄하지 말고 필름을 인화해서 우리가 책에 직접 붙이면 되지 않겠나. 어때?"

"아, 사진을 그렇게 처리하면 비용이 많이 절감되겠네요. 정말 좋은 생각이십니다, 하하하!"

최순우는 전형필의 아이디어에 감탄하며 웃음을 터뜨렸다. 그 정도 비용이라면 전형필에게 큰 부담이 되지는 않을 터였다. 그런데 갑자기 마음에 걸리는 부분이 떠올라 웃음을 멈췄다.

"그런데요, 선생님. 동인이라면 김원룡 수석학예관을 비롯해 진홍섭 경주분관장, 황수영 학예관 등 박물관 직원들이 주를 이룰 텐데, 그러면 자칫 관장께서 섭섭해할 수도 있으니, 박물관에서도 월간지는 아니라도 계간지 정도를 먼저 발행하자고 말씀을 드리는 게 좋을 것 같습니다."

"아이쿠! 내가 거기까지는 생각을 못했구먼그려, 허허허. 혜곡 말이 맞네. 그렇게 해야 박물관도 모양이 좋고 나도 처신하기가 편하겠어."

"그럼 이 문제는 저보다도 관장님과 가장 가까운 김원룡 수석이 나서는 게 좋을 것 같습니다. 선생님께서 김 수석에게 직접 말씀하시지요."

1960년 국립박물관에서 발행한 학술지《미술자료》창간호(왼쪽)와,
전형필·최순우·김원룡 등이 발행한 동인지《고고미술》.

공직생활을 오래 한 최순우였기에 관장의 입장을 짐작할 수 있었던 것이
다. 국립박물관에서는 1960년 8월 학술지《미술자료》를 창간해 현재까지
발행하고 있다. 창간호에는 김재원 관장, 김원룡 수석학예관, 진홍섭 경주
분관장, 황수영 학예관, 1954년 봄 학예관으로 들어온 윤무병, 그리고 최순
우 등의 연구논문이 실렸다. 최순우는 조선시대 초기 백자 중 사용기관과
사람 이름이 씌어 있는 두 점의 유래를 추적하면서, 백자가 어떤 과정을 거
쳐 고려에서 조선으로 넘어왔고 그 후 어떻게 발전했는지에 대해 썼다.

전형필이 주도한 동인회(고고미술동인회)의 민간 학술잡지는《고고미술》
이라는 제호로《미술자료》보다 보름 늦게 창간되었는데, 통문관 사정이 여
의치 않아 등사기로 100부를 프린트한 후 인화사진을 붙였다. 이 잡지는
간송이 세상을 떠난 후에도 계속 매월 발행되었다. 동인회는 1968년 한국
미술사학회로 이름을 바꾸면서 조직을 개편해 현재까지 활발하게 활동하
고 있다.

창간호 필자로는 전형필·최순우·김원룡·진홍섭·황수영·윤무병 등이 참가했으니, 박물관의 《미술자료》 필진과 거의 동일했다. 그러나 지면이 많지 않아 원고는 요점 위주로 짧게 작성한다는 원칙을 세웠기 때문에 주로 답사보고와 발굴보고가 실렸다.

이 두 잡지의 창간은 발표지면이 거의 없던 박물관 학예관들과 소수의 전공자들에게 새로운 자료를 발표하고 공유할 수 있는 공간을 제공함으로써 미술사학과 고고학의 저변 확대에 결정적 공헌을 하게 된다.

그해 가을, 한국 국보 유럽 전시 계획이 확정되었다. 미국 전시 때와 마찬가지로 개인 수장가들의 작품 중 국보급도 함께 출품하기로 했다. 수장가들을 찾아다니며 출품작을 확정하고 포장하는 건 이번에도 최순우의 몫이었다. 그는 먼저 출품작이 가장 많을 전형필을 찾아갔다.

"선생님, 유럽 전시 일정이 나왔습니다."

"그거 잘됐네, 그래 어디어디인가?"

"내년 3월 영국에서 시작해 네덜란드, 프랑스, 서독, 이탈리아(나중에 오스트리아로 교체)까지 다섯 나라를 돌면 내후년 6월경에 마무리될 것 같습니다."

"이번에도 김원룡이나 진홍섭과 나눠서 다녀오나?"

"아직은 잘 모르겠지만, 이번에는 관장님과 저만 다녀오는 걸로 얘기되고 있습니다."

"아이고, 그럼 혜곡이 또 고생이 많겠구먼. 이번에도 배로 옮기나?"

"예. 영국 군함으로 옮깁니다. 첫 전시가 영국이어서요. 그런데 이번에는 군함이 있는 홍콩까지 우리가 직접 실어간 다음 거기서 다시 옮겨싣기로 했습니다."

"그렇구먼, 나라가 가난하니 할 수 없지……."

전형필이 담배연기를 허공에 내뿜으며 안타까운 표정을 지었다.

"그런데 뭐, 잘들 알아서 하겠지만, 이렇게 우리나라 국보를 통째로 옮겨다니는 게 잘하는 일인지는 모르겠어. 그렇다고 내가 안 내놓겠다는 뜻은 절대 아니고, 만에 하나 불가항력의 천재지변이라도 만난다면…… 생각만 해도 끔찍한 일이라서……."

다시 담배연기가 허공으로 흩어졌다. 전형필의 우려는 일리가 있었다. 미국 전시 때처럼 200점에 가까운 국보급 문화재를 한꺼번에 국외로 움직이는 건 사실 위험하기 짝이 없는 일이었다.

"예, 박물관 내부에서도 우려의 목소리가 있습니다. 그러나 이번에도 미국 전시 때와 마찬가지로, 실무진행은 박물관에서 하지만 전시의 필요성에 대한 판단은 외무부와 문교부가 협의해서 결정합니다. 해외 전시는 국가의 필요에 의해 국가가 주도하는 사업이지요."

전형필이 고개를 끄덕였다.

"제가 지난번 미국에 갔을 때, 외국에서 우리나라를 보는 인식이 너무나 부족하다는 점을 느꼈습니다. 우리를 아주 미개한 민족으로 보는 시선이 많습니다. 6·25 때 굶주리고 헐벗고 폭격에 파괴된 사진들만 봐서 그런지, 우리나라에 대한 이미지가 상상을 초월할 정도로 좋지 않았습니다. 그런데 미국에서 국보 전시회를 하면서 그 도시 언론이나 다녀간 사람들의 생각이 180도 달라지는 걸 목격했습니다. 그래서 유럽에도 우리 문화를 보여주는 전시를 할 수 있으면 좋겠다고 생각했습니다. 선진국 군함은 우리 군함과는 비교도 안 될 정도로 좋은 시설을 갖추고 있어서 상당히 안전합니다. 우리 국보를 기차에 실을 때도 웬만한 탈선에는 견딜 수 있을 정도로 보호장치를 단단히 하는 걸 보았습니다."

최순우는 전형필이 따라주는 술잔을 들이켠 후 다시 말을 이었다.

"선생님도 아시다시피, 어느 나라 어느 민족을 막론하고 그들의 문화역량이나 민족적 생활정서를 가장 정직하게 그리고 구체적으로 눈앞에 보여주는 것이 미술품입니다. 우리 민족은 뛰어난 미술품을 가지고 있습니다. 문화역량으로 평가한다면 우리는 세계 일등 문화민족 문화국가 대열에 포함됩니다. 그래서 저는 이번에 유럽 전시를 하고 나면, 유럽 여러 나라들도 우리가 얼마나 수준 높은 문화민족인지 알게 될 거라고 확신하고 있습니다."

"허허허, 혜곡이 그렇게 말하니까 나도 덩달아 기운이 나는구먼. 그래서 이번에는 몇 점이나 내놓으라고?"

전형필의 호탕한 웃음에 최순우도 함께 웃으며 준비해간 23점의 목록을 내밀었다.

"지난번 목록에 청자 다섯 점을 더 포함시켰습니다."

"아니, 빼도 시원치 않을 판에 더 내놓으라고?"

"예, 선생님. 지난번 미국에서 보니까 관람객들이 청자에 관심이 많아서, 개스비 변호사에게 구입하신 청자 가운데 다섯 점을 포함시켰습니다."

'개스비 청자'란 전형필이 1937년 공주의 논 1만 마지기(당시 기와집 400채 가치)를 처분해서 구입한 20점의 명품 청자를 일컫는다. 개스비John Gadsby는 일본에서 활동하던 영국 출신의 국제변호사로 20년에 걸쳐 고려청자를 수집했는데, 국제정세가 불안정해지자 그동안 수집한 청자를 일괄로 전형필에게 처분하고 영국으로 돌아갔다. 그의 수집품은 당시 최고의 컬렉션으로 평가될 정도로 수준이 높았다. 전형필은 개스비와 협상하기 위해 일본을 오가던 때를 회상하는 듯 눈을 지그시 감고 생각에 잠겼다.

지금도 마찬가지이지만, 국립박물관에서 전시를 위해 개인 수장가의 국보급 소장품을 빌리러 갈 때는 그 수장가와 관계가 좋고 빌려올 작품의 가치를 잘 아는 학예관이 직접 찾아가 정중하게 부탁했다. 최순우는 오랫동안 이 역할을 담당했다.

"혜곡이 나라를 위하는 일이라며 빌려달라는데, 안 빌려줄 재간이 있나. 허허허!"

"고맙습니다, 선생님. 좋은 위치에 잘 진열하겠습니다."

"그럼, 언제쯤 떠나게 되나?"

"아직 확정되지 않았지만, 올해 안에는 출발할 것 같습니다."

"거의 2년이나 못 보게 되겠군."

"예, 선생님. 대신 자주 편지 올리겠습니다."

"허, 벌써 섭섭해지네그려. 아무튼 떠나기 전까지는《고고미술》에 빼먹지 말고 글 쓰고……."

"예, 선생님."

최순우는 이렇게 전형필에게 23점, 손재형에게 인왕제색도를 비롯해 8점, 신진 수장가로 떠오른 이홍근에게 좋은 분청사기 8점을 빌렸다. 전체 출품작은 미국 전시에 비해 약 50점 적은 152점으로 확정되었다. 두 점인 금동반가사유상 중에서는 머리에 보관이 없는 국보 제83호 한 점만 출품하기로 했다. 전형필을 비롯한 일부의 우려를 받아들인 결과였다.

국보는 진해항에서 11월 15일 출발하기로 결정되었다. 최순우는 포장을 비롯한 여러 가지 준비작업으로 바쁜 와중에도《고고미술》10월호에 유천리 답사에서 청자벼루를 발견한 내용을 소개했고, 11월호에는 국립박물관에서 1960년에 구입한 32점의 신소장품 중 하나인 신사임당의 그림 두 점이 있는 소품첩小品帖을 소개했다. 또 출발 열흘 전에는〈서울신문〉에 '서울의 문화재 시비'라는 글을 기고해, 날로 사라져가는 전통한옥뿐 아니라 종로 비각 등 문화재급 고건축물들이 소리소문 없이 헐리는 데에 대한 안타까움을 토로하며 당국의 조치를 촉구했다.

11월 15일 아침, 전형필이 자동차를 갖고 최순우의 궁정동 집에 들렀다.

"아니, 선생님. 요 며칠 사이에 차를 사셨습니까?"

출발 준비를 하던 최순우가 처음 보는 차에 깜짝 놀라며 물었다. 차뿐만이 아니었다. 양복도 새 양복이었고, 심지어 넥타이까지 새것이었다.

"아니, 그게 아니고…… 혜곡과 2년이나 떨어져 있을 생각을 하니 섭섭해서 친구에게 빌렸어. 그런데 자동차를 타면서 헌 양복을 입을 수는 없잖아. 그래서 오랜만에 새로 한 벌 맞췄다네, 허허허."

전형필은 하루가 멀다 하고 만나온 최순우와의 이별을 그렇게 섭섭해했다. 스승의 애틋한 마음씀에 최순우는 가슴이 뭉클했다. 최순우가 짐을 트렁크에 싣자, 아내도 오랫동안 떨어져 있을 것이 섭섭한지, 말은 잘 다녀오라면서도 뒤로 돌아서 손수건으로 눈물을 훔쳤다.

자동차가 경복궁 담을 따라 시내로 들어서자 전형필이 힐끗 최순우의 시계를 쳐다보며 말했다.

"혜곡, 시계 좀 줘봐."

"예?"

"그 시계를 풀어서 나에게 달란 말이야."

최순우가 무슨 일인가 하면서도 시계를 풀어 건네자, 전형필이 자신의 론진 손목시계를 풀어 최순우에게 주었다.

"나랏일을 하러 가는 사람이니, 시계가 좋아야 나라 체면도 서지."

"아니, 선생님……."

최순우는 당시 최고급 시계인 론진을 자신에게 건네는 전형필을 바라보며 말을 잇지 못했다.

"이번에 가면 그럴듯한 개인 미술관들도 좀 가보고, 또 박물관과 연계된 연구기관들도 잘 살펴보고 오게. 미국이야 역사가 짧아 그런 게 없을 것 같아서 얘기를 안 했지만, 유럽은 배울 만한 데가 상당히 많을 거야."

최순우는 전형필이 성북동 보화각을 박물관으로 개관할 준비를 하고 있다는 걸 직감적으로 알아차렸다.

"예, 선생님. 시간 되는 대로 열심히 살펴보겠습니다."

"아무튼 몸 건강하고, 자주 편지 줘……."

차가 서울역에 도착하기까지 전형필은 그렇게 작별인사를 하며 최순우와 군은 악수를 나눴다. 최순우도 전형필을 향해 머리를 숙여 인사하고는 몇 번이나 뒤를 돌아보며 역 구내로 들어갔다. 그것이 그와의 마지막 인사인 줄은 꿈에도 모르는 채 자리에 앉아 론진시계를 만지작거리며 전형필의 웃는 얼굴을 떠올렸다.

아, 전형필!
돌을 바치며
울다

—

25

영국으로 가는 뱃길은 멀었다. 태평양을 건너 미국으로 갈 때는 20여 일이 걸렸지만, 이번에는 그 세 배인 60여 일을 가야 했다. 그는 갑판에 올라 끝없이 펼쳐진 수평선을 바라보며 지나온 세월을 반추했다. 고유섭 선생을 만나 답사를 따라다니기 시작한 것이 벌써 25년 전 일이었다. 그때부터 지금까지 스승의 가르침대로 한눈팔지 않고 뚜벅뚜벅 앞만 보고 걸어왔지만, 아직도 해야 할 일이 너무 많았다. 시원하게 불어오는 바닷바람을 들이켜며 그는 생각했다. 이번 유럽 순회 전시를 마치고 한국에 돌아가면, 우리 국민들에게 더욱 열심히 우리 문화가 얼마나 가치있는지를 알리자. 신문에다도 쓰고, 잡지에도 쓰고, 강연회도 하자. 그래, 그렇게 열심히 알리자. 그게 앞으로 나의 할 일이다. 최순우는 45세가 된 1961년의 첫 아침을 대서양에서 맞았다.

그날 한국에서는 국립박물관의 직제를 고고과·미술과·관리과로 개편하고, 최순우를 보급과장에서 미술과장으로 발령냈다. 당시 국립박물관 본관의 학예관은 다섯 명뿐이었다. 김원룡 수석학예연구관, 미술과에 과장 최순우와 제도사 임천, 고고과에 과장 윤무병과 일본에서 발굴을 전공하고 온 김정기가 있었다. 그리고 경주·공주·부여 분관에 각 한 명씩의 학예관이 분관장으로 있었으니, 전국을 통틀어도 여덟 명뿐이었다. 유물 5만 점을 관리하는 국립박물관의 규모에 비하면 터무니없이 부족한 수였다. 그러나 그때까지도 국가예산의 상당부분을 원조와 차관에 의존하고 있었기 때문에, 열악한 환경을 사명감으로 이겨낼 수밖에 없었다.

1월 15일, 한국 문화재를 실은 영국 군함이 데본항에 도착했다. 고동 소리와 함께 배가 부두에 접안하자 박동진 주영국 참사관이 올라와 최순우에게 수고했다며 악수를 청했고, 뒤를 이어 런던의 각 신문사와 TV·라디오 방송 기자 30여 명이 올라와 질문공세를 퍼부었다. 최순우는 준비해온 유물사진을 나눠주면서, 박동진 참사관의 통역을 통해 한국 미술의 역사가 2000년이 되었으며 중국과 다른 독자적인 미의 세계를 갖고 있다고 대답했다. 대표유물로는 고려청자와 조선백자 그리고 삼국시대 불상을 꼽았다.

영국에 도착한 152점의 유물은 대형트럭 여섯 대에 나눠실려 경찰차의 선도를 받으며 런던에 있는 왕립 빅토리아앨버트박물관을 향해 떠났다. 김재원 관장은 비행기편으로 3월 7일 도착했다.

3월 23일 전시회가 시작되자, 영국의 3대 신문이 거의 전면을 할애해 호의적인 기사와 사진을 실었다. 〈맨체스터 가디언〉은 "오늘 열리는 한국 국보전처럼 오랫동안 고대되었던 국보 전시회는 일찍이 없었다"면서 한국 미술의 독창성을 높이 평가했다. 〈런던타임스〉와 〈데일리 텔레그래프〉도 한국 국보 전시회 출품작이 매우 품위있고 매력적이며 우아한 기교를 보여준

1961년 유럽 순회전의 첫 테이프를 끊은
런던 빅토리아앨버트박물관의
한국 국보 전시회 포스터.

다고 극찬했다. 아울러 한국의 고미술처럼 유럽 사람들에게 알려지지 않고 부당하게 학자들에게 외면받아온 경우는 없었다는 이례적인 평도 함께 실었다.

최순우는 영국 언론의 이런 우호적인 반응과, 빅토리아앨버트박물관장이 국보 제83호 금동미륵보살반가사유상을 보고 자기네 박물관 100여 년 역사에 진열된 조각 중 가장 아름다운 작품이라고 극찬했다는 내용을 전시 보고서에 기록했다.

5월 7일까지 진행된 전시회에 15,000명의 관람객이 들었다. 영국의 다른 도시에서 활동하는 동양미술사학자들도 다녀갔다. 그들은 이구동성으로 한국 미술의 독창성과 우수성을 높이 평가했고, 대영박물관의 윌리엄 왓슨 학예사와 옥스퍼드대학박물관의 스왓디 학예사는 앞으로 한국 미술을 연구하겠다면서 교류를 희망했다.

영국 전시회에 이어서 네덜란드 전시 일정이 잡혀 있었다. 김재원 관장은 5월 16일 비행기를 타고 네덜란드로 떠났다. 당시 네덜란드에는 우리나라 대사관이나 영사관이 없었기 때문에 미리 가서 숙소도 구하고 전시실도 살펴보기 위해서였다.

5월 18일, 최순우가 빅토리아앨버트박물관에서 전시품을 포장하고 있는데 박동진 참사관이 찾아왔다.

"최 학예관님, 네덜란드 헤이그에서 김재원 관장님이 대사관으로 전화를 하셨는데, 국보를 네덜란드로 옮기는 작업을 중단하랍니다."

"예? 아니, 갑자기 그게 무슨……."

최순우가 놀란 목소리로 물었다.

"네덜란드 박물관에서 한국 미술품 반입을 보류한다는 결정을 내렸다는 군요."

최순우가 그게 무슨 소리냐는 표정으로 바라보자 박 참사관이 조금 망설이다가 작은 목소리로 말했다.

"뭐, 어차피 알게 될 일이니 말씀드리지요. 본국에서 쿠데타가 일어났는데, 저희도 아직 자세한 상황은 모릅니다. 네덜란드 정부에서도 이 일 때문에 보류를 요청한 것 같은데, 비행기 자리가 나는 대로 관장님이 다시 여기로 오신다니까, 하루이틀이면 도착하실 겁니다."

최순우는 쿠데타라는 말에 가슴이 철렁했다. 학생들이 피를 흘린 혁명이 불과 1년 전 일인데, 이번에는 군인들이 나섰다니 나라가 어떻게 되는 것인가. 일손을 멈추고 숙소로 돌아온 최순우는 그동안 연락하며 지내던 유학생 몇 명에게 전화를 걸어, 영국 신문이나 방송에서 어떻게 보도하고 있는지 물었다. 장면 총리가 행방불명되었다, 장도영 장군이 혁명을 일으켰는데 영국에서는 좌익쿠데타로 판단하는 시각도 있다는 둥 각종 설이 난무하였다.

다음 날인 5월 19일, 김재원 관장이 런던으로 돌아왔다. 그도 네덜란드에서 좌익쿠데타 이야기를 들었다면서, 장도영 장군은 좌익이 아닌데 어떻게 그런 낭설이 나도는지 모르겠다고 의아해했다.

당시 외교가에서는 장도영 장군은 혁명대표 역할만 했고 실질적 주도자는 박정희 소장으로 파악하고 있었다. 그런데 박 소장이 1946년 남로당 비밀당원으로 가입했던 사실이 있고, 1948년 군 수사당국에 체포되어 무기징

231

혜곡 최순우, 한국미의 순례자

역 선고까지 받았던 전력이 있어 좌익쿠데타의 가능성을 제기한 것이다. 특히 군정시절 그를 체포했던 미국이 사상적 배경을 의심하면서 쿠데타를 인정하지 않자, 박정희 소장은 조카사위인 김종필 중령을 내세워 주한국 미군사령부와 대사관을 설득했다. 이 과정에서 미국은 박정희 소장의 '승공의지'를 확인했고, 5월 25일 "한국의 쿠데타를 기정사실화"한다고 발표했다.

미국이 쿠데타를 인정하자 네덜란드 정부에서도 한국 국보 전시회와 문화재 반입을 승인했다. 최순우는 국격에 따라 문화유산에 대한 대접이 달라진다는 사실을 다시 한 번 실감하며 전시 유물을 네덜란드로 이송했다. 그러나 네덜란드는 전시는 허용하되, 전시 주관자를 양국의 국가수반으로 한다는 합의를 파기했다. 당시 한국의 국가수반은 최고회의 의장인 장도영 장군이었는데, 네덜란드 여왕이 쿠데타를 일으킨 군인과 나란히 이름을 올릴 수 없다고 거부한 것이다. 그래서 혁명정부가 외무부의 김용식 대사를 대표로 하는 친선사절단을 파견했지만, 네덜란드 정부에서는 소극적으로 사절단을 맞았다. 환영만찬조차 베풀어주지 않아 김재원 관장과 최순우가 묵고 있는 아파트에서 몇 명의 교포들과 함께 밥을 짓고 고기를 구워먹으며 축하연을 대신했다.

6월 14일 오전, 최순우는 헤이그시립박물관장의 안내로 수백 명의 유학생과 함께 이준 열사 묘를 공식 참배했다. 화환을 올리고 무덤 위에 태극기를 덮은 후 고개를 숙였는데, 그날 석간신문에 그 사진과 함께 헤이그밀사사건을 소개하는 기사가 크게 실렸다.

같은 날 오후 헤이그시립박물관에서 한국 국보 전시회가 개막되었다. 정부에서는 정치적인 이유로 분위기가 냉랭했지만, 박물관에서는 이번 전시를 위해 다섯 개 진열실의 모든 진열장을 새로 제작하는 성의를 보여주었다. 신문을 비롯한 언론도 한 면 혹은 반 면을 할애해 한국 문화의 아름다움에 대해 보도했다.

네덜란드는 1602년 동양무역 활성화를 위해 세운 동인도회사를 통해 중국 도자기를 수입하면서, 유럽에서 가장 먼저 도자기 제조기술을 받아들였다. 유럽에서는 도자기공예가 가장 발달한 나라로 손꼽혔고, 중국 도자기 한두 점 없는 집이 없을 정도로 도자기에 대한 관심이 높았다. 이런 문화적 배경 때문인지 고려청자실이 가장 붐볐다. 어느 화학 연구자는 언론과의 인터뷰에서 "나는 한국의 국보 전시를 보고 비상한 감명을 받았습니다. 마치 내가 여지껏 경험하지 못한 미지의 고요하고도 아름다운 나라에 다녀온 것 같습니다. 한국의 고미술은 과연 내가 느낀 것처럼 고요하고 아름다운 감각이 그 특색일까요? 저는 그 조용한 분위기와 아름다움에 매혹되었습니다"라고 말해 최순우를 감동시키기도 했다.

8월 14일, 네덜란드에서의 한국 국보 전시회가 끝났다. 다음 전시는 프랑스 파리로 11월 25일부터 시작이었다. 프랑스는 여름휴가가 길고, 파리가 유럽 문화의 중심지인 만큼 준비에 만전을 기하기 위해서 일정을 넉넉하게 잡은 것이었다.

네덜란드 전시가 끝나자 김재원 관장은 혁명정부와 관장직에 관한 논의를 하기 위해 귀국했다. 대신 파리 전시회가 시작될 무렵 고고과 학예관 김정기를 파견해주기로 했다. 최순우는 혼자 남아 유물을 포장해 기차에 싣고, 8월 23일 아침 네덜란드를 떠났다.

프랑스 북부역에 도착하자 주프랑스 대사관에서 김민수 서기관이 나와 수속을 도와줬다. 두 대의 트럭에 옮겨 실은 한국 문화재는 경찰 오토바이 여섯 대의 호위를 받으며 번화가인 마드린거리를 지나, 전시회가 열릴 세르누치박물관에 도착했다.

전시유물을 박물관 창고에 옮긴 최순우는 석 달간의 여유기간을 이용해 파리 박물관에 있는 한국 문화재 현황을 살피면서, 전형필이 부탁한 사립박물관과 연구소에 대해 알아보기 위해 프랑스에 그림공부를 하러 와 있던 서양화가 변종하에게 연락했다. 그도 홍대에서 강의를 했기 때문에 몇 년간 알고 지냈고, 1959년 11월 말 동화화랑에서 열린 '도불기념전渡佛記念展'에 이경성과 함께 가서 축하해준 인연도 있었다. 이경성은 〈동아일보〉에 도불기념전 전시평을 쓸 정도로 변종하의 작품세계를 높이 평가했고, 세 사람은 가끔 저녁을 함께하며 술잔을 기울였다. 변종하는 최순우를 반갑게 맞이해주었다. 주말이면 변종하의 검은색 세단을 타고 서남부의 라스코동굴을 비롯해 여러 선사유적지를 보러 다녔다.

9월 중순, 최순우는 대사관을 통해 아내가 보낸 편지를 받았다. 좀처럼 없던 일이라 무슨 일인가 궁금해하며 읽어보니, 8월에 학수고대하던 딸을 낳았으니 이름을 지어 보내달라는 내용이었다. 최순우는 뛸 듯이 기뻤지만 늦둥이를 본 게 민망해 변종하에게도 이야기하지 않고 방에서 혼자 포도주를 마시며 자축했다. 그리고 며칠 동안 고심한 끝에 수정처럼 맑고 아름답게 크라는 뜻에서 '수정'이라는 이름을 지어 보냈다.

한국 국보 전시회가 개최될 세르누치박물관은 동양미술 박물관으로, 1946년에도 프랑스에 있는 한국 유물을 모아 전시회를 연 곳이었다. 당시 프랑스 문화부장관은 앙드레 말로였는데, 유명한 소설가일 뿐 아니라 동양의 문화와 미술에 큰 관심을 가진 석학이어서 세르누치박물관장은 한국 국보전에 많은 공을 들였다. 문화부로부터 충분한 예산을 확보해, 진열에 필요한 진열장과 조명시설을 새로 설계·제작했다. 아울러 우리 국보의 안전을 위해 박물관 전체에 최신 과학기술을 동원한 경보장치를 완비했다.

　11월에 접어들면서는 파리의 큰 사거리마다 송시열 초상화(국보 제239호)가 인쇄된 어마어마하게 큰 포스터가 걸렸다. 최순우뿐 아니라 유학생들의 어깨도 으쓱해질 정도였다.

　11월 25일 오후 3시, 드디어 몇 달 동안의 준비 끝에 한국 국보 전시회가 개막되었다. 이날의 전시회 풍경에 대해 당시 파리에서 유학하고 있던 인문학자이자 철학자 박이문은 〈경향신문〉에 이렇게 기고했다.

　　세르누치박물관은 움직이기 어려울 만큼 사람들로 가득 차 있다. 앙드레 말로 프랑스 문화부장관 이름으로 보내진 초대장을 든 교양있는 미술 애호인들은 우리 옛미술품의 아름다움과 섬세하고 미묘한 솜씨에 압도감을 느낀 듯했다. 거의 알려지지 않았다가 전쟁을 통해서 비극의 나라로만 알고 있는 많은 사람은 한국에 대해 새로운 인식을 하게 된 듯했다. 이런 말을 내가 하는 까닭은 거의 대부분의 프랑스인은 한국엔 언어도 문자도 없는 줄 알고 있기 때문이다.

　　한국 국보 전시회는 작은 활자와 사진 한 장 없기로 유명한 수준 높은 일간지 〈르몽드〉에도 크게 소개되었다. 한국의 예술품이 찬란하며 그 섬세하고 세련된 기술은 대단하다고 평했다. 권위있는 주간지 〈누벨 리테레르Nouvelles Litteraires〉에는 한 면 전체에 걸쳐 소개되었다. 우리나라 예술의 역사적 배경을 설명하면서, 중국이나 일본에서 찾아볼 수 없는 독창성을 가진 뛰어난 예술이라고 소개했다. 더구나 속 시원한 일은 대부분의 외국인은 한국 예술이 중국이나 일본을 모방한 줄 알고 있는데, 오히려 일본의 예술이 한국을 모방했고, 한국인이 도자기와 조각예술을 가르쳐주었다는 바딤 엘리시에프 세르누치박물관장의 인터뷰 내용이 소개되었다는 점이다. 너무나 알려지지 않고 너무나 갇혀 살던 우리가 우리 조상들의 혼과 정력의 아름다운 결정체인 이런 예술품을 통해 알려지고, 덧붙여 사랑과 존경을 받게 된 것은 즐거운 일이다.

전시회는 12월에도 성황을 이뤘다. 전형필의 소장품인 청자상감운학문매병이 표지를 장식한 전시도록은 2만 부를 인쇄했는데 보름 만에 동이 났다. 최순우는 가슴이 저리도록 감개무량했다.

최순우는 전시도록의 품절 소식과 프랑스인들의 열띤 관심을 크리스마스 카드에 적어 전형필에게 보냈다. 전형필은 그 카드를 1962년 1월 중순 병원에서 받았지만, 급성신우염 통증이 너무 심해 답장을 하지 못한 채 1월 26일 56세를 일기로 세상을 떠났다.

1월 29일, 파리 전시회는 앙드레 말로의 방문을 끝으로 폐막되었다. 최순우는 파리 전시 보고서에 이렇게 썼다.

날마다 너무 많은 사람이 몰려들어 조용히 감상할 수 없을 정도였다. 화가는 화가대로, 시인은 시인대로, 평론가는 평론가대로 감상에 열중하는 광경은 큰 감명이었고, 각 신문과 TV·라디오 취재는 다른 나라에 비해서 절도있고 세련되었다. 전시가 끝날 무렵 파리와 유럽 여러 나라 출판사에서 한국 미술 서적 원색 출판을 교섭하기 시작했다. 미술도시 파리에 뿌려진 한국 미술의 대견한 씨가 싹이 터서 좋은 열매를 맺을 수 있도록 정부 차원의 지원이 필요하다. 1962년 1월 29일 전시 마지막 날에는 프랑스 문화부장관 앙드레 말로가 전시가 끝난 후에 와서 두 시간을 감상했고, 금동반가사유상에 대해 "세계에서 가장 아름다운 불상"이라는 말을 남겼다.

프랑스 바스노르망디주 망슈현에 있는 8~15세기 유적지 몽생미셸성을 배경으로,
왼쪽부터 한병삼, 최순우, 변종하. 변종하미술관 사진 제공.

최순우는 프랑스를 떠나기 전 변종하와 노르망디 일대로 여행을 떠났다.
옛성과 선사유적지를 살펴보면서 전형필에게 선물할 돌을 채집하기 위해
서였다.

2월 8일, 포장한 유물을 기차에 싣고 파리 북부역을 출발한 최순우는 다
음 날 아침 독일 프랑크푸르트역에 도착했다. 유럽 순회 네 번째 전시는 마
인강변에 자리잡은 프랑크푸르트미술관에서 2월 27일 개막되었다. 독일
각 도시에서 많은 학생이 단체로 관람 오는 등 전시는 기대 이상으로 성황
을 이뤘다.

3월 12일, 최순우는 대사관을 통해 황수영이 보내온 편지를 받았다. 그
러나 계속된 인터뷰 때문에 숙소에 돌아와서야 편지봉투를 뜯었다. 최순우

는 곧 망치로 뒤통수를 맞은 듯한 충격에 머리를 감싸고 눈물을 흘렸다. 전형필의 부고였던 것이다.

한국전쟁 때는 생사의 고비를 함께 넘겼고, 전쟁 후 서울로 돌아와서는 하루가 멀다 하고 만나온 그였다. 고유섭에 이어 두 번째로 만난 스승이었다. 그를 통해 얼마나 많은 것을 배웠던가. 최순우는 가슴을 쥐어뜯으며 울고 또 울었다. 얼마나 시간이 지났을까. 최순우는 전형필이 준 시계를 책상에 올려놓고 절을 하고는 마음을 가다듬어 그의 영전에 드리는 글을 쓰기 시작했다.

'서울은 그동안 제법 따뜻하더니 작일부터 영하 4~5도로 기온이 하강하여 혜곡이 재작년에 심어놓은 벽오동(그동안 길길이 자랐습니다)도 얼지 말라고 짚으로 싸주었습니다.'

이것은 선생께서 지난 12월 저의 파리 거처로 보내주신 마지막 글월의 구절입니다. 이현서옥을 찾을 때면 그 동창 문틀 위에 걸려 있는 완당 선생의 '벽오동관'이라는 아담한 소액小額을 늘 버릇처럼 쳐다보곤 하면서 저 창가에 정말 벽오동 한 그루가 있었다면 하고 생각하였던 것이, 어느 해 이른 봄날 정말 굵직한 벽오동 몇 그루가 입수되어서 그중 두어 그루를 그 뜰에 심어드린 것입니다.

어쩌다가 선생께서는 이 오동나무 이야기를…… 이제는 마지막이 된 글월 속에 남겨주신 것입니까? 지금 허전한 뜰에서 감싸주신 짚너울이 누구의 손으로 벗겨지기만 기다릴 이 오동나무 이야기가 이제 생각하면 그때 이미 저에게 주신 무슨 신비로운 계시였던 것만 같아서 저는 이제 눈물을 삼킵니다.

생각하면 지난 1월 하순. 그리운 서울의 하늘 밑에서는 선생님께서 유명幽明

의 가름길을 헤매고 계실 때 저는 그것도 모르고 카르나크의 선사유적지에서 선생께 보여드릴 잘생긴 괴석들을 주우면서 마음이 즐거웠습니다. 실상 저는 선생께 드릴 다른 아무것도 가진 것이 없습니다. 가사 서리 찬 한밤내 밤새워 새기셨다는 저의 아인雅印(도장)들 그 어느 것 하나에 담아주신 정애情愛에만이라도, 더구나 벽오동을 감싸주시듯 항상 감싸주시던 따뜻한 훈기에도 보람을 드릴 만한 일을 저는 지닌 것이 아무것도 없습니다. (……)

저에게는 정말 돌 따위밖에는 이제도 선생께 보여드릴 아무것도 지닌 것이 없는 줄 스스로 압니다. 말하자면 주체스럽기만 한 돌들을 스코틀랜드의 북쪽 끝에서도 서쪽 프랑스의 언덕길에서도 즐겨 주우면서 그때마다 오고가는 선생께의 대화가 있어서 제 딴에는 늘 마음이 흥겨웠습니다.

그땐 이미 선생님께서는 이 세상에 안 계신 것을 미처 모르고 이 무거운 돌들을 안고 파리로 돌아온 것입니다. 말이 없는 이 차디찬 돌들을 가슴에 안고 저는 이제 어느 자리로 나가 앉을까요. 누구와 이 쌓이고 쌓인 긴 이야기들을 나누어야 할까요. 생전에 무엇으로나 드릴 것이 없었던 저는 이제 이 묵묵하고 잘생긴 돌들이나 안고 마음껏 울어드릴밖에는 다른 것으로 이 슬픔을 풀어드릴 길조차 오늘도 저에겐 아무것도 지닌 것이 없습니다.

1962. 3. 13. 미명에 프랑크푸르트시에서 배림

최순우는 비통함 속에서도 국보 전시에 최선을 다했다. 독일에서의 국보 전시회는 4월 15일에 끝났다. 최순우는 한국 국립박물관과의 지속적인 교류를 희망해온 독일 미술사학자들의 진지한 태도에서, 이제 유럽에서도 우리 고미술과 문화에 대한 이해가 시작되고 있음을 느낄 수 있었다. 그래서 그는 정부에서 이런 학자들의 관심에 대해 장기적인 안목을 갖고 정책적으로 지원하는 것이 좋겠다는 의견을 독일 전시 보고서에 기록했다.

유럽 순회 전시회의 마지막 나라는 오스트리아였다. 원래는 이탈리아로 계획했다가 수송 문제 등으로 독일에서 가까운 오스트리아로 변경되었고, 5월 18일부터 6월 30일까지 44일 동안 진행되었다.

오스트리아 역시 다른 나라와 마찬가지로 언론에서 전시를 크게 다뤄주었다. 빈대학의 스라빅 교수는 언론과의 인터뷰에서 "한국 국보전은 지금까지 빈에서 열린 전시 중 최고의 문화재가 출품된 전시"라고 평가했다. 국립민속박물관의 야나타 박사는 "한국의 고미술은 찬란하기보다는 겸허의 미이며, 다채롭기보다는 간소미(간결소박)가 그 특색이다. 적막미라고나 할까, 형언하기 어려운 야릇한 매력이 한국 미술 위에 흐르고 있다. 기교를 넘어선 소박의 아름다움, 때로는 적조하고 황량한 느낌을 주기도 한다. 이렇게 소탈한 멋이 곁들여지는 것은 현대미의 감각과도 거리가 멀지 않다"며 한국 고미술의 특징을 요약했다.

1962년 7월 9일, 빈을 출발한 전시유물은 독일을 거쳐 네덜란드 암스테르담의 항구까지 기차로 수송된 후, 영국에서 해군 함정으로 옮겨져 홍콩에 도착했다. 그곳에서 미국 해군 함정 카카폰호에 옮겨싣고 진해항에 도착했을 때는 10월 20일이었고, 다음 날 서울 국립박물관 수장고로 옮겨졌다. 1960년 11월 15일에 출발했으니, 23개월간의 여정이었다.

최순우는 유럽 순회 전시를 총정리하는《문화재 구라파 전시 보고서》에 이렇게 기록했다.

지난 2년 동안 막대한 국비를 들였고 많은 인원을 동원해서 실시한 한국 고미술품 유럽 전시의 성과는 숫자로 계산할 수 없는 유형무형의 많은 국가이익을 초래했다고 믿는다.

그러나 이런 문화선전 사업은 한 차례 순회로써 그 임무를 다한 것이라고 생각할 수 없다. 종류를 바꾸고 시기를 갈아가면서 파상적으로 진출해서 그들에게 남겨준 좋은 기억이 사라지지 않도록 물을 뿌리고 거름을 주어야 한다.

이런 종류의 문화선전에서 승리한 예가 바로 일본이다. 일본은 이미 대규모 국보 전시회를 유럽에서 두 번 가졌으며, 고미술·현대미술의 소규모 전

유럽 순회 전시를
마치고 작성된《문화재
구라파 전시 보고서》.

람회, 중규모의 고미술 전람회는 봄가을 유럽과 미국의 각 도시에서 거의 끊이는 날이 없다. 오늘날 일본 사람들에 대한 서구인들의 좋은 처우는 실로 이런 문화역량에 대한 무언의 평가인 것이다. 우리는 전시기간 동안 유럽의 많은 인사로부터 문화외교 권유를 받았다. 이번 전시는 우리의 문화가 문화외교를 할 만큼 충분한 것을 보고 느끼기에 충분했다.

서울에 도착한 최순우는 딸 수정을 반갑게 안아본 후 곧바로 전형필의 묘소로 갔다. 프랑스에서 수집한 갖가지 모양의 돌을 올리고 절을 한 후 술을 따랐다. 그리고 저녁 어스름이 되도록 전형필의 둘째아들 영우와 술을 마시며 보화각의 앞날에 대해 이야기했다. 첫째인 성우가 미국에서 아직 돌아오지 못한 상황이라 둘째가 관리를 맡고 있었다. 최순우는 첫째와 둘째 모두 보화각을 박물관으로 만들어 전형필의 뜻을 잇겠다는 의지가 확고함을 확인했고, 그 일에 자신도 힘을 보태기로 한 후 묘소에서 일어났다.

제집에서
홀대받는
문화재

—

26

유럽에서 돌아온 최순우는 기자간담회에서 "한국 문화가 고유한 바탕 위에서 화사하게 가꾸어졌다는 사실을 유럽 사람들에게 일깨워주고 왔다"고 자랑스럽게 말했다. "우리 문화가 일본 문화의 어머니 역할을 했다는 사실을 깨닫게 한 것도 큰 성과"라면서 한국 문화에 대한 자부심을 가질 때가 되었음을 역설했다. 그리고 순회 전시를 결산하는 글을 신문과 잡지에 발표했다.

이때부터 최순우는 한국미에 대한 자긍심이 듬뿍 담긴 글들을 발표하기 시작했다. 세계 어디에서도 통한다는 걸 체험한 데서 오는 자신감이었고, 그걸 국민들에게 알려야겠다는 사명감에 마음이 바빴다.

최순우가 없는 사이 국립박물관에는 약간의 변화가 있었다. 무엇보다도 부산에 남아 있던 유물이 1961년 모두 덕수궁으로 올라왔다. 먼저 귀국했던 김재원 관장은 '혁명정부'에서도 신임을 받아 계속 관장직을 수행했다. 수석학예관 김원룡은 서울대학교에 고고인류학과가 창설되면서 주임교수로 갔고, 그 자리에는 1954년 박물관에 들어온 윤무병 학예관이 승진되었다.

최순우는 자신 앞에 놓인 학력의 벽을 다시 한 번 실감했다. 그는 퇴근 후 간송과 가던 드럼통집에 가서 혼자 술을 마셨다. 언제쯤인지 간송이 앞에 앉아 빙그레 웃고 있었다.

"혜곡, 괜찮아. 지금까지 최선을 다했잖아. 그럼 된 거야. 뭘 그렇게 안달복달해?"

"선생님, 제 능력이 수석학예관 자리에 못 미치는 건가요?"

"아니지, 능력이야 차고 넘치지……."

"그럼 왜 제가 아니라 다른 사람이죠? 왜 제가 후임자를 상관으로 모셔야 하죠?"

"혜곡, 그 자리가 뭐 그리 대단하다고 그래? 그런 자리에 가면 오히려 일이 많아져서 공부를 못해. 그러니까 김 관장이 혜곡은 더 공부하라고 그냥 미술과장 자리에 놔뒀다고 좋게 생각해. 지금 혜곡에게 중요한 건 답사와 글쓰기야. 지난 2년 동안 밖에 나가 돌아다니느라 아무것도 못했잖아. 지난번에 청자벼루를 발견한 부안에 가서 가마터도 찾고 글도 써야 하는데, 높은 자리에 있으면 그런 일을 못해. 그러니까 지금은 더 다니고 더 쓰게. 그러다 보면 나중에 수석학예관이 아니라 더 크게 될 테니까, 하하하……."

전형필의 웃음소리에 최순우는 정신이 번쩍 들었다. '선생님!' 하면서 술잔을 건네려는데 전형필은 어느새 사라지고 없었다.

최순우는 밖으로 나와 심호흡을 하며 컴컴한 하늘을 올려다보았다. 전형필의 웃음소리가 계속 귓전을 울렸다. 텅 빈 하늘에 대고 "선생님, 고맙습니다, 보고 싶습니다" 소리를 질렀다. 지나가던 사람들이 힐끔거렸지만, 그는 그 자리에 서서 오랫동안 전형필을 바라보았다.

다음 날 아침, 책상에 앉은 최순우는 앞으로 전시와 답사를 어떻게 할지 생각했다. 당시 미술과 소속 임천은 남대문 해체·보수공사 현장에 나가 있어서 함께 일을 진행할 인력이 없었다. 그래서 답답해하고 있는데, 신입관원 정양모가 발령을 받지 못한 채 고고과 책상에 앉아 있는 게 보였다. 일본에서 발굴을 전공하고 박물관에 들어왔던 김정기 학예관이 군사정변 후 군 미필자를 공무원에 임명할 수 없다는 규정이 생겨서 자리를 떠나게 된 적이 있었다. 그때 공석을 채우고자 학예관 모집을 했는데 정양모가 응모해 합격했다. 그런데 국내 유일의 발굴기술자였던 김정기가 다시 복직되어 학예관 정원이 차면서 정양모에게 발령을 낼 수 없게 된 것이다. 그런 난처한 상황 속에서 김재원 관장은 정양모를 욕심내 잡아두고 있었다.

최순우가 알아보니 한국전쟁 때 납북된 위당 정인보 선생의 막내아들이었다. 정인보는 일제강점기에 연희전문에서 국사학과 국학을 가르치며 민족정기를 고취시킨 애국자였다. 최순우는 그런 분의 자제라면 사명감을 갖고 일할 재목이라고 판단해 김재원 관장을 찾아갔다.

"어, 미스터 최, 무슨 일로?"

"다름이 아니라, 임천 선생이 남대문에 나가 계셔서 미술과에 일할 사람이 없습니다. 그래서 지금 고고과 책상에 앉아 있는 미스터 정을 미술과로 데려오고 싶습니다. 고고과에는 인원이 좀 있는 것 같으니……."

"그런데…… 지금 그 미스터 정을 발령낼 수 없는 형편인 건 알지요?"

"예, 얘기 들었습니다. 제가 미스터 정을 설득해보겠습니다."

"그 친구 부친이 위당 선생인 줄도 알지요?"

"예, 그래서 사명감이 누구보다 뚜렷할 것 같아 한번 설득해보려 합니다."

"그래요? 그럼 직급이 없어도 괜찮다고 하면 같이 일해보세요."

직급이 없다는 것은 월급이 없다는 뜻이었다. 누군가가 그만두거나 문교부에서 증원 승인을 해주기 전에는 발령낼 수도 없었다. 그래도 최순우는 고고과에 가서 정양모를 불러 미술과로 데리고 왔다.

"미스터 정, 나 미술과장 최순우야."

"예, 말씀 많이 들었습니다. 정양모입니다."

"미스터 정 이력은 봤는데, 이야기를 들어 알겠지만 지금 준학예관 정원이 없어. 그리고 언제 발령낼 수 있을지도 몰라. 그렇지만 박물관은 나라를 위해 중요한 일을 하는 곳이니 만큼, 사명감이 있는 사람이어야 해. 미스터 정처럼 민족의식이 뚜렷한 가정에서 교육받은 사람이 꼭 필요해. 그래서 하는 얘긴데, 당분간 무보수 촉탁으로 있으면서 나와 함께 일해보면 어떨까?"

스물여덟 살의 혈기왕성한 청년 정양모는 나라를 위한 일, 사명감이라는 말에 주먹을 불끈 쥐었다. 납북되어 너무나 원통하게 세상을 떠난 아버지에 대한 그리움이 밀려왔던 것이다. 정양모는 최순우를 바라보았다. 아버지가 누구인지 알고 자기를 불러준 사람이라면 무보수 촉탁을 감수하고라도 일을 배워보고 싶다는 생각이 들었다.

"예, 과장님. 가르쳐주시는 대로 열심히 배워보겠습니다."

11월 17일, 국립박물관은 덕수궁 석조전에서 '구라파 전시 고미술 귀국전'을 개막했다. 다음 달 16일까지 한 달 동안 유럽 순회전에 출품되었던 국보급 문화재를 국민들에게 보여주는 전시회였다. 최순우는 정양모와 함께 밤이 늦도록 유물을 진열했다. 정양모는 이때 최순우로부터 유물에 대한 깊은 이해와 사랑이 없으면 관람객이 편안하게 느끼는 진열을 할 수 없다는 사실을 배웠다.

그러나 전시를 보러 오는 관람객은 너무나 적었다. 어떤 날은 불과 몇 명뿐이었다. 신문이나 TV 어느 매체에서도 전시회를 보도해주지 않으니, 일반인들은 전시회가 열린다는 사실조차 알 길이 없었다. 최순우는 신문사와 TV방송국에 전화를 하기 시작했다.

"유럽 여러 나라에서 그처럼 환영을 받은 전시회가 정작 제집에 와서는 찾는 이가 없습니다. 띄엄띄엄 하루에 몇 명만 옵니다. 자랑스러운 우리의 문화유산이 빈방에서 눈물을 흘립니다. 보도 좀 해주세요. 카메라가 도로 공사 현장에 나가서 취재를 올 수 없다고요? 건설상을 보여주는 것도 좋습니다. 그러나 우리의 자랑스러운 문화유산을 국민들에게 알려주는 것도 건설적인 일 아닙니까?"

최순우의 하소연에도 불구하고 취재를 나온 신문사는 단 한 곳뿐이었다. 11월 29일 '반겨주는 이 없는 금의환향, 구경꾼이 없어 찬바람 도는 고미술 귀국전'이라는 제목의 기사가 실렸다. 유럽에서 우리 국보를 대서특필했던 50개 신문의 기사도 함께 전시하고 있다는 내용과, "우리나라 보도진에서도 좀 더 우리것에 눈을 돌릴 줄 알아야겠다. 이는 나만의 생각은 아닐 게다"라는 최순우의 인터뷰도 함께 실었지만, 더 이상의 후속 보도는 없었다. 전시장은 계속 한산했다.

11월 22일, 문교부 문화재위원회와 전형필 유족은 최순우·황수영·김원룡·진홍섭 네 사람을 '고 전형필 소장목록' 작성위원으로 위촉했다. "간송이 재산을 털어 수십 년 동안 수집한 미술문화재들 중에는 워낙 귀중한 것이 많고, 또 국내의 모든 미술문화재 가운데서도 두드러진 비중을 차지하고 있기 때문"이라는 설명도 덧붙였다. 이때부터 최순우는 박물관 일이 끝나면 보화각으로 가서 전형필의 둘째아들 영우와 함께 정리작업을 했고, 나머지 세 사람도 시간이 되는 대로 들러 거들었다.

국보
시대

발굴하고, 지키고, 알리고!

"이 사금파리가 그렇게 중요한 겁니까?"

—

27

1963년 2월 3일 일요일, 국립박물관의 무보수 촉탁직원 정양모는 친구들과 도봉산으로 등산을 갔다가 도자기파편이 무더기로 널려 있는 가마터를 발견했다. 당시 정양모는 도자기에 대해 전혀 몰랐지만, 박물관에 도움이 될지 모른다는 생각에 지고 있던 배낭에 그 파편을 잔뜩 담아 가지고 왔다. 다음 날 아침 그는 50킬로그램에 가까운 배낭을 메고 박물관으로 출근해서는 미술과장실 문을 두드렸다.

"과장님, 제가 어제 친구들과 도봉산에 갔다가 도자기파편이 잔뜩 있는 곳을 발견해서 여기에 담아왔습니다."

최순우는 이 추운 날 땀을 흘리며 들어오자마자 보고하는 정양모를 흐뭇한 눈길로 바라보며 말했다.

"미스터 정, 수고했어. 도봉산 근처에 가마터가 있다는 소리는 못 들어봤는데, 어디 한번 볼까?"

248

배낭을 열던 최순우가 깜짝 놀랐다.

"어? 이거 조선시대 초기 건데. 야, 이거 창고에 가서 펼쳐놓고 보자고."

최순우가 싱글벙글하자 정양모도 덩달아 신이 나서 배낭을 다시 메고 뒤를 따라나섰다. 두 사람은 지하 창고에 가서 도자기파편들을 조심스럽게 꺼내 펼쳐놓았다. 최순우는 연신 "야, 야!" 하면서 고개를 끄덕였다.

"미스터 정, 이게 바로 조선 초기 백자와 흑유자 파편이야. 이거 정말 대단한 발견인데, 야……."

최순우는 감탄사를 연발했다. 그러나 정양모는 조선 초기 도자기파편이 왜 중요한지 아직 모른 채 계속해서 꺼내 펼쳤다.

"미스터 정, 이거 도봉산 어디서 발견했다고?"

"예, 오봉 밑에서요. 그런데 과장님, 이 도자기파편들이 그렇게 대단한 겁니까?"

"어, 이 파편들은 고려 말기부터 조선 초기에 생산된 건데, 이렇게 흑유黑釉·흑갈유黑褐釉·이유飴釉·청화백자·분청·청자 등이 섞여나왔기 때문에, 당시에 도자기 제작이 어떻게 변화하고 발전했는지 연구할 수 있는 단초를 제공하는 거야. 이제까지 이렇게 섞여서 발견되었다는 기록은 없거든. 그래서 대단한 건데, 그걸 미스터 정이 발견했으니 더 대단한 거지. 수고했어, 미스터 정. 하하하!"

정양모는 그 파편들에 도자기의 역사가 담겨 있다는 사실이 실감나게 다가왔다. 전시뿐 아니라 이런 발굴작업과 후속연구가 바로 박물관에서 하는 일 아니던가. 그러나 무엇보다 파편의 종류와 시대를 줄줄 꿰고 있는 최순우가 다시 보였다.

"미스터 정, 이거 나도 가서 직접 확인해봐야 할 것 같으니까, 내일 나하고 여기 한번 다녀오자고."

"예, 과장님."

정양모는 자신이 뭔가 중요한 발견을 했다는 사실에 신이 나서 큰 소리로 대답했다.

다음 날 아침 최순우는 1,000평 가까운 산자락에 널려 있는 수많은 파편을 보고 입이 다물어지지 않았다. 파편의 질로 봐서 관요는 아니고 민요였을 것 같은데, 이렇게 넓은 곳에 무더기로 널려 있다는 건 가마의 규모가 매우 컸다는 뜻이었다. 이 정도 규모면 조선시대 한양의 상류층에 자기를 공급하던 가장 큰 민요라고 추정해도 무리가 없을 듯했다.

그날 최순우와 정양모는 약 300점의 파편을 채집해서 박물관으로 갖고 왔다. 최순우는 정양모에게 파편을 깨끗이 닦아 바닥에 펼쳐 말리라고 지시했다. 정양모가 이틀 동안 작업을 끝내자 최순우는 각 신문사 문화부에 전화를 해서, 조선시대 초기 도자기 역사를 밝힐 수 있는 민간도요지와 파편들을 발견해서 공개하니 월요일에 와서 취재해달라고 요청했다.

2월 11일 월요일, 〈동아일보〉 남시욱 기자가 가장 먼저 왔다가 시큰둥한 표정으로 물었다.

"아니, 이 사금파리조각들이 그렇게 중요한 겁니까?"

최순우가 껄껄 웃으며 대답했다.

"중요하고말고. 조선 초기 건데 백자와 흑유자가 같이 나왔거든. 그동안 박물관에서도 몰랐던 건데, 이 대단한 걸 발견한 게 바로 여기 있는 미스터 정이야. 그러니까 나한테 묻지 말고 저 사람을 취재하라고, 하하!"

정양모는 당혹스러웠다. 당연히 최순우가 나설 줄 알았는데, 슬그머니 뒤로 빠지고 자기를 앞으로 내세우다니! 그러나 그런 생각도 잠시, 남시욱

당시 국립박물관 무보수 촉탁직원 정양모가 도봉산에 등산 갔다가 발견한
가마터의 역사적인 의미를 크게 다룬 〈동아일보〉 사회면 톱기사. 1963년 2월 12일.

기자가 발굴경위를 비롯해 이것저것 묻기 시작했다. 같이 온 사진기자는
도자기파편들을 찍은 후 정양모도 몇 장 찍었다. 그러고는 도요지를 찍으
러 가야 한다며 뛰어나갔다. 그리고 곧이어 〈경향신문〉에서 이구열 기자가
달려왔다.

2월 12일 오후, 당시 석간이던 〈동아일보〉에 정양모의 사진과 도요지 전
경 그리고 도자기파편 사진이 실린 기사가 사회면 톱기사로 났다. 〈경향신
문〉에도 크게 보도되었다. 정양모는 자신의 얼굴과 이름이 크게 난 신문을
계속 들여다보면서 최순우의 그릇이 보통이 아니라는 생각을 했다. 물론
발견은 자신이 했지만, 파편의 가치를 알아보고 그 역사적 의미를 부여한
것은 최순우였으니, 그가 나서서 인터뷰를 해도 뭐라고 할 사람이 없었다.

해규 최순우, 한국미의 순례자

그런데도 아직 정식 발령조차 받지 못해 '미술과 조사연구원'이라는 직책으로 소개될 수밖에 없는 자신을 이렇게 부각시켜주었다. 최순우는 정양모의 발령을 위해 최선의 노력을 다해준 것이었다. 이 일을 계기로 정양모는 도자기에 더 깊은 관심을 갖게 되었다.

3월 7일, 정양모는 준학예관 발령을 받았고, 그때부터 매주 일요일 혼자서 가마터를 찾아 서울 주변을 돌아다녔다. 그 결과 송추·오얏골·수유리 고개 등에서 수십 개의 민간 가마터를 찾아냈고, 몇 년 후 최순우와 함께 답사를 떠나 청자기와 가마터를 발견하는 성과를 올렸다.

최순우는 〈동아일보〉에 정기적으로 글을 쓰기 시작했고, 〈경향신문〉을 비롯한 다른 신문에도 간간히 글을 발표했다. 주로 옛그림과 우리 전통문화의 가치를 소개하는 글이었다. 그뿐 아니라《고고미술》과《미술자료》등 학술지 기고도 빼먹지 않았다. 이런 활발한 집필활동으로 그는 1963년에만 50편의 글을 발표했다. 답사도 매우 활발하게 다녀서, 주변 사람들이 건강을 걱정할 정도였다.

4월 6일, 국립박물관은 같은 달 30일까지 '조선백자 특별 전시회'를 개최했다. 연초에 조선시대 가마터가 발굴된 것을 기념하는 전시회였는데, 당시 박물관에는 또 다른 조선시대 도자기인 분청사기는 보유량이 많지 않아서 백자만으로 전시회를 꾸민 것이다. 출품작은 모두 100점이었는데, 미국과 유럽 순회 전시 때 출품된 달항아리를 비롯해 이홍근이 소장한 연산군 따님이 쓰던 항아리, 화가 김환기와 도상봉 그리고 조선백자 수집가로 유명한 수정 박병래 등 개인 수장가들의 소장품 80점과 국립박물관 소장품 20점을 전시했다. 최순우는 〈동아일보〉와의 인터뷰에서 "현재 한국에 흩어져 있는 백자를 다 모은다고 해도 일본에 가 있는 백자의 수보다 적고 수준

1963년 4월 국립박물관에서 열린 '조선백자 특별 전시회'에서
한 할머니가 백자달항아리를 유심히 살펴보고 있다. 조선일보DB.

도 떨어진다. 그런데 더 안타깝게도 지금 이 순간에도 우리의 백자가 해외
에 팔려나가고 있기 때문에, 소홀했던 관심을 다시 모으자는 의미에서 전
시를 준비했다"고 밝혔다.

그즈음 미국인 두 명이 인사동을 다니며 조선시대 백자 58점을 비롯해
골동품 156점을 구입했다. 그들은 이 골동품들을 미국으로 보내기 위해 미
국 단체인 '한미경제연구소'의 주선으로 성하산업이라는 공예품 수출 회사
를 소개받아 발송을 부탁했다. 성하산업 대표가 구입가를 묻자 그들은
2,000달러라고 대답했다.

5월 1일, 성하산업으로부터 수출 허가 신청을 받은 문교부에서는 늘 하
던 대로 도장을 찍으려다 156점에 2,000달러라는 부분이 미심쩍어 국립박

물관에 감정을 요청했다.

5월 3일, 인천세관에 도착한 최순우와 정양모는 100개가 넘는 나무상자를 하나씩 열기 시작했다. 놀랍게도 상자에는 조선백자와 반닫이 등 조선시대 목가구가 담겨 있었다. 막 백자 전시회를 마무리하고 온 최순우로서는 눈이 뒤집히는 일이었다. 그래도 벌렁거리는 가슴을 진정시키면서 한 점 한 점 조심스럽게 살핀 후 세관원을 불렀다.

"문교부의 의뢰를 받고 감정했는데, 이 품목들은 거의 모두 문화재입니다. 국립박물관 입장에서는 수출을 허가할 수 없습니다."

"허, 이거 큰일이네. 아니, 이 항아리와 반닫이 같은 것들이 그렇게 중요합니까?"

"예, 수출해서는 안 될 문화재입니다."

"솔직히 이게 한미경제연구소장이 특별히 부탁한 거라서…… 이러면 저희 입장이 곤란해지는데, 웬만하면 달러 획득 차원에서 허가해주시죠."

"세계 어디에도 자기 민족의 문화재를 수출하는 나라는 없습니다. 더욱이 한두 점도 아니고 이렇게 대량으로 나가는 건 결코 용납할 수 없습니다."

최순우는 단호한 목소리로 대답한 후 정양모와 함께 돌아왔다.

5월 4일, 성하산업 대표가 박물관으로 찾아와서는 고위층의 이름을 들먹이며 협조를 요청했지만 최순우는 점잖게 거절해 돌려보냈다.

이틀 후 문교부와 상공부에서 연락이 오기 시작했다. 최순우뿐 아니라 김재원 관장에게도 압력이 내려왔다. 경제가 최우선인 상황에서 부족한 달러를 버는 일을 방해하면 어떻게 하느냐는 전화가 하루에도 몇 통씩 걸려왔다. 박물관 예산에 대한 협박까지 내비쳤다. 결국 최순우는 도저히 허락할 수 없는 16점을 제외한 나머지 140점에 대해 수출을 허가한다는 서류에

도장을 찍을 수밖에 없었다. 그러나 오래전 김포공항을 통해 밀반출될 뻔했던 백제시대 불상을 떠올리며, 이런 일이 자꾸 반복되어서는 안 된다는 생각에 〈동아일보〉 기자에게 전화를 했다.

5월 11일, 〈동아일보〉 사회면에 '달러에 팔려가는 문화재 140점, 창피한 수출에 긴급 이의 – 박물관서 부당 지적'이라는 기사가 톱으로 실렸

商 魂

문화재의 무분별한 해외 유출을 풍자한
〈동아일보〉 만평, 1963년 5월 13일.

다. 최순우는 왜 140점에 대해 허가를 해줬느냐는 기자의 질문에 "우리로서는 전부 불허하고 싶었지만 고위층으로부터 말도 많아 울며 겨자 먹기로 한 것이다"라고 대답했는데, 이 말이 그대로 보도되었다. 하지만 문교부 당국자, 상공부 수출과장 모두 자기 부서에서는 부당하게 압력을 넣은 적이 없다고 발뺌했다.

5월 13일에는 남대문을 크레인으로 들어올려 수출선에 싣는 만평이 실렸다. 여론이 들끓기 시작했다. 국립박물관에서는 "앞으로는 그 어떤 경우에도 문화재는 무역 대상에서 제외시켜달라"는 건의서를 문교부에 제출하고, 언론에도 발표했다.

5월 15일 아침, 검은색 지프차가 국립박물관 앞에 멈춰섰다. 잠시 후 최순우가 두 사람과 함께 그 차에 올랐다. 차가 덕수궁을 빠져나가자 그들은 최순우의 눈을 가렸고, 차가 멈춘 후 어느 방으로 끌고가 의자에 앉힌 후에야 가리개를 풀어줬다. 최순우는 자신이 끌려온 곳이 말로만 듣던 남산 중

앙정보부라는 걸 눈치챘지만, 정확한 위치는 알 수 없었다. 김재원 관장은 최순우가 중앙정보부에 끌려간 걸 알고 여기저기 전화를 했다. 모두들 중앙정보부에 끌려갔으면 풀려나올 때까지 기다리는 길 외에는 다른 방법이 없다고 했다.

"같이 나랏일을 하는 공무원이라 최대의 예의를 갖추는 줄 아쇼."

"……."

"당신이 지금 무슨 짓을 한 건지 알고 있소?"

"?"

"어제부터 북한 방송에서, 남조선에서는 달러 때문에 국보를 팔아먹는다고 떠들어대기 시작했는데, 당신 어떻게 책임질 거야?"

"문화재 수출은 민족문화에 대한 모독……."

최순우는 더 말할 수가 없었다. 취조관의 인상이 험악해지더니 주먹으로 책상을 내리쳤기 때문이다.

"내일이 혁명기념일인데, 이게 무슨 개망신이냐고. 엉?"

취조관은 분을 못 참겠다는 듯 계속 주먹으로 책상을 치며 호통을 쳤다.

"당신이 한 짓은 이적행위야, 이적행위!"

최순우는 이적행위라는 소리에 어이가 없었다.

"그 말은 좀 지나치십니다. 나랏일 열심히 한다고 훈장도 받았습니다."

훈장이라는 소리에 취조관은 잠시 멈칫하더니 옆에 있던 다른 취조관에게 진짜 훈장을 받았는지 확인해보라고 했다. 잠시 후 메모를 전해받은 취조관은 책상서랍에서 종이 한 장과 인주를 꺼내 최순우 앞에 놓았다.

"다음에는 수출하는 일에는 무조건 도장을 찍어주쇼. 지금은 그게 나라를 위하는 일이오. 아무튼 나라를 위해 열심히 일한 사람이라 그냥 보내주는 거니까, 여기 지장 찍으쇼. 당신은 여기 온 일이 없고, 여기서 있었던 일은 무덤까지 갖고 가야 하니, 그렇게 아시오. 만약 밖에 나가 발설하면 그땐 이렇게 못 나갈 줄 아쇼."

최순우는 오른쪽 엄지손가락을 인주에 찍어 종이 위에 눌렀다. 그들은 최순우의 눈을 가린 채 데리고 나와 다시 검은색 지프차에 태웠다. 얼마 후 눈가리개를 풀고 차에서 내려줬는데, 남대문 근처였다. 최순우는 허탈한 마음으로 남산 쪽을 한참 동안 바라보았다.

다음 날 최순우는 출근하자마자 문교부장관실로 불려갔다. 같이 감정했던 정양모는 문교부 총무과장실로 불려갔다. 장관은 최순우가 들어가자마자, 문교부에서 수출 승인을 위해 압력을 가한 적이 없는데, 왜 사실과 다른 얘기를 했느냐며 버럭 소리를 질렀다. 그런 엉뚱한 소리를 해서 나라를 시끄럽게 했으니 인사조치를 취하겠다고도 했다. 최순우는 그의 버럭 소리를 들으면서 몇 번이나 자리를 박차고 나오고 싶었다. 그러나 아직은 박물관에 남아서 할 일이 많다는 생각에 수모를 참으며 앉아 있었다.

이 사건은 문교부에서 수출 허가가 난 140점에 대해서도 허가를 취소한다는 장관의 특별담화문 발표로 마무리되었다. 김재원 관장은 최순우와 정양모의 인사조치 압력을 끝까지 막아내주었다.

5월 20일, 마음이 허탈해진 최순우는 정양모와 함께 충청남북도와 전라남북도를 순회하는 답사를 떠났다. 계룡산 분청사기 가마터를 비롯해 기록에 남아 있는 가마터를 찾는 답사였다. 최순우는 이때 광주 무등산에 있는 가마터의 규모가 분청사기 대표 가마터인 계룡산도요지에 버금간다는 사실을 확인했다.

6월 18일, 국립박물관은 무등산에서 광복 후 첫 번째 도요지 발굴작업을

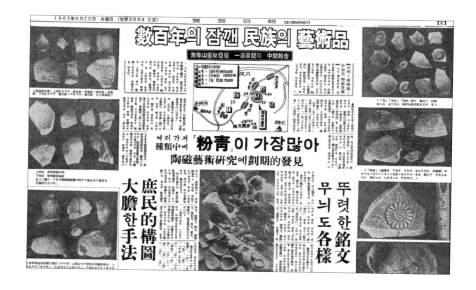

국립박물관의 무등산 금곡요 발굴을 보도한 〈동아일보〉 기사(위),
사진 속 왼쪽부터 최순우, 정양모, 이준구. 1963년 6월 25일자.
아래는 당시 발굴된 분청박지연당초문병, 제기, 항아리.

시작했다. 1929년 총독부박물관의 계룡산도요지 발굴 이후 국립박물관 차원의 발굴은 없었다. 최순우가 무등산을 둘러본 후 가마터로 추정되는 곳을 발견하고 김재원 관장에게 보고해 이루어진 공식 발굴이었다.

23일, 땅을 파내려가던 발굴팀은 가마와 파편퇴적층을 발견했고 50가마니 이상의 파편을 채집했다. 이때 발견된 가마가 바로 '무등산 금곡요'로, 조선시대 여러 종류의 분청사기를 생산했던 곳임이 확인되었다.

당시 이 발굴은 언론에 대대적으로 보도되었고, 최순우는 "이번 발굴에서 우리는 일찍이 볼 수 없었던 분청사기의 여러 문양과 기법을 보았다. 이것은 올바른 조선 도예미의 부흥과 건전한 한국미의 발굴을 위해 좋은 본보기가 될 수 있다. 이번에 발굴한 금곡요의 성격은 분청사기가 본격적으로 궤도에 오른 15~16세기경의 가마로, 다양한 품종을 고루 생산했고, 그중에서도 박지문剝地紋과 조화문彫花紋 계열의 분청사기 수작秀作을 대량으로 생산한 희귀한 조선시대 가마터라는 데 그 특색이 있다"고 밝혔다.

8월 15일, 최순우는 문교부장관 표창장을 받았다. 그러나 불과 석 달 전 장관실에 불려가 인사조치 운운하는 모욕을 당한 경험이 있어 그리 유쾌하지는 않았다.

8월 31일, 국립박물관은 한 달 일정으로 '조선시대 초상화 전시회'를 개최했다. 최순우가 첫 번째로 기획한 고미술 전시회로 김홍도의 서직수상, 윤두서의 심득경상, 채용신의 운낭자상, 이한철의 정몽주상, 허유의 완당 김정희상, 필자 미상의 무학대사상 등 35점의 박물관 소장품과 개인 수장품을 모아 전시했다.

전시회가 시작되자 당시 이화여대 조교수로 있던 이경성이 찾아와 전시회장을 둘러본 후 최순우의 방으로 찾아왔다.

혜곡 최순우, 한국미의 순례자

1963년 최순우가 처음 기획한 고미술 전시회인 '조선시대 초상화 전시회'. 조선일보DB.

"혜곡 형, 전시가 아주 좋아요. 나는 조선시대에 초상화를 이렇게 많이 그린 줄 몰랐어. 그런데 어떤 생각으로 초상화 전시회를 연 거에요?"

이경성은 아래층에서 초상화들을 본 감흥이 아직 생생한 듯 감탄사를 연발하며 최순우를 바라봤다.

"석남(이경성의 아호) 같은 심미안을 가진 사람이 그렇게 말해주니 고마워. 이번에 초상화 전시회를 생각한 건 두 가지 뜻이 있어. 하나는 조선시대 미술에서 초상화가 차지하는 비중이 매우 크다고 판단했기 때문이야. 그리고 또 하나는, 작년 말 귀국 전시회 때 반응도 그렇고 얼마 전 문화재 수출건도 그렇고, 현재 우리 국민들이 우리 문화에 대한 자부심이 너무 부족한 것 같아서야. 먹고사는 게 힘드니까 그렇다고 이해할 수는 있지만, 언론인들과 문화인들까지 우리 문화를 너무 경시하고 외국 문화에 대한 일종의 사대주의에 빠져 있어. 그런데 조선시대 초상화에는 우리 선조들 특히 당시 지식인들의 도량과 슬기와 지조가 배어 있지. 그런 선인들의 모습을 통해 존경과 자부심을 되찾고 민족문화의 소중함을 깨닫는 계기가 되길 바라는 마음으로 준비한 건데, 얼마나 효과가 있을지……"

"혜곡 형이 그렇게 말씀하니 내가 부끄러워지네요. 사실 나는 조선시대 초상화가 이렇게 많고 훌륭한 줄 몰랐는데, 정말 대단해요. 그동안 유럽 인물 초상화를 보며 내심 부러워했는데, 오늘 우리 작품들을 보니까 전혀 부러워할 게 없어요. 사실적으로 표현하는 능력은 오히려 우리가 더 탁월한 것 같아요."

"그래? 좀 더 구체적으로 어떤 면이 탁월한지 궁금한데? 서양 미술작품은 석남이 전문가니까 좀 자세하게 얘기해봐."

"초상화라는 것이 세밀하게 그리는 게 중요한데, 조선시대 화가들이 사용한 붓이 서양 화가들의 붓보다 가늘고, 유화가 아니라 안료를 찍어 그리는 거니까 훨씬 섬세하게 그릴 수 있지. 그래서 그런지 내가 볼 때는 조선시대 화가들의 초상화가 서양에 비해 훨씬 사실적이에요."

이경성의 설명에 최순우가 고개를 끄덕이며 말했다.

"그렇다면 석남이 신문에 서양 미학적 관점에서 본 전시회 감상평을 쓰면 어떨까? 독자들이 재미있게 읽을 것 같은데."

이경성은 9월 11일자 〈경향신문〉에 '조선시대 초상화전 소감'을 발표했다. 최순우도 9월 3~10일 정몽주·이항복·송시열·김이안·김정희·운낭자 27세상 등 6점의 초상화에 대한 해설을 하루에 한 점씩 〈동아일보〉에 발표했다. 최순우의 첫 번째 옛그림 해설 연재였다. 그는 차분하면서도 박식한 해설로 독자들을 우리 문화의 세계로 안내했다.

완당 김정희 초상

이한철, 비단에 채색, 131.5×57.7cm,
조선시대 후기, 보물 제547호, 국립중앙박물관 기탁.

御製
一節棄千餘高年表政重積
祖庭鼻學女林熟來籍
聯陞偕官理創条理
學宗采匯經渝
業于唯秋委
凌洛中相
屋在遺
像肅齊
高松州盈
進書彙宣奠一座
崇禎紀元後再庚戌三月
送製恰萬慎己殿

廣庞之奪進華之慮窓明人静弓氣眷番甫形枯瞿雨學空跡
帝裏甫員聖言面備宜當置之蠡魚之伍
崇禎紀元後辛卯 尤翁自警于華陽書屋

—

우암 송시열 초상
작가미상, 비단에 채색, 89.7×67.6cm, 조선시대 17세기,
국보 제239호, 국립중앙박물관 소장.

지금 남아 있는 조선시대 학자나 정치가들의 초상화들을 바라보고 있으면, 그릇이 큰 사람일수록 익살스럽고 잘생긴 얼굴에, 공통적으로 인간미와 지조의 아름다움 같은 것이 한결같이 감돌고 있음을 느낄 때가 많다. 이러한 한국 사람들의 얼굴은 한국의 미술에 반영되지 않을 수 없고, 더구나 위대한 예술가인 완당 김정희 같은 분의 초상은 글씨나 그림을, 그리고 아름다움을 올바로 꿰뚫어본, 드물게 보이는 눈자위에서 비상한 감동을 느끼는 것이다. (……)

한국의 아름다움, 이것은 이 얼굴들이 낳아왔고 그 눈자위들이 즐겨온 것이다. 이것은 유형무형의 아름다움을 가릴 것이 없다. 석굴암의 장대하고도 존엄한 본존상의 얼굴에서, 때로는 어련무던하고 익살스럽게 생긴 백자항아리의 둥근 모습에서도 우리는 한국 사람의 얼굴을 느끼는 것이다. 한국의 조형미造形美를 사랑하듯이, 나는 한국 선인들의 초상화에 나타난 그 품위있고 담담한 얼굴에서 존경의 마음 같은 것을 느낀다.

초상화 전시회는 성공리에 끝났다. 이후 최순우는 초상화 발굴에 노력을 기울여, 1968년 공재 윤두서의 자화상 등 여러 점의 초상화를 발굴해 1979년에 더 큰 규모의 초상화 전시회를 열었다.

비석조각으로
천년의 역사를
추적하다

—

1964년 1월, 최순우는《고고미술》신년호에 매우 의미있는 글을 발표했다. 선산에서 출토된 통일신라시대의 부처가 새겨진 벽돌 두 점을 소개하면서, 원래는 한 점이 더 출토되었는데 미대사관의 외교관이었던 그레고리 헨더슨이 미국으로 반출했다고 밝힌 것이다.

헨더슨은 1948~1950년 그리고 1958~1963년 두 차례에 걸쳐 우리나라에 근무하면서 고미술품 약 1,000여 점을 수집했다. 전광용의 소설《꺼삐딴 리》에 '브라운 박사'로 등장하는 인물인데, 그의 수집품에는 직접 수집한 유물도 있고, 당시 미국 정부의 환심을 사려는 정재계 인사들이 뇌물로 갖다바친 유물도 많은 것으로 알려졌다.

그런데 그는 1963년 한국을 떠나면서 세관의 검색을 받지 않는 외교행낭으로 수집품을 밀반출했다. 이 사실을 알게 된 최순우는 사회문제로 다시 비화시킬 수는 없었지만, 그렇다고 가만히 있을 수도 없어《고고미술》

그레고리 헨더슨이 소장했던 고려청자주병(왼쪽)과
안평대군 금니법화경. 문화재제자리찾기운동 사진 제공.

을 통해 밝힌 것이다. 그러나 국가적으로 대미의존도가 워낙 높았던 때라
글의 효력은 없었다.

헨더슨은 1963년의 성하산업 사건 이후 강화된 문화재보호법을 그런 방
식으로 교묘히 피해 '안평대군 금니법화경' 등 수많은 국보급 문화재를 반
출한 후 '헨더슨컬렉션'이라고 이름붙였다. 1988년 그가 세상을 떠난 후
그의 부인이 컬렉션을 국내 어느 미술관에 일괄로 처분하려고 했다. 그러
나 반출의 불법성 때문에 불발되자, 150점을 하버드대학교 새클러미술관
에 일부 판매, 일부 양도했다. 나머지는 경매 등을 통해 뿔뿔이 흩어졌다.
문화재는 한번 불법이라는 낙인이 찍히면 이렇게 빛도 못 보고 온전히 평
가도 받지 못한다는 사실을 알려주는 대표적인 사례로 남았다.

1월 8일, 눈이 많이 내렸다. 최순우가 사무실에서 새해계획을 정리하고 있는데 〈동아일보〉 남시욱 기자가 들어왔다.

"최 과장님, 이 비석조각 좀 봐주세요."

"무슨 조각인데 이렇게 숨이 차게 들어와? 줘봐."

최순우는 스무 살 어린 남시욱에게 말을 편하게 하면서 지냈다.

"오늘 아침 어느 독자가 신문사로 갖고 왔는데, 불광동 지나서 진관리 삼천골에서 주운 거랍니다."

비석조각을 살펴보던 최순우는 삼천골이라는 말에 깜짝 놀랐다. 지난해 9월 진홍섭 경주분관장이 고고미술동인회의 정영호와 함께 삼천골에 가서 삼천사터를 찾았지만, 큰 돌거북만 봤을 뿐 절터에 보통 있는 비석은 발견하지 못하고 돌아왔기 때문이다.

"이걸로는 무슨 비석인지 모르겠는데…… 이런 조각이 여러 점 있다고 했어?"

"드문드문 있답니다."

"그래? 그럼 어쩌면 《동국여지승람》에 나오는 고려시대 큰절인 삼천사터를 찾을 수 있을지도 모르겠어. 이거 아주 중요한 비석조각이야."

"그죠? 그럼 지금 가실 수 있죠?"

"이렇게 눈보라가 치는데 지금 다녀오자고?"

"예, 사실 작년 말에 진홍섭 분관장님이 삼천사터를 발굴하러 가셨다가 찾지 못한 이야기를 〈한국일보〉에 쓰셨잖아요. 우리 부장이 또다시 〈한국일보〉에서 먼저 기사를 내보내면 안 된다고, 오늘 당장 모시고 갔다오라셨어요."

"진 분관장이 다녀온 곳이니까 함께 가는 게 좋은데……."

"과장님, 그건 두 분이서 해결하시고요, 저랑 좀 가주세요. 이번에는 과장님이 절 좀 도와주세요."

남시욱은 우리 문화에 관심과 애정이 많은 기자였다. 그가 문화부로 온 후 박물관에 지면을 많이 할애해주었다.

"알았어. 그럼 땅을 좀 파야 할 테니까 한두 명 더 데리고 가야 하는데, 차에 자리가 있어?"

"예, 두 명은 더 탈 수 있어요. 사진기자는 상황 봐서 오라고 연락하면 되니까."

최순우는 정양모와 작년에 새로 들어온 고고부의 김동현을 데리고 진관사津寬寺로 갔다. 남시욱이 갖고 온 지도를 보니, 비석파편이 나온 자리는 진관사에서 북한산 쪽으로 산을 하나 넘어야 하는 삼천골이었는데, 그곳에서도 한참 들어가야 보이는 눈썹바위 아래였다. 최순우 일행은 진관사 부근에 차를 세워두고 눈보라를 헤치며 거의 한 시간 이상을 걸어갔다.

눈썹바위 아래 봉우리에 도착하자 잡초와 관목들 사이에 돌거북의 몸체가 보였다. 거북 머리는 몸에서 2미터 떨어진 곳 땅속에 있었다. 상황으로 봐서 진홍섭 분관장이 왔던 곳이 확실했다. 진 분관장은 "조선시대 때 큰 산사태가 나서 거북이 매몰되면서 머리가 떨어져나갔고, 절의 이름이나 고승의 이름 등을 알 수 있는 비석은 산산조각이 나서 땅속 깊숙이 묻혔거나 아니면 조선시대 유생들에 의해 파괴되었을 것"이라고 추측했었다.

최순우가 거북을 살펴보니, 개성 현화사비의 거북과 거의 같은 형태였다. 가슴이 쿵쿵 뛰기 시작했다. 1937년 도굴범들이 폭탄을 터뜨려 사리구를 훔쳐갔던 개성 부근 현화사 7층석탑 부근에 있던 비석이 떠올랐다. 고유섭의 지시로 그 전해인 1936년 탁본을 떴던 높이 4미터의 비석에는 모두

고려시대 사찰인 개성 현화사의 비석(왼쪽)과 삼천사터에서 발견된 큰 돌거북.

2,400자의 글이 새겨져 있었는데, 현화사 창건에 대한 내용이었다. 비문에 의하면, 현화사는 고려 현종이 아버지 안종과 어머니 헌정황후의 명복을 빌기 위해 1023년에 완공한 사찰인데, 1021년에 세운 비석의 비문 중에 '삼천사 주지이자 왕의 스승王師인 도승통 법경法鏡이 주지로 취임할 예정'이라는 부분이 있었다. 그 사실을 알고 있는 진홍섭도 삼천사비를 찾기 위해 여기까지 왔던 것이었다.

최순우는 돌거북 주변 2미터에 돌맹이를 갖다놓은 후 정양모, 김동현과 함께 갖고 온 삽으로 땅을 파기 시작했다. 그러나 땅은 얼어 있었고 계속 눈이 내려 속도가 나지 않았다. 남시욱과 운전기사도 삽을 들고 함께 땅을 팠다. 몇 시간에 걸쳐 약 50센티미터를 파니 비석파편이 하나둘 나오기 시작했다. 최순우는 손을 들어 작업을 멈춘 후 조심스럽게 파편들을 수습했다.

10여 조각을 수습하자 날이 어두워졌고, 일행은 휘몰아치는 눈보라를 헤치며 비탈길을 내려와 진관리 입구의 초막집에 들어갔다. 남시욱이 주인에게 막걸리와 안주를 부탁했고, 정양모는 우물가에 가서 비석파편을 깨끗이 씻어 최순우에게 건넸다. 최순우는 둥그런 돋보기를 꺼내 글자를 확인했다. 파편을 이리저리 맞추자 '삼천사三川寺'와 '도승통都僧統'이라는 글자가 보였다.

최순우는 서울에도 고려시대 비석이 있었고 그 흔적이 이제 발견되었다는 사실에 감격해 비석파편을 꼭 붙잡고 눈을 감았다. 남시욱이 막걸리잔을 건네며 조심스럽게 물었다.

"과장님, 중요한 발굴 맞지요?"

최순우가 고개를 끄덕이자, 그가 기자수첩을 꺼내들었다.

"남 기자, 아직은 단정하기 이르니까 나머지 파편들을 수습한 후 기사화하도록 해."

최순우는 막걸리를 단숨에 벌컥벌컥 들이켠 후 비석 두 조각을 정양모에게 건넸다.

"미스터 정, 거기 새겨진 글자 좀 확인해봐."

"예. 도, 승, 통…… 그리고 이건 삼, 천, 사…… 그러면 삼천사비가 맞는 거네요, 과장님. 그런데 도승통은 당시 스님의 지위인가요?"

"응, 그게 주지스님의 직위인데, 나도 아직 확실히 모르지만, 굉장히 높은 지위인 것 같아."

최순우가 현화사 비석과 오늘 수습한 비석파편의 연관성을 설명하자, 남시욱이 흥분한 표정으로 물었다.

"그러면 저 비석이 서기 1000년경의 고려시대 비석이라는 말씀이죠?"

270

삼천사터 대지국사비조각. '삼천사' 라는 글자가 보인다.
서울역사박물관 도록.

"그렇지. 물론 조금 더 살펴봐야겠지만, 11세기 초 비석이고 고려시대 글씨라고 봐도 될 거야. 그런데 일단은 하루이틀 좀 더 파서 조각을 다 수습하고 글자를 해독한 후, 조선시대 때 북한산성에 관한 기록인《북한지北漢誌》와 조선시대 말 금석문집인《해동금석원》에서 몇 가지를 확인해야 하니까, 아직은 기사를 내보내지 마. 나머지 조각들을 수습하기 전에 위치가 공개되면 호기심 많은 사람들이 와서 조각을 주워갈 수도 있으니까……."

"예, 과장님. 일단 부장한테만 보고드리고 파편 수습이 끝나면 신문에 쓸 테니까, 죄송하지만 그 전에는 진홍섭 경주분관장님께는 비밀로 해주세요!"

"에구…… 미안하지만 할 수 없지 뭐.〈동아일보〉에서 제보받고 발굴한 거니까. 아무튼, 오늘은 기분 좋게 마시자고. 허허허!"

정양모는 비석파편에 새겨진 몇 글자에서 저토록 많은 역사를 추적해내는 최순우에게 또 놀랐다. 매일 사람들을 만나 술을 마시는 그가 언제 저런 책들을 다 보고 공부했는지 고개가 절로 숙여졌다.

1월 16일〈동아일보〉는 삼천사三川寺 대지국사大智國師 법경法鏡의 비석 발굴을 한 면에 걸쳐 특종 보도했다. 국사國師는 당시 불교계를 대표하는 지위로 지금의 '종정'에 해당하고, 삼천사는 11세기 고려시대 남경의 대찰이었다.〈동아일보〉는 이날 최순우의 장문의 기고문도 함께 실었다. 그는 삼천사와 개성 현화사에 대해 소개하면서, 삼천사의 주지가 대지국사 법경 스님이었고, 비석의 높이는 약 3미터였을 거라고 추정했다. 당시 수습한 파편은 49조각이고 글자 수는 399자였는데, 2005년 서울역사박물관에서 2년 동안 발굴작업을 해 255점의 파편을 더 채집했다.

최순우는 1월 29일부터〈조선일보〉에 '고미술에 나타난 한국의 미녀'라는 미술 이야기를 연재했다. 당시 풍속과 옷맵시에 대한 해설을 그림과 함께 감칠맛나는 글솜씨로 풀어나갔다.

　　차분하면서도 화사하고, 화사하면서도 멋이 찰찰 넘치는 몸맵시! 그리고
상냥하고 결곡한 마음씨에는 어리광스러운 미소가 살짝 번지곤 하는 고운 얼
굴들, 그들에 대한 넘치는 정애가 없이는 이렇게 속속들이 그들의 아름다움을
그려낼 수 없을 성만 싶다.

　　한 손에는 생황笙簧, 한 손에는 긴 담뱃대를 든 채 잠시 연못가를 바라보는
그 눈길에는 마치 무슨 가냘픈 시름 같은 것이 언뜻 스치고 지나가는 것인지
도 모른다. 어느 기녀妓女의 한일閑日이라고 할까! 어쨌든 한국의 여인들은 충
분히 아름답고 멋지다. 그리고 그들의 머리 위에 한국의 하늘은 예나 지금이
나 속속들이 맑고도 푸르다. 때로는 살을 에는 이 고된 현실 속에서도, 그리고
짙은 슬픔 속에서도 이 고장 남성들은 늘 푸른 하늘 아래 밝고 고운 여인들의
미소를 바라보면서 그날의 의욕과 내일의 희망을 기르면서 살아왔다고 할까.

　이 글이 〈조선일보〉 문화면에 실리자 이경성이 득달같이 전화를 걸어 저
녁약속을 했다. 두 사람이 만나는 곳은 늘 청진동 빈대떡집이었다.

　"혜곡 형, 우리가 이 집 드나든 지도 벌써 15년이 돼가네요."

　"그러게…… 벌써 세월이 그렇게 흘렀어, 허허."

　"이번 〈조선일보〉 연재는 기대가 커요. 정말 재미있는 주제야, 하하."

　"지난해 〈동아일보〉에 초상화 연재한 걸 보고 〈조선일보〉에서 독자들이
재미있게 읽을 수 있는 걸 써달라고 해서 곰곰이 생각하다가 여인네들 이
야기를 써보자고 한 거야, 허허."

　"그럼 미녀열전인가?"

연당의 여인
신윤복, 비단에 엷은 채색, 29.6×24.8cm,
조선시대 18세기, 국립중앙박물관 소장.

이경성이 장난스러운 표정으로 물었다.

"그렇게 말하면 그럴 수도 있겠지만…… 궁극적으로는 당시 시대의 멋, 풍습 이런 걸 소개하면서 우리 문화에 대한 관심을 촉구하는 거지. 사실 조선시대 그림 중에는 여인네가 나오는 것이 별로 없어. 단원이나 혜원 작품 정도지. 석남도 알겠지만 재작년 말부터 간송 선생 수집품들을 정리하면서 혜원 풍속화첩을 사진 찍은 게 있어서, 그것과 단원 풍속화 중 여인네 부분들만 골라서 써보려고 해. 독자들이 재미있어하면 오래 쓰고 재미없다고 하면 금방 끝내고, 그런 거지 뭐. 허허……."

"이건 틀림없이 재미있다고 할걸요, 하하. 다음 주에는 또 어떤 여인이 나올지 정말 궁금합니다, 궁금해요. 하하하!"

최순우는 이 연재에서 혜원 신윤복의 트레머리 여인(미인도)·삿갓 쓴 미녀·장옷 입은 미녀·조율하는 여인·젊은 무녀, 단원 김홍도의 우물가의 여인·길쌈하는 여인 등 조선시대 후기 여인들의 모습과 그들의 삶을 소개했는데, 독자들의 환호 속에 5월 말까지 연재했다.

최순우는 다른 신문과 잡지에도 쉬지 않고 한국미와 민족문화에 대한 글을 발표했다. 또 《현대문학》 2월호에는 수필 '호랑이'를 발표했고, 〈대한일보〉에는 '국국새'라는 제목으로 딸에 대한 사랑을 표현했다.

여성잡지인 《여원》 4월호에는 '조선의 자수병풍'이라는 글을 발표했는데, 자수병풍에서 고향의 추억과 옛여인의 삶을 풀어냈다.

한 뜸 한 뜸의 바늘자국마다 젊은 여인들의 순정이 사무쳐 있는 조선 자수, 그리고 무슨 소망 같기도 하고 기도 같기도 한 절실한 마음이 오색 비단실을 줄 타고 올올이 스며든 곳.

이 자수들을 가만히 보고 있으면 여기 무수한 정념의 바늘을 꽂았을 앳된 조선의 여인들의 모습이 언뜻 내 가까이서 차분한 숨을 내쉬는 것이다. (……)

전통적으로 담담한 색감과 소박한 방치레를 즐기던 우리네의 살림살이에도 여인들의 신변에만은 이렇게 수놓아진 고운 색채가 알맞게 깃들일 수 있었고, 아기들은 꽃버선에 꽃굴레를 쓰고 어머니의 수병풍 밑에서 영롱한 꿈을 기를 수 있었던 것이다.

당시 여성잡지에 실린 글로서는 가장 격조있는 글이어서 원고청탁이 이어졌다. 5월호에는 '한국의 탈'이라는 제목으로, 그해 봄 하회탈이 국보로 지정된 소회와 탈의 종류와 아름다움에 대해 소개했다.

한국 탈들을 유심히 보고 있으면 그 지지리도 못생긴 모습들이나 거칠게 다루어진 손질이 용하게도 이렇게 서로 닮았구나 하는 생각이 든다. 굿거리타령이나 속곡俗曲, 기껏해야 영산곡靈山曲 같은 가락에 맞추어서 짚신바람에 추어온 이 탈놀이에는 아마 권위니 아첨이니 하는 따위의 잔신경이 당초부터 필요치 않았던 것인지도 모른다.

눈꿈적이, 상좌, 왜장녀, 소무당, 노장, 취발이, 샌님, 미얄할미, 신하래비, 양반, 각시, 부네, 초랭이, 먹중, 말뚝이, 작은애미 등 이 탈들의 구수한 이름들만 헤아려봐도 어디서 이런 털털한 막걸리냄새 같은 것이 물씬 풍겨오는가 싶도록 민속적인 혼취가 짙어진다.

가지각색으로 야릇한 이 탈들의 눈웃음을 보고 있으면 제 고장 사투리에 신명이 나는 듯 당장에라도 외워넘길 봉산탈춤, 양주산대 그리고 하회별신 같은 생생한 탈놀이 대사들이 그들의 입전에서 아물거린다.

하회탈 중 양반탈(왼쪽)과 부네탈. 경북 안동시 풍천면 하회리에
보존·전승되어온 목제가면이다. 국보 제121호.

직업광대는 말할 것도 없지만 마을 사람들은 이 탈들을 한번 얼굴에 덮어
쓰면 북소리, 증쟁기소리에 저절로 어깻바람이 솟아나게 마련이고, 탈이 한
번 입을 벌리게 되면 보기 싫고 역겨운 것들 앞에 못할 말이 없어지는 것이
다. 주책없는 수도승들의 파계에 퍼붓는 신랄한 조소와 야유, 횡포하고 얌체
없는 양반들에 대한 모욕과 풍자, 거기에 가난과 인습에 시달리는 서민사회
의 애증과 탄식이 섞여들어서 탈은 울고 웃고, 마을 사람들도 탈과 함께 울고
웃는 것이다.

당시 우리의 문화와 민속에 대해 이렇게 시원하게 글을 쓰는 필자는 최
순우가 유일했다. 물론 〈한국일보〉 논설위원 예용해도 문화 관련 글을 많이
썼지만, 주로 민속품과 장인들에 대한 글이라 최순우의 글과는 성격이 좀
달랐다.

밀려드는 원고청탁으로 바쁜 중에도 최순우는 박물관 특별 전시를 꾸준히 준비해, 3월 1일 '고려청자 병종류 특별 전시회'를 열었다. 개성박물관에서 피난온 청자어룡형주전자를 비롯해 물병, 화병, 기름병 등 모두 149점의 박물관 소장품과 개인 수장품을 모아 전시했다.

최순우가 이렇게 광복 후 최대 규모의 청자 전시회를 연 이유는, 그해에는 꼭 고려청자 가마터를 찾으려는 계획을 갖고 있었기 때문이었다. 전시가 어느 정도 마무리된 5월 중순, 최순우는 정양모와 함께 강진으로 고려청자 가마터 답사를 떠났다.

아!
청자기와

―

29

최순우는 전북 부안군 유천리에서 가마터 찾기에 실패한 후 다시 고려청자에 대한 자료를 꼼꼼히 찾았다. 그러다가 일제강점기 총독부박물관 연구직원이었던 오가와 게이기치小川敬吉가 1936년에 발행된 잡지 《도자陶磁》에 쓴 글을 발견했다. 강진군 대구면 일대에서 청자파편이 발견된다는 보고를 받고 확인차 내려갔다가, 수동리에서 만난 한 소학교 어린이에게서 청자기와 하나를 입수했다는 구체적인 기록이었다.

총독부박물관과 당시 청자 연구자들의 글에 따르면, 강진에 고려청자 가마터가 있다는 사실이 알려진 건 1913년이었다. 대구면 주재소에 있던 일본인 나카지마 요시다케가 파편이 출토되는 지역이 있다고 보고한 것이다. 당시 일본인들은 청자만 보면 손에 넣으려고 했다. 1916년 봄에 조선총독 데라우치 마사타케가 대구면을 방문했고, 일본인 학자들도 계속 찾아와 파편을 채집했지만 청자기와는 더 이상 발견되지 않았다. 그러나 골동상과

1964년 강진군 대구면 용운리, 계율리, 사당리, 수동리 일대 전경. 국립중앙박물관 촬영.

도굴꾼들이 계속 몰려와서 가마터를 찾아 수많은 청자를 캐낸 후, 다른 상인이나 도굴꾼이 더 이상 채집하지 못하도록 가마터를 파괴했다. 그래서 대구면 용운리·계율리·사당리·수동리 일대의 가마터는 쑥대밭이 된 채 흔적이 사라졌고, 전북 부안군 일대의 청자 가마터도 같은 운명이었다.

1964년 5월 중순, 최순우와 정양모는 서울을 출발한 지 이틀 만에 강진 읍에서 남쪽으로 20킬로미터 떨어진 강진군 대구면 수동리 부근에 도착했다. 강진의 하늘은 바닷빛처럼 푸르고 산과 밭은 온통 초록이었다. 두 사람은 나침반과 지도를 꺼내들고 총독부박물관에서 도요지 추정지를 표시한 지도를 살피며 수동리 부근 산언덕을 오르락내리락했다. 그렇게 반나절을 헤매고 다니자 마을 사람들이 주위로 모여들더니, 얼마 후 순경 두 사람이 호루라기를 불며 내려오라는 손짓을 했다.

"당신들, 뭐 하는 사람들이오?"

나이 든 순경이 두 사람을 위아래로 훑어보며 물었다.

"국립박물관에서 내려왔습니다."

최순우가 상황을 짐작하고 점잖게 대답했다.

"박물관 사람들이 이 시골에는 뭐 하러 내려왔는지 모르겠지만 일단 파출소로 갑시다."

"우리는 박물관에서 답사하러 온 겁니다."

젊은 정양모가 어이없다는 듯 발끈했다.

"그럼 공무원 출장증 좀 봅시다."

당시에는 공무원이 출장을 가려면 출장증이 필요했다. 정양모는 갱지에 등사판으로 찍은 출장증을 꺼내 보여줬다.

"그래도 파출소에 갑시다. 이게 진짜지 가짜지 확인해봐야겠소."

나이 든 순경이 조금 누그러진 목소리로 말하면서 출장증을 든 채 앞장섰다. 마을 사람들도 큰 구경이라도 난 듯 뒤따랐다.

"그런데 서울에서 이 촌구석까지 뭐 하러 왔소? 왜 나침반을 들고 다니는 거요?"

"허허, 우리는 청자 가마터를 찾아온 건데, 혹 어디 있다는 소리 들은 적 있나요?"

최순우는 나이 든 순경이라면 알지도 모른다는 생각에 재촉하듯 물었다.

"그게…… 왜정 때부터 사람들이 오고가긴 했다는데, 우리는 아는 게 없어요."

두 사람의 대화를 듣던 한 꼬마가 마을 사람들에게 가서 파편 주우러 온 것이라고 알려주자 사람들은 킥킥거리면서 웃었다. 간첩인 줄 알고 포상금

281 |

을 받기 위해 신고했는데, 사금파리 쪼가리를 주우러 왔다는 소리에 어이가 없어진 것이다.

최순우와 정양모는 사당리에 있는 파출소에 앉아서 출장증 확인이 끝나기를 기다렸다. 잠시 후 박물관에 확인해본 순경이 가도 좋다고 해 밖으로 나왔다. 두 사람이 사당리 뒷산으로 올라가기 위해 마을 쪽으로 가는데, 동네 아이들과 아주머니 몇 명이 소쿠리에 청자파편을 들고 나타났다. 사금파리 주우러 왔다는 소리를 듣고 집에 있던 파편들을 팔겠다고 들고 나온 것이다. 최순우는 소쿠리에 든 파편 속에 학과 구름과 모란 등 수많은 문양이 있는 걸 보고 심장이 뛰었다. 마음을 겨우 진정시키고 소쿠리를 들고 온 사람들을 불러모았다.

"여러분, 이렇게 하시면 안 됩니다. 이것은 우리나라의 국보이고 보물입니다."

최순우가 애써 차분한 목소리로 말하자 한 아이가 말을 가로챘다.

"아저씨, 일본 사람들은 와서 막 사가는데요? 돈도 많이 줘요."

순간 최순우는 울컥했다. 얼마나 많은 파편이 이렇게 사라졌단 말인가!

"여러분, 이 조각들은 정말 소중한 겁니다. 배가 고프고 힘이 들어도 팔면 안 됩니다."

소용없는 말이라는 걸 알지만 최순우는 다시 한 번 강조했다. 그러면서도 가슴 한 켠에서는 갈등이 일었다. 모두 중요한 파편인데, 무작정 달라고 할 수도 없고 그렇다고 돈을 주고 살 수도 없고…… 최순우가 난감한 표정으로 정양모를 바라보는데, 뒤에 있던 한 아주머니(김월엽)가 쭈뼛쭈뼛 망설이는 듯한 표정으로 서 있는 게 보였다. 최순우는 순간적으로 저 아주머니가 어쩌면 파편들을 건네주려는지도 모르겠다는 생각이 들었다. 급히 다가가서 그녀의 소쿠리를 들여다본 순간, 최순우는 망치로 머리를 맞은 듯한 충격에 휩싸였다.

청자기와였다! 그토록 간절히 찾던 청자기와파편이 소쿠리에 가득 들어 있었다. 가슴이 벅차올랐다. 얼마나 오랫동안 찾아헤맸던가…… 최순우는 정양모를 불렀다. 가까이 다가온 정양모가 놀란 눈빛으로 최순우를 쳐다봤다. 최순우가 입이 닳도록 얘기하던 청자기와임을 알아본 것이다.

"아주머니, 이거 어디서 주우셨어요?"

눈시울을 붉히며 하늘을 바라보는 최순우를 대신해 정양모가 물었다.

"아들이 이런 데 관심이 많아서 모은 건데, 이건 절대 팔지 말라고 그랬어요. 그런데 애 아버지도 일찍 세상을 떠났고, 그래서 돈이 너무 급해 아들이 다른 집 논에 일하러 간 사이에 몰래 갖고 나온 거예요……."

그 아들이 훗날 청자장青磁匠이 된 이용희(현재 무형문화재 제36호)였다.

"아주머니, 겁내지 마시고 말씀해보세요. 저희는 아주머니를 해코지하는 사람들이 아니에요. 오히려 보상도 받으실 수 있으니까 솔직히 말씀해주세요. 이거 어디서 주우셨어요?"

"저희 집 마당에서요……."

아주머니는 무슨 죄라도 지은 사람처럼 고개를 숙인 채 대답했다. 최순우는 정양모와 함께 사당리 117번지로 갔다. 생활이 얼마나 곤궁한지 한눈에 알 수 있는 허름한 초가집이었다.

"마당을 파면 아직도 많이 나와요……."

아주머니가 마당을 가리키며 작은 목소리로 말했다. 집을 둘러보니 안마당뿐 아니라 부엌 바닥에도 청자파편이 흙 사이사이 박혀 있었다. 담에서는 청자기와의 평와平瓦 조각도 서너 편 눈에 띄었다. 온 집안이 청자파편으로 가득했다. 최순우는 이곳이 바로 가마터임을 직감했다.

　최순우와 정양모는 집 주위를 실측하고 표면조사 도면을 그리기 시작했다. 그때 일을 끝낸 아들 이용희가 집으로 돌아와 놀란 눈빛으로 두 사람을 바라봤다. 최순우는 그에게 국립박물관 직원임을 알려주고, 그동안 청자를 잘 지켜줘서 고맙다는 인사를 했다. 그리고 소쿠리에 있는 청자조각들이 중요한 유물이라 박물관에 갖고 가서 살펴보고 싶다고 했더니 순순히 그러라고 했다. 최순우는 이용희가 단순한 농군이 아니라 청자에 대한 애정이 대단함을 확인한 후, 이곳이 굉장히 중요한 장소이니 박물관에서 정식 발굴할 때까지 집 주변을 잘 지키고 관리해달라고 부탁했다. 두 사람이 일어서자 아주머니와 이용희가 저녁이라도 먹고 가라고 잡았지만, 강진 가는 막차가 끊어지기 전에 가야 한다며 초가집을 나섰다.

　서울에 온 최순우는 김재원 관장에게《고려사》의 청자기와 관련 내용과 개성 만월대에서 출토된 적이 있다는 내용을 정리해서 보고했다. 김재원은 대단한 발견을 했다고 격려하면서 발굴조사단을 꾸리라고 했다. 최순우는 작년 여름 무등산 가마터를 발굴할 때 비가 너무 와서 작업을 제대로 못했으니 이번에는 장마가 끝난 후에 시작하겠다고 했다.

　9월 22일, 최순우는 정양모·이준구·김동현 등 학예관들과 사당리 117번지에 도착했다. 다음 날부터 마당에 시굴갱試掘坑을 파기 시작했다. 이용희도 인부로 채용해 일을 돕도록 했다. 조심스럽게 땅을 파기 위해 호미로 작업을 시작했는데, 불과 10분 만에 청자 수키와 하나가 모습을 드러냈다. 모두들 탄성을 지르며 기뻐했다. 그러나 수키와는 시작에 불과했다.

　땅을 파들어갈수록 암키와, 암·수 막새기와 등 각종 청자기와가 쏟아졌다. 거의 완형에 가까운 것도 있고, 서西·누樓·남면南面 등 지붕의 위치를

전라남도 강진군 사당리 이용희 집 발굴 사진(위, 《미술자료》 9호, 1964년 12월).
아래는 사당리 가마터에서 수습 발굴한 청자기와파편들.

가리키는 글자가 음각된 것도 있었다. 제작 연대를 알 수 있는 정해丁亥·임신壬申·갑신甲申·기사己巳 등 간지干支가 새겨진 조각도 나왔다.

이곳이 바로 개성 만월대 부근에 있었다는 양이정을 덮은 청자기와를 만든 가마터였고, 청자기와는 정확한 계산에 의해 번조되었음을 증명해주는 유물들이었다.

10월 3일까지 진행된 1차조사에서 수십 종의 청자기와조각이 발굴되었고, 매병을 비롯한 다른 청자의 파편도 나왔다. 최순우가 김재원 관장에게 발굴성과를 보고하기 위해 대구면 우체국으로 발길을 옮기는데 후드득 가을비가 내리기 시작했다. 우비를 쓰고 우체국으로 가 전화로 발굴성과를 보고한 후 각 언론사에 연락해달라고 요청했다. 발굴이 끝나기 전에 기자들이 몰려오면 발굴도 제대로 못하고 도굴꾼들의 표적이 될 수 있어, 그동안 비공개로 발굴작업을 해왔던 것이다. 매사를 요란하지 않게 처리하던 스승 고유섭과 전형필로부터 배운 자세였다.

정류장에서 버스를 기다리는데 비가 그쳤다. 최순우는 하늘을 올려다보았다. 먹구름이 걷히고 푸른 하늘이 나타났다. 우비를 벗어들고 사당리를 향해 걸었다. 한참을 그렇게 걷자니 노을이 내리기 시작했다. 최순우는 아득한 눈길로 노을에 묻힌 소나무숲을 바라보았다.

'우현 선생님, 이제야 선생님이 주신 숙제를 했습니다.'

앞만 보고 뚜벅뚜벅 걸어가라던 스승의 목소리가 귓전을 울리며 25년의 세월이 주마등처럼 눈앞을 스쳤다. 전형필의 천학매병에 있는 69마리 학이 하나둘 하늘을 향해 날아오르기 시작했다. 여기가 우리의 고향이라며, 소나무숲 너머로 훨훨 날아올랐다.

청자상감운학문매병
고려시대 12세기 후반, 높이 33.0cm,
국립중앙박물관 소장.

비가 개고 안개가 걷히면 먼 산마루 위에 담담하고

갓 맑은 하늘빛이 산뜻하게 드러난다.

이러한 하늘색의 미묘한 아름다움은

곧잘 청자의 푸른 빛깔에 비유되어

우후청천색雨後晴天色이라는 말이 생겨났지만

무심코 고려청자의 이 푸른빛을 들여다보노라면

정말 비 갠 후의 먼 하늘처럼 마음이 한결 조용해진다.

마치 고려 사람들의 오랜 시름과 염원

그리고 가냘픈 애환을 한꺼번에 걸러낸 것만 같은 푸른빛.

으스댈 줄도 빈정댈 줄도 모르는

그리고 때로는 미소하고 때로는 속삭이는

또 때로는 깊은 생각에 호젓이 잠겨 있는 이 푸른빛이

자랑스러워 고려 사람들은 비색翡色이라고 이름지어 불렀다.

_ 최순우, '하늘빛 청자'

10월 5일과 6일, 각 일간지는 청자기와와 가마터 발굴을 대대적으로 보도했다. '밝혀진 청자기와의 전설', '청기와 900년 만에 베일을 벗어—밝혀진 도요지', '햇빛 보게 된 불멸의 문화재', '고려청자 전 종목을 발굴', '청자의 갖가지 수수께끼와 속모습을 해결', '고려청자 문화의 요람 강진군 대구면'이라는 제목으로 연일 보도경쟁이 벌어졌고, 청자는 온 국민의 관심을 끌면서 한국 문화를 대표하는 문화재로 발돋움하기 시작했다.

최순우는 다음과 같은 인터뷰를 통해 이번 발굴의 의의와 성과를 요약했다. "그동안 고려청자는 확실한 제작 연대, 만든 곳, 만든 방법 등이 뚜렷이 밝혀지지 않아 고고미술학계와 고고미술 애호가들에게는 큰 관심거리였다. 그런데 이번 출토품 중에는 제작 연대를 뚜렷이 알 수 있는 간지가 새겨진 것도 있어, 앞으로의 청자연구에 중요한 이정표가 될 수 있을 것이다. 그리고 이번 발굴품 중에는 개성에 있는 고려 인종의 장릉에서 출토된 청자와 똑같은 파편들이 출토되었는데, 이는 이번에 발굴한 사당리 가마터가 고려왕실에 청자를 만들어 보급하던 왕실 가마터라는 사실을 증명하는 결정적 단서다. 이번에 발굴된 완형에 가까운 암·수 두 종류의 막새기와와 무늬가 있는 용마루기와 등의 많은 파편은, 의종이 양이정이라는 정자를 만들고 지붕에 청자기와를 덮었다는《고려사》의 기록을 확인시켜주는 중요한 발굴품이다."

황수영도 인터뷰에서 "고유섭 선생이 '우리 박물관의 보물자랑'이라는 글에서 일제강점기에 개성박물관이 소장하고 있던 청기와를 예찬하셨는데, 이번에 이렇게 많은 청기와를 발굴한 것은 학계의 다시없는 기쁨"이라면서, 청자기와를 최초로 소개한 학자가 고유섭임을 밝혔다.

최순우는 1차조사 후 연말까지 몇 차례 더 발굴작업을 해서 1964년에만 500여 점의 청자기와파편을 발굴했고, 원형에 가까운 것도 10여 점 건졌다. 이후 국립박물관에서는 이용희의 집 170평을 비롯해 대구면 일대 187,500평을 사적 제68호로 지정하고, 1980년대 중반까지 20년에 걸쳐 발굴작업을 진행했다. 그렇게 해서 수많은 청자 가마터를 발굴, 고려청자의 기원과 발전 과정을 밝혀냈다.

1964년 10월에 진행된 도마리 가마터 발굴 사진. 국립중앙박물관 자료 사진.

10월 20일, 강진에서 돌아온 최순우와 정양모는 김재원 관장 그리고 국립박물관을 방문한 킴벨츠 영국도자학회장, 그리핀 하와이미술관장과 함께 경기도 광주군 퇴촌면 도마리에 있는 조선시대 백자 가마터로 답사를 떠났다. 박물관 자동차로 번천리 군독골을 지나 도마리에 도착한 일행은 차에서 내려 마을 뒤 언덕에 있는 과수원으로 갔다. 그곳에 1943년 한 일본인이 발견한 조선 초기 가마터가 있다는 기록이 있었다. 그런데 이미 마을 길에 자갈 대신 백자파편이 촘촘히 깔려 있었다. 킴벨츠 회장과 그리핀 관장은 이 상황을 몹시 안타까워했고, 최순우와 정양모는 부끄러움에 얼굴을 들지 못했다.

백자 가마터는 언덕 위에 있었는데, 최순우와 정양모가 덤불을 걷어내자 둥그런 돔 형태의 가마가 모습을 드러냈다. 최순우는 준비해간 줄자와 종이를 꺼내 정양모와 함께 지표조사를 시작했다. 그때 흙더미 속에서 커다란 백자파편이 눈에 들어왔다. 최순우는 순간적으로 주위를 둘러보았다. 만약 동행한 외국인 학자들이 보고 있으면 나중에 파낼 생각이었다. 혹시라도 기념으로 자신들의 학회나 미술관에 기증해달라고 하면 거절하기가 쉽지 않을 것 같았던 것이다. 그런데 다행히도 좀 멀리 떨어진 곳에서 주변을 둘러보며 이야기를 나누고 있었다.

최순우가 얼른 집어들어 살펴보니 백자접시 반 조각에 오언절구 3행이 청화안료로 씌어 있었다. 당시에는 청화안료로 시를 쓴 접시는 발견된 예가 없었다. 최순우는 접시를 얼른 바지춤에 갈무리했다. 그리고 잠시 후 소변을 보러 가는 척하며 마을로 내려와 꺼내서 찬찬히 살펴보니, 옥호계청사玉壺繫靑絲 고주래하지沽酒來何遲 산화향아소山花向我笑 그리고 다음 구절에서는 함배시銜盃時 세 자만 보였다. 최순우는 이 시가 《고문진보古文眞寶》에 나오는 이백의 시 '대주부지待酒不至(술 사오기를 지루하게 기다리며)'임을 기억해냈다. 그는 뜻밖의 발견에 기분이 좋았지만 시치미를 떼고 가마터로 돌아와서 다시 실측 작업을 시작했다.

최순우는 이런 시구가 씌인 청화백자접시를 만들어냈다는 사실로 보아, 도마리 백자 가마터가 민간 가마터가 아닌 왕실용 백자를 만들던 가마터일 가능성이 매우 높다고 판단했다. 그래서 11월 초에 정양모를 보내 본격적인 발굴을 위한 예비답사를 진행시켰다. 그리고 12월 1일부터 정양모·이준구 학예관 그리고 자원봉사자인 이형구(훗날 풍납토성 발굴과 보존에 결정적

玉壺繫青絲 옥호계청사
푸른 끈을 맨 술병을 들고 갔는데

沽酒來何遲 고주래하지
술 사오는 게 어찌 이리 더딜까

山花向我笑 산화향아소
산의 꽃들이 나를 향해 웃으니

正好銜盃時 정호함배시
술잔을 기울이기에 좋은 때일세

—

청화백자접시
지름 20cm, 15세기, 국립중앙박물관 소장.
도마리 1호가마터에서 발굴.

인 역할을 했다)와 함께 본격적인 발굴조사를 진행했다.

발굴작업이 땅속으로 깊어지면서 마침내 가마터가 나타나자 수많은 백자파편이 나왔고, 글씨뿐 아니라 수준 높은 그림이 그려진 접시조각도 많이 나왔다. 화원이 와서 시구를 쓰고 그림을 그리던 왕실자기 가마터인 분원分院이 틀림없었다.

며칠 후 인부 한 사람이 조금 깊은 곳에서 흙을 파내다 흰 파편이 나오자 머리 위로 휙 던졌다. 노트에 작업상황을 기록하고 있던 정양모가 깜짝 놀라 소리쳤다.

"던지면 안 돼요. 던지지 말아요!"

정양모는 급히 인부가 던진 파편이 떨어진 곳으로 달려갔다. '정호正好' 두 글자가 보였다. 최순우가 혹 짝이 나오는지 맞춰보라며 주고 간 접시조각을 가방에서 꺼내 맞춰보니, 딱 들어맞았다.

그 순간 정양모는 "이 맛이구나, 바로 이 맛. 나이 오십이 내일모레인 최 과장님이 추운 겨울날에도 추운 줄 모르고 땅을 파는 이유가……"라며 고개를 끄덕였다.

최순우가 박물관에 갔다가 저녁에 돌아오자 정양모는 다짜고짜 농주를 사실 일이 생겼다며 손을 내밀었다. 다른 대원들도 킥킥거리자 최순우는 뭔가 대단한 것을 발굴했나 보다 생각하며 주머니에서 돈을 꺼내 정양모에게 주었다. 이형구가 농주를 사러 나가자 정양모가 최순우에게 청화백자접시를 건넸다. 최순우는 한참 동안 접시를 들여다보더니, 오늘은 술맛이 제대로 나겠다면서 파안대소했다.

"이런 날은 술병에다 끈을 매달아 갖고 오면 제맛일 텐데 말이야."

최순우가 청화백자접시에서 눈을 떼지 못한 채 혼잣말로 중얼거리자 정

백자끈무늬병
높이 31.4cm 입지름 7cm 밑지름 10.6cm, 16세기,
보물 1060호, 국립중앙박물관 소장(서재식 기증).

양모가 받아쳤다.

"과장님, 혹시 여기 도마리에서 끈 달린 술병이 발굴되는 건 아니겠지요? 순백의 고운 병 목에 푸른 실을 매단 그런 병이면 참 아름다울 텐데 말이지요."

"하하하, 그거 재미있는 발상이야. 만약 조상님들의 미적 감각이 미스터 정처럼 그렇게 낭만적이었다면 그런 술병도 발굴되겠지, 하하하……."

그날 밤, 최순우와 정양모를 비롯한 대원들은 끈 달린 술병 이야기에 시간 가는 줄 모르고 대취했다. 그때 그들이 짝을 맞춘 접시는 국립박물관 소장 유물로 등록되었고, 훗날 완전한 형태로 복원되었다.

그로부터 10년 후인 1974년, 정양모는 부산의 어느 수집가 집에서 끈 달린 술병을 만나 소스라치게 놀랐다. 정말 존재했고, 백자의 색으로 볼 때 도마리나 그 근처 분원에서 만든 것으로 추정되었다. 그리고 다시 20년이 지난 1995년, 서재식 전 한국플라스틱 회장이 부산 수집가의 것과 똑같은 형태의 병을 "무늬가 아름답고 병 바닥에 당시 도공의 이름도 있는 이 백자병은 개인의 소장품이 되어서는 안 된다고 생각했다"면서 국립중앙박물관에 기증했고, 보물 제1060호로 지정되었다. 국보로 지정되지 않은 것은 또한 점이 있어 유일품이 아니었기 때문이다.

12월 13일까지 계속된 발굴에서 조사단은 백자파편 출토층 아래에서 조선시대 초기에 생산된 청자향로를 발굴했다. 매화와 국화가 상감처리된 격조 높은 이 청자향로의 발굴로 청자가 고려시대에만 만들어졌다는 통설이 깨졌다. 고려 사람들이 청자비법을 숨기고 조선시대에 물려주지 않아 청자의 맥이 끊어졌다는 민간의 전설 역시 사실이 아님을 증명하는 결정적인 자료였다.

박물관
만년과장

—

1965년 최순우는 49세가 되었지만, 여전히 과장이었다. 그는 방방곡곡 발굴과 답사 현장을 누비면서도, 저녁이면 피곤한 몸을 이끌고 글을 썼다. 1월 10일에는 〈조선일보〉에 다시 연재를 시작했다. 이번 주제는 '고미술에 나타난 한국의 미남'으로, 지난해와 같이 주로 신윤복과 김홍도의 풍속화에서 재미있어 보이는 남자들에 대해 구수한 이야기를 들려주듯 풀어나갔다.

혜원의 풍속도에서는 인물들이 모두 유난스럽게 멋을 부린다는 느낌을 받는다. 그러나 이것은 억지로 부린 멋이 아니라 몸에 밴 자연스러운 태態 가락 같은 흥겨움이라고 할 수 있다. 바라보면 어디에선가 만난 사람 같다는 착각을 갖게 되는 것은 아마 이러한 조상들의 멋의 생태가 그대로 오늘날 우리들 현실사회 속에 전승되어 있는 까닭인지도 모른다.

어딘가 여유가 있어 보이는 잘생긴 얼굴, 그리고 미운 데가 없는 덤덤한 얼

연소답청年少踏靑
신윤복, 종이에 채색, 28.2×35.6cm,
조선시대 18세기, 국보 제135호, 간송미술관 소장.

굴에는 의리도 풍류도 한몫씩 든든히 몸에 지녔노라는 건달의 자랑이 역력히 새겨져 있는 것만 같다.

손에 들고 있는 긴 장죽長竹은 아마도 기녀의 것을 받아든 것인지도 모르지만, 두루마기를 들추어올린 허리 언저리에는 반코트 맵시로 반나마 덮인 멋진 누비옷 자락과 주렁주렁 매달린 주머니, 장도칼, 쌈지 같은 것들이 이 청년의 걷는 자세에 그럴싸한 율동감을 주고 있다.

비스듬히 쓴 큰 갓과 너그러운 두 볼로 질끈 매어내린 갓끈의 태, 그리고 옹구바지의 흐늘거림과 미투리신의 날씬한 발맵시에서 우리는 휘청거리는 조선시대 건달의 진정한 풍류를 다시 보는 것이다.

그림에 몰입했을 뿐 아니라, 남자 한복에 대해 잘 알기 때문에 쓸 수 있는 맛깔나는 글이었다. 독자들은 환호하며 다음 그림 이야기를 기다렸다. 최순우는 5월 말까지 '초립의 청년', '기생방의 사나이', '조말생 선생', '약산 선생', '젊은 병방', '홑상투의 젊은이', '추억하는 사나이', '구레나룻의 사나이', '들놀이 가는 청년' 등을 연재했다.

《여원》에는 지난해 시작한 연재를 계속했다. 1월호에는 조선시대 사기인형, 2월호에는 여자들의 빗인 화각의 아름다움에 대해서 썼다. 여성잡지이기 때문에 조선시대 여성의 장신구나 실내장식, 나아가 궁궐의 아름다움 등에 대해 썼다.

최순우는 우리 문화를 철저하게 우리의 안목으로 보았다. 당시 미술연구는 대부분(이경성도 인정했듯이) 일본적 혹은 미국·서구적 시각이었다. 그러나 최순우는 우리말, 특히 사라져가는 옛어휘들을 찾아내서 적재적소에 썼다. 그래서 그의 글은 구수했다.

5월 초 최순우는 경주 남쪽 감산사^{甘山寺}터에 방치되어 있는 무너진 3층 석탑 복원작업을 위해, 경주분관에서 이화여대박물관으로 옮긴 진홍섭과 동국대 교수로 간 황수영과 함께 기차를 타고 경주로 내려갔다. 고도^{古都}여 관에 짐을 풀고 하룻밤 보낸 뒤 다른 일행은 먼저 감산사터로 떠나고 최순 우는 아침 일찍 경주박물관으로 갔다.

몇 달 전 대학을 졸업하고 박물관에 들어왔지만 불교미술을 연구하겠다 면서 서울 근무를 마다하고 경주분관에 내려온 최완수라는 신입 학예관을 만나보기 위해서였다. 그는 경주에 와서도 사무실에 앉아 있지 않고 매일 폐사지로 답사만 다닌다는 소문이 서울에까지 퍼져 있었다.

경주분관에서 최완수를 찾으니 이미 보문동 낭산^{狼山} 서쪽 기슭에 있는 선덕사^{善德寺}(지금의 중생사) 쪽으로 떠났다고 했다. 낭산은 곳곳에 불교유적 이 있는 곳이었다. 당시에는 땅에 묻힌 채 발굴을 기다리는 불상도 꽤 많았 다. 최순우는 고개를 끄덕이며 선덕사를 향해 걸었다. 그쪽으로 다니는 버 스가 없던 시절이라 안압지 근처부터는 논밭 샛길로 몇 킬로미터를 걸어 들어가야 했다.

한 시간쯤 후 선덕사에 도착한 최순우는 두리번거리며 최완수를 찾았다. 절에서 좀 떨어진 능지탑^{陵只塔} 부근에 사람들이 모여 있는 게 보였다. 무슨 일인가 싶어 가까이 가보니, 최완수로 보이는 젊은이가 땅에 묻혀 있는 목 부러진 불상을 실측하고 있었다. 당시만 해도 유물을 스케치하고 실측하는 풍경이 흔치 않아 근처 마을 사람들이 와서 구경하고 있었던 것이다. 그러 나 스케치는 볼 만하지만 줄자로 여기저기 재는 모습은 재미가 없었던지, 얼마 후 사람들은 우르르 흩어졌다. 최완수는 개의치 않고 실측에 몰두했 고, 최순우는 조금 떨어진 곳에서 팔짱을 낀 채 그 모습을 지켜보았다.

감산사지 3층석탑
통일신라시대 719년, 경북문화재자료 제95호, 경상북도 경주시 외동읍 괘릉리.

시간이 지나도 그림자 하나가 사라지지 않자 최완수는 그제야 고개를 들어 최순우를 바라봤다. '도대체 누굴까?' 하는 표정으로 바지의 흙을 툭툭 털고 일어나는 최완수에게 최순우는 빙긋이 웃으며 말을 걸었다.

"나, 최순우야."

최완수는 최순우를 빤히 바라보며 멀뚱한 표정으로 물었다.

"누구신지?"

서울본관에 발령받으러 갔을 때 김재원 관장에게만 인사하고 경주로 곧장 내려와, 최순우의 얼굴이나 이름을 몰랐던 것이다. 최순우가 웃음을 터뜨리며 다시 말했다.

"이 사람아, 나 미술과장이라고."

그 말에 비로소 최완수는 얼굴을 붉히며 고개를 숙이고 인사했다.

"과장님께서 어떻게 여기까지……."

"오악조사단(최순우, 진홍섭, 황수영이 신라 불교문화재 복원을 위해 조직한 민간단체)에서 감산사 석탑 복원작업 때문에 왔다네. 고도여관에 묵고 있으니 일 끝나고 저녁이나 같이 하러 오게."

"예, 과장님."

최완수는 잘못한 일도 없이 괜히 미안해서 작은 목소리로 대답했다. 그날 저녁 최완수는 '개성 3걸'과 함께 저녁을 먹고 술을 마셨다. 그리고 다음 날부터는 오악조사단과 함께 감산사로 가서 2층 기단基壇 위에 3층의 탑신塔身을 올리는 복원작업을 도왔다.

그해 가을, 최순우는 경주분관에서 옮겨 부여분관에 가 있는 최완수에게 강진군 사당리 당전마을 청자 가마터 발굴작업에 합류하라고 지시했다. 사당리에 도착한 최완수는 그곳에서 대학 선배 정양모를 비롯 미술과 이준구 등 서울본관의 관원들과 동고동락하며 발굴조사를 진행했다. 최순우가 그를 사당리로 부른 것은 단체작업으로 이루어지는 발굴현장에서의 성실성 등을 확인하기 위해서였다.

발굴단은 수천 점의 파편을 발굴하는 성과를 올렸다. 다수의 청자기와 완형품뿐 아니라, 매병·주병·대접·접시·함·합·화장갑 등 거의 모든 종류의 청자가 발굴되었다. 또 운학·연꽃·물결·보상화·앵무새·봉황 등의 무늬가 음각·양각 및 상형 형태로 발굴되었다.

10월 12일자 〈중앙일보〉는 "이번 발굴지는 청자가 극치에 달한 경이적인 솜씨를 보여주는 파편을 무더기로 간직하고 있었다. 인류가 만들어낸 도자기 가운데 가장 개성있고 기품있는 청자의 생산지가 바로 여기임을 입증하게 했다고 국립박물관 최순우 미술과장은 말했다"면서 발굴성과를 대대적으로 보도했다.

그해 겨울 최순우는 부여분관에 있는 최완수를 서울로 불렀고, 그는 다음 해 간송미술관으로 떠날 때까지 미술과 학예연구원으로 근무했다.

12월 초, 최순우는 이경성으로부터 "인천 경서동에 있는 가마터에서 일본에서 '이라보伊羅保다완'이라고 부르는 녹청자기와 같은 종류의 조각이 발견되었다"는 연락을 받고 단숨에 달려갔다. 이경성은 도요지 인근 마을의 오래전 이름이 '사기마을'이었고 '다롱개'라는 해안에서 사기를 실어 일본으로 보냈다는 구전口傳이 있어, 고향인 인천에 내려올 때면 들러서 살펴보곤 했다. 그러다가 녹청자조각을 발견했고, 그 조각이 일본유학 시절 박물관에서 본 이라보다완과 비슷해 최순우에게 연락한 것이다.

현장에 도착한 최순우는 파편이 이경성의 말대로 이라보다완 계열의 녹청자임을 확인했다. 그렇다면 발굴 결과에 따라 녹청자기법을 우리가 일본에게 전수했다는 결정적인 증거가 될 수 있다고 판단해, 칼바람이 부는 날씨에도 일주일간 발굴작업을 진행했다.

발굴 결과, 이 경서동 녹청자 가마터가 고려시대인 10~11세기 것으로 밝혀지면서, 우리나라가 일본보다 훨씬 앞서 녹청자를 생산했다는 사실이 입증되었다. 국내에서 녹청자기는 많이 발견되었지만 이를 만들어낸 도요지를 발견한 것은 처음으로, 이라보의 제조와 형태 등 시대적인 양식의 수수께끼를 많이 풀 수 있게 된 것이다.

발굴조사가 끝나자 이경성이 추운 겨울에 수고했다면서 최순우를 빈대떡집으로 불러냈다.

"혜곡 형, 추운 겨울에 애 많이 쓰셨어요. 형 덕분에 인천에도 고려시대 도요지가 있다는 사실이 세상에 알려졌어. 붓글씨 쓰는 검여 유희강 선생을 비롯해 인천 문화인들이 드디어 우리도 고려시대 역사유적지를 갖게 되었다며 들떠 있어요, 하하하."

"아니지, 석남 덕분에 그런 귀중한 가마터를 발굴했으니 오히려 우리 박물관이 고마워해야 할 일이야, 허허."

최순우는 늘 그렇게 웃었다. 다른 사람에 대해 험담을 하지도 않고, 혹 누가 자신에 대해 이러쿵저러쿵 이야기한다고 해도 "허허, 그 사람 참" 하고는 말았다. 누가 자신을 화나게 해도 "허, 그 사람 나쁜 사람일세"가 그의 입에서 나오는 가장 심한 말이었다.

이경성은 술을 한 잔 들이켠 후 담배를 빨고 연기를 허공에 뿜었다.

"혜곡 형, 내년이면 형 나이가 오십인데, 답사나 발굴은 이 정도 하셨으면 되었으니, 아예 우리 홍대로 오시면 어떻겠어요? 정식 교수로 오셔서 우리 박물관도 도와주고 학생들도 가르치면, 글도 더 편하게 쓰실 수 있을 텐데……."

당시 홍대 학과장이던 이경성은, 얼마 전 발굴 때 '만년과장'으로 여전히 칼바람 부는 현장에서 바지에 흙을 묻히는 최순우를 보며, 이제는 그가 좀 편안해졌으면 좋겠다는 생각을 했었다. 그리고 최순우의 월급이 너무 적어 부인이 여전히 딸을 업고 남대문시장으로 장사 나가는 것도 마음이 서글펐다. 그러나 최순우는 단호하게 고개를 저었다.

"허허, 이 사람. 생각해주는 건 고맙지만, 나는 박물관에서 정년할 거야. 아직도 할 일이 너무 많아. 그리고 김원룡·진홍섭·황수영이 모두 박물관을 떠나 대학으로 가서 경험 있는 사람이 거의 없어. 이제는 박물관 형편도 좀 나아져서 젊은 친구들이 많이 들어오니까, 그들이 앞으로 박물관을 잘 이끌어갈 수 있도록 나라도 남아서 이것저것 알려줘야 해. 그러니까 그 얘기 그만하고, 오랜만에 시 이야기나 좀 하세. 사실 나는 아직도 시를 쓰고 싶거든, 허허."

그날 최순우는 오랜만에 시와 문학을 이야기하고, 사랑을 이야기하고, 인생을 이야기하고, 고독을 이야기했다.

1966년 1월, 이경성에게서 다시 연락이 왔다. 언제나 그렇듯 저녁 때 청진동 빈대떡집에서 만났다.

"연초에 총장님께서 학교 박물관을 맡을 사람을 좀 찾아보라고 해서 내가 혜곡 형이 어떠냐고 물었더니, 와주시기만 하면 학교로서는 더할 나위 없다며 정교수로 모시겠다고 해요. 그 말을 전하러 내가 왔어요. 형, 이제 고생 그만하고 학교로 오세요. 작년 말 인사발령에도 형 이름이 없어서 내가 다 섭섭했어요……."

최순우는 담배를 피워물었다.

"지난번에도 얘기했잖아. 여기 박물관에서 할 일이 많다고……."

"혜곡 형, 형도 형수도 이제 지천명知天命(50세)이에요. 그리고 수정이도 점점 커가는데 언제까지 형수님이 장사를 하시겠어요. 나라에는 그만큼 봉사하셨으면 되었으니, 대학으로 오세요. 이제 좀 편히 지내요."

이경성은 간곡한 말로 설득했다. 최순우는 다시 담배연기를 허공에 뿜은 후 술잔을 비웠다.

"석남이 그렇게 얘기해주는 건 정말 고맙지만, 지난번에도 얘기했듯이 우리 박물관에는 내가 필요해. 나는 그냥 여기서 답사 다니고 발굴이나 열심히 할래. 강진 발굴도 좀 더 봐야 하고, 부안 유천리도 좀 더 답사하면 발굴이 될 것 같고…… 경기도 도마리 일대 백자분원도 발굴해야 하고, 할 일이 정말 많아……."

"혜곡 형, 그런 건 이제 정양모가 해도 돼. 형, 그러다 쓰러져요……."

이경성은 최순우의 우직함에 제대로 말을 잇지 못했다. '이 양반은 이렇게 박물관을 사랑하는데' 하는 생각에 자신도 모르게 목이 메었다. 그래도 최순우는 말없이 술잔을 들이켰다.

얼마 후 이경성은 박금섬이 오십견으로 고생한다는 걸 알고 집요하게 최순우를 설득했다. 최순우는 흔들리기 시작했다. 오랜 고민 끝에 결국 김재원 관장에게 사표를 냈다. 그날 저녁 최순우는 이경성과 함께 술을 마셨다. 지난 20년이 눈앞에 스쳐지나갔다. 그래, 할 만큼 했다, 국가와 민족 앞에 부끄럽지 않게 최선의 노력을 했다……. 최순우는 그렇게 생각하며 인사불성이 되도록 술을 마셨다.

홍익대학에서는 이경성이 제출한 최순우 임명건이 교수회의 의제로 올라갔다. 교수회의에서 최순우 임명건은 만장일치로 통과되었고, 이사회로 넘어갔다.

　한편, 최순우가 건넨 사표를 받은 김재원 관장은 며칠 동안 많은 생각을 했다. 당시 상황에 대해 정양모는 이렇게 증언했다.

> 　김재원 관장이 나를 불러 의견을 묻더니 "최순우 과장 집 알지?" 하면서 같이 가자고 해서 궁정동 집엘 갔다. 집에 도착해 나는 밖에 있고 김재원 관장이 안에 들어가서 두 분이 만났다. 한참 후 김재원 관장이 나왔다. 사표수리 못한다고 돌려줬는데, 이미 교수회의를 통과하고 이사회 결정만 남았는데 오후에 이사회가 열린다며, 거기서 통과하면 자신도 어쩔 수 없다고 했다. 그러더니 나에게 빨리 홍대에 가서 철회시키라고 했다. 그래서 택시를 타고 와우산 밑 홍대로 갔더니 이사회 시작 직전이었다. 이경성 선생에게 철회해달라고 말씀드렸더니, 왜 왔냐면서 안 된다고 하셨다. 여기 오셔서 교수 대접 받으며 연구하는 게 최 선생에게 좋지, 박물관에서 그렇게 만년과장으로 있게 하면 어떻게 하느냐며 오히려 야단을 치셨다. 그래도 김재원 관장님께서 사표수리 못하겠다는 결정을 내리셨고 최 과장님도 마음을 돌리셨으니, 이사회를 중지시켜달라고 사정을 해서 겨우 수습이 되었다. 　_2011년 10월 18일 증언

　그렇게 해서 최순우는 다시 박물관에 출근했다. 그리고 박금섬은 장사를 그만두고 하숙을 치기 시작했다. 집에서 멀지 않은 곳에 경복고등학교가 있어 다행히 하숙생 구하기는 어렵지 않았다.

빼앗긴
문화재를
찾아

—

31

3월 말, 최완수가 상의할 일이 있다고 해서 저녁 때 만났다.

"과장님, 저는 대학시절 체계적인 생각은 아니었지만, 식민사관을 깨기 위해서는 우리도 똑같이 물증을 들이대야 한다는 걸 어렴풋이 깨달았습니다. 그러기 위해서는 불상을 알아야겠다고 생각했습니다. 삼국시대부터 불상은 계속 만들어졌으니까, 그 과정을 살펴보면 우리 문화의 우수성을 알수 있겠다고 생각했기 때문입니다. 그래서 경주·공주·부여분관에 3개월씩 근무하면서, 신라와 백제의 불교유적과 유물을 살폈습니다. 그리고 서울로 올라왔는데, 박물관에서는 발굴에 시간을 너무 빼앗겨 공부를 할 수가 없습니다. 저는 평생 공부해서 식민사관 깨는 게 목적이니, 저를 어디 그런 데로 좀 보내주세요."

최순우는 최완수를 빤히 쳐다보았다. 당돌한 발언이었지만, 옳은 판단이었다. 당시 박물관은 그의 말대로 체계적으로 공부할 수 있는 곳이 아니었다. 닥치는 대로 일을 하고 자투리시간에 연구해야 하는 곳이었다. 그래서 실제로 고고과의 발굴 보고서는 발굴이 끝난 몇 년 후에도 제대로 완성되지 못하는 경우가 많았다.

"허, 그런 곳이 어디 있을꼬. 또 있다고 해도 봉급이나 직급이 국립박물관보다도 못할 텐데…… 허, 이거 참."

"과장님, 저는 공부만 할 수 있다면 봉급이나 직급은 상관없습니다."

그때 최순우의 머릿속에 전형필의 보화각이 떠올랐다. 그곳은 최완수같이 공부만 하겠다는 연구자에게 어울리고, 보화각 역시 그런 학자가 필요하다는 생각이 들었다.

"자네, 혹시 간송 선생이라고 들어봤나?"

최완수는 잠시 생각하더니 처음 듣는다고 했다. 고고학과가 아니라 사학과 출신인 그는 유물 관련 수집가에 대해 잘 알지 못했다. 최순우는 고개를 끄덕이며 전형필과 보화각에 대해 설명했다. 그러자 최완수가 물었다.

"과장님, 그런데 하나 걸리는 게 있습니다."

"뭔지 말해봐."

"아무래도 사설기관이라는 게…… 소유주라는 사람이 공부하는 데 방해가 되면 어쩌나 하는 염려가 듭니다."

"그럼 한번 만나보겠어? 첫째 자제는 지금 미국에 있고, 둘째 자제가 있는데 원한다면 내일이라도 소개해주지."

"예, 과장님."

최완수는 고서가 엄청나게 많고 그림과 글씨며 도자기가 수천 점이라는 소리에 두말 않고 약속을 잡았다. 훗날 최완수는 그날을 이렇게 회상했다.

3월 하순경이었지. 지금 플라자호텔 자리 부근에 가화다방이라고 있었는데, 거기서 전영우 선생과 시간약속을 해서 나를 데리고 나가셨지. 나갔더니 전영우 선생하고 김광헌 선생이라고, 사대 국문과 나와 고고과에 편입해서 졸업한 사람인데, 셋이서 같이 있게 될 거니까 얘기해보라면서 혜곡 선생은 가셨어. 그래서 내가 다방에서 무슨 얘기를 하겠냐고 술집으로 가자고 해서 근처 막걸리집으로 갔지. 그때가 점심 먹고 나서 식후였던 것 같은데, 그때부터 마시기 시작해서 몇 시간을 마셨지. 그렇게 마시고는 의기투합했지만, 그래도 현장을 가보지 않고는 대답을 못하겠다고 했고, 그 다음 날 보화각에서 만나기로 했어. 다음 날 약속 맞춰 가니까 전 선생이 문 열어놓고 기다리시는 거야. 그래서 올라가서 보니까, 고려대장경을 기초로 일제가 만든 신수대장경 100권이 새 책으로 딱 꽂혀 있는 거야. 그때는 서울에서 그 책이 서울대도서관밖에 없어서 빌려보려면 매우 힘들었거든. 그리고 신수대장경뿐 아니라 미술사의 기본서가 될 수 있는 책은 다 있고. 그래서 방에 들어서서 아무 말 안했어. 그냥 나 여기 있다고 했지. 뭐, 조건이 어떠냐, 뭐가 어떠냐, 따져묻지도 않았어.

그래서 4월부터 간송미술관엘 왔는데, 혜곡 선생은 여기 없으셔도 미술관의 대표이자 관장 격이셨어. 우리가 늘 의지하고, 뭐만 있으면 가서 말씀드리고 지시받으며 여기를 꾸려갔으니까. 간송미술관으로 간 뒤에 혜곡에게 익힌 감식안은 1971년 시작된 간송기획전과 간송학파의 줄기를 세우는 밑천이 되었고…….

_2011년 10월 13일 증언

5월 8일, 최순우는 역사의 한 페이지를 장식하는 작업에 참여했다. 박물관에 함께 근무한 적이 있는 이홍직 고대 교수와 함께, 한일협정에 따른 문

한일협정에 따른 문화재 인수를 위해 일본으로 가서
문화재를 점검하는 최순우(위 오른쪽).
회색 천이 덮인 테이블 위에는 통일신라시대 골호,
시대적으로 좀 더 거슬러 올라가는 삼국시대 토기와 녹유골호,
그리고 고려시대의 정병 등 네 점이 가지런히 놓였다. 아래 왼쪽은
반환문화재를 정리한 목록이고, 오른쪽은 확인자 서명이다. 동아일보DB.

청자구룡형주전자
높이 17cm 밑지름 10.3cm 굽지름 9.9cm,
고려시대 12세기, 국보 제96호, 국립중앙박물관 소장.

화재 인수를 위해 일본으로 떠난 것이다.

5월 18일 오전 11시 30분, 도쿄국립박물관에서 '대한민국과 일본국 간의 문화재 및 문화 협력에 관한 협정'에 따라 일본 정부가 한국 정부에 인도하는 한국 문화재의 감정과 측정작업이 시작되었다.

한일회담 문화재교섭 우리 측 대표인 이홍직과 최순우, 이승곤 외무부 동북아과 사무관, 그리고 일본 대표들이 자리에 앉았다. 도쿄국립박물관 학예부장이 소장품 원대장을 펼쳐들며 인도할 문화재를 제시하면 이홍직이 원대장에 적힌 크기와 특징을 확인하고, 최순우가 자로 크기를 재고 특징을 확인했다. 그리고 양측 대표들이 지켜보는 가운데 솜을 몇 겹 넣어 하얀 헝겊에 싸서 오동나무 상자에 넣은 다음 십자로 끈을 묶고 서로 서명했다.

이렇게 양국 전문가단에 의한 감식·포장이 끝난 인도문화재는 몇 가지씩 모아 한 상자에 넣어서 다시 포장한 다음, 주일 한국대사관과 일본 외무성 측의 최종확인을 받은 후 비행기에 실렸다.

5월 27일, 일제강점기 이토 히로부미를 비롯한 제국주의자들에게 강탈되어 조국을 떠난 문화재 1,326점이 눈물과 함께 돌아왔다. 그러나 가장 많아야 할 고미술품은 고작 438점에 불과했고, 책 종류가 852점, 우표 등 체신 관련 자료가 36점이었다. 최순우는 일본 측이 너무 성의없었다며 분개했고, 5월 30일부터 〈한국일보〉에 반환문화재에 대한 해설을 발표했다.

연꽃송이 위에 펑퍼짐하게 둥우리를 치고 앉은 거북의 맵시는 아무리 보아도 한국적인 환상이요, 또 한국적인 맘 편한 앉음새가 아닌가 한다. 마치 잘생긴 어미닭이 양지바른 처마 밑에 둥우리를 치고 앉은 자세라고나 할까. 조금도 도도해 보이거나 거드름 같은 것이 느껴지지 않아서 좋다. 말하자면 곱고 차가운

1966년 부안 양천리에서 도굴된 도자기파편들.
다행히 동원 이홍근의 수장품이 되었다가 훗날 국립중앙박물관에 기증되었다.

그 청자 살결로 빚어진 값진 그릇을 이처럼 따스하게 바라볼 수 있게 해주는 것 역시 너그럽고도 소탈한 도공들의 마음자세에서 연유한다고 말하고 싶다.

이 거북주전자는 조선조 말년 일본이 한국을 강점한 후 이토 히로부미가 통감으로 와 있으면서 한국에서 몰아간 수천 점의 고려청자 중 하나였으며, 이토 히로부미가 그들의 메이지천황에게 직접 진상했던 것을 1966년 5월 일본 국립박물관에서 되찾아온 것이다.

이 주전자는 등 뒤에 뚫린 구멍으로는 술을 넣고 입부리로는 따르도록 되어 있으며, 연 고갱이 두 가닥을 꼬아붙여 만든 솜씨가 그릇 전체와 매우 좋은 비례를 보여주고 있다.

한일협정에 따른 반환문화재의 질과 양에 대해서는 그동안 시비와 여론이 적지 않았지만, 한국 강점의 원흉인 이토 히로부미가 한국에서 거둬들여 메이지천황에게 진상했던 97점의 고려자기 전체가 고스란히 일본 국립박물관 창고에서 우리 국립박물관 창고로 돌아온 것은 통쾌한 일 중 하나가 아닐 수 없다. 일본 메이지천황은 이토 히로부미가 진상한 이 고려청자 97점을 1907년 10월에 모두 자신의 제실박물관에 옮겨서 보관해왔다.

최순우가 이 글을 쓴 5월 말, 골동품계가 발칵 뒤집히는 사건이 발생했다. 청자파편이 인사동 거리에 쏟아져나온 것이다. 최순우는 큰 사단이 났음을 직감했다. 아니나 다를까, 전북 부안군 유천리 인근인 양천리에서 청자 가마터가 도굴되었다는 소식이 전해졌다. 기자들이 몰려와 최순우에게 심경을 물었다.

"이 도요지는 극히 주목되는 유일한 상감청자 요지입니다. 지금까지 한 번도 발굴한 적이 없는데 문화재관리국이 이 지역의 개간에 동의했을리 없습니다. 그런데도 요지 전역이 개간이란 명분으로 도굴되었다니 안타깝기 그지없습니다."

최순우는 한달음에 양천리로 내려갔다. 현장은 참혹했다. 깡그리 뒤집어진 양천리 산10-1 및 11번지 일대 400여 평을 본 최순우는 털썩 주저앉고 말았다. 자신도 모르게 눈물이 흘렀

부안 유천리에서 최순우가 수습한 고려청자 초벌구이 바둑판파편. 14.0×10.06cm, 두께 1.7cm

다. 그러나 불행 중 다행이라고 양천리 가마터에서 도굴된 파편들은 대부분 동원 이홍근의 수장품이 되었다가, 훗날 국립중앙박물관에 기증되었다.

국립박물관에서는 장마가 끝난 8월 17일부터 최순우가 전에 청자벼루와 청자바둑판파편을 수습했던 부안군 유천리 일대에 대한 발굴조사를 시작했다. 2주 동안 발굴 결과 20,855점의 청자파편과 598점의 백자파편이 출토되었다. 그리고 인종 때 만들어진 것으로 추정되는 가마터 5~6개소를 발견하는 큰 성과가 있었다.

최순우는 언론과의 인터뷰에서 "이곳을 사적지로 확대지정해, 세계적으로 유명한 도요지가 몰지각한 사람들에 의해 파손되는 일이 없도록 해야겠다"고 강조했다.

관재수

—

32

9월 3일 밤, 불국사 경내에 있는 국보 제21호 석가탑에 도굴범들이 나타났다. 사리구를 훔치려는 것이다. 그들은 잭Jack으로 석가탑 아래층을 들어올리려 했으나, 잭이 약해 실패하고 돌아갔다. 이튿날 그들은 좀 더 무거운 중량을 들 수 있는 잭을 구해 다시 왔지만 역시 성공하지 못했다. 9월 5일, 아래층을 들어올리는 데 끝내 실패한 그들은 2층을 들어올려 손을 넣어봤지만 아무것도 없었다.

9월 7일, 탑이 약간 기울어진 것을 발견한 스님이 문화재관리국에 신고했다. 9월 9일, 1차조사를 한 황수영 교수는 인위적 파손으로 보인다는 결과를 발표하고, 같은 문화재위원인 최순우·진홍섭과 함께 2차조사단을 꾸렸다.

9월 15~16일 이틀간의 조사를 마친 후 단장인 진홍섭은 "명백한 사람의 짓"이며 "아주 전문적인 3~5명이 집단을 이뤄 저지른 범행"이라고 발표했

1966년 10월 불국사 석가탑 보수복원공사 당시 출토된 사리장엄구들,
국보 제126호. 아래는 금동제장방형사리함이다.

다. 최순우는 도굴범의 표적이 무덤에서 탑으로 바뀌기 시작했다면서, 경주 일대에 산재해 있는 석탑에 대한 관계당국의 철저한 대책을 호소했다.

10월 13일 오전 9시, 문화재관리국은 석가탑 보수복원공사를 시작했다. 11명의 인부가 동원된 현장의 감독은 32년 동안 국보급 탑을 25기나 수리·복원한 김천석이었고, 복원책임자는 최순우·진홍섭·황수영 등 '개성 3걸'과 《고고미술》 동인인 정영호가 맡았다. 최고의 탑에 최고의 기술자와 감독관이 동원된 것이다.

오후 2시, 석가탑에서 금빛 찬란한 사리장엄구가 발견되어 관계자들을 흥분의 도가니로 몰아넣었다. 그러나 오후 4시, 도르래를 지탱하고 있던 전봇대가 부러지면서 들어서 내려지던 2층 옥개석이 공중에서 떨어졌다. 땅에 이미 내려놓았던 3층 옥개석 위로 비스듬히 내려앉았는데, 불행 중 다행으로 그 위에 보호용 나무들이 놓여 있어 한쪽 부분만 조금 떨어져나갔다. 공사현장의 책임자인 김천석이 놀란 얼굴로 한탄했다.

"젠장! 전봇대 속이 썩었을 줄 누가 생각이나 했겠소?"

최순우는 대웅전 앞에서 망연자실한 모습으로 석가탑을 바라보았다. 놀란 가슴은 쉬이 진정되지 않았다. 문화재위원장 김상기 박사가 현장에 있던 기자들에게 조심스러운 목소리로 설명했다.

"옥개석 모서리가 조금 떨어져나간 겁니다. 석가탑의 도굴 여부도 확인할 겸 들쑥날쑥한 탑 모습을 제대로 복원하려다 이런 사고가 났습니다. 전 국민의 관심을 모으고 있는 석가탑의 파손은 일부일망정 극히 유감스러운 일입니다. 그러나 부착제를 사용하면 거의 원형에 가깝게 복원할 수 있으리라 생각됩니다. 국민 여러분은 크게 걱정하지 않으셔도 됩니다."

그러나 신문들은 국보인 석가탑의 훼손을 대서특필했다. 어느 일간지 기

석가탑 보수복원공사 중 사고 당시를 찍은 사진(위).
뽀얗게 먼지가 이는 이 사진 때문에 석가탑이 산산조각 박살났다는 오보가 잇따랐다.
하지만 다행히 2층 옥개석이 보호용 나무들이 덮여 있는 곳으로 떨어졌기 때문에,
모서리 한쪽이 조금 떨어져나간 정도였다(아래). 이 파손 부분은 이후
접착제로 붙여서 원래대로 복원하는 데 성공했다. 중앙일보DB.

세계에서 가장 오래된 목판 인쇄물 무구정광대다라니경, 국보 제126호.
아래는 무구정광대다라니경이 발견된 사리장엄구와
석가탑 보수복원공사 당시 출토된 모습이다.

자는 10월 15일자 기사에서 "현지 감독관들은 앞으로 복원이 가능하다고 돌파구를 말하고 있는 모양이지만, 석가탑은 이미 처참하게 깨졌고 이전과 같은 모습을 갖기는 틀렸다. 이 책임을 누가 져야 하는가?"라며 부분파손이 아니라 아예 박살이 난 것처럼 보도했다.

예술원 회장 박종화는 "우리의 최대 국보 석가탑을 수리하다가 장비와 기술 부족으로 제2옥개석이 떨어져 산산조각났다는 사실은……"이라며 매우 걱정스러워했다. 현대건축가 김중업도 "장비 소홀로 저 국보 탑이 마구 깨져버렸다니 통탄할 일이다"라면서 "사학자들만의 문화재위원 구성이 이런 결과를 갖고 왔다"고 지적했다. 같은 기자가 취재한 인터뷰였는데, 그는 "결국 우리 조상이 남긴 빛나는 문화재를 1200년 뒤 오늘에 이르러 우리 손으로 때려부순 가슴 아픈 결과를 만들고 말았다"면서 기사를 마무리했다.

이런 과대 보도에 최순우는 가슴을 쥐어짰다. 당시 최순우의 집에서 하숙하던 한 학생은 "선생님께서 며칠을 괴로워하시며 방 밖으로 거의 나오지 않으셨다"고 증언했다.

그 기사가 나가고 5일 후인 10월 20일, 어느 지식인이 '석가탑 파괴의 책임자 누구냐?'라는 신문 칼럼에서 "경주의 불국사 석가탑을 동강이 나도록 망가뜨려버렸다는 신문 보도를 보고 가슴이 무너지는 것 같은 아픔과 두려움을 아니 느낀 이 없을 것"이라고 썼다.

현장감독 김천석은 결국 구속되었다. 그리고 최순우·진홍섭·황수영·정영호 네 명은 문화재보호법 60조 및 70조 위반(파손과 관리 소홀)으로 경주경찰서에 정식 입건되었다. '지난 13일 불국사 석가탑 해체작업 중 김천석 씨로 하여금 불비한 기구로 2층 옥개석을 내리려다가 3미터 높이에서 떨어뜨려 2층과 3층 옥개석과 기단 일부 그리고 3층 탑신에 손상을 입힌 혐의'였다. 경찰서에 출두한 최순우는 아무도 원망하지 않은 채 담담히 조사를 받았다. 그는 오히려 몇 푼 안 되는 돈을 받으며 오랫동안 각종 문화재 관련 공사를 군소리 없이 처리해주던 김천석의 구속을 마음 아파했다. 최순우는 경찰조사 얼마 후 검찰에서 무혐의처분되었다.

11월 24일, 최순우가 인솔한 국립박물관 조사단은 지난해 다 못 끝낸 삼천사지 발굴을 위해 다시 북한산 남장대 아래에 갔다. 언 땅을 파자 고려 초기의 대지국사비조각이 끝없이 나왔고, 부도의 부재와 석등 연판도 계곡 여기저기에서 발견되었다. 5일 동안의 발굴조사를 끝낸 최순우는 대지국사비와 인근 마애전을 삼천사지 일괄유물로 보물 지정 신청을 했다. 고려시대 유물은 그럴 만한 가치가 있었고, 그래서 추운 겨울에도 발굴조사를 감행한 것이었다.

12월 23일, 석가탑 복원공사가 성공적으로 마무리되었다. 탑신과 옥개석 파손 부분이 크지 않아 접착제로 붙여서 원래대로 복원하는 데 성공한 것이다. 최순우는 석가탑 복원이 마무리되자, 지난번 석가탑 조사 때 발굴되었지만 옥개석 파손으로 인해 제대로 조명받지 못한 석가탑 사리장치와 세계 最古의 통일신라 목판인쇄 불경인 무구정광대다라니경에 대한 글을 써서 '석가탑 사리장치—일급 조형미와 최고의 목판인쇄'라는 제목으로 〈조선일보〉에 발표했다.

불화를
살려라

—

33

1969년 여름, 최순우는 황수영과 함께 소공동에 있는 성보실업 사무실 문을 두드렸다. 개성 출신으로 사업에 성공한 윤장섭을 만나기 위해서였다. 세 사람은 개성과 피난시절 이야기를 나눴다. 윤장섭도 부모님이 개성에 남은 이산가족이라 최순우와 동병상련이었다.

"저희가 우리나라 문화를 알리고 지키려는 뜻의 잡지를 8년째 매달 발행하고 있습니다. 작년 말 100호를 발행했는데, 후원이 점점 줄어들어 윤 사장님께 도움을 부탁드리려고 이렇게 찾아왔습니다."

최순우가 말을 마치자 황수영이 준비해온 《고고미술》 몇 권을 윤장섭에게 건네며 조금 더 설명했다.

"이것이 저희가 만드는 잡지입니다. 보시다시피 거창한 게 아니고, 갱지에 등사해서 만드는 고문화 전문잡지이고, 발행부수도 많지 않습니다."

윤장섭은 누런 갱지에 철필로 등사한 후 인화지 사진들을 붙여서 만든

《고고미술》을 보며 가슴이 뭉클했다.

"두 분께서 송도의 문화유적도 많이 소개하시는 걸《송도》(개풍군민들이 발행하는 잡지)에서 봤습니다. 이렇게 훌륭한 일을 하시는 것을 보니 같은 송도인으로서 자부심이 생깁니다."

송도인, 개성 사람들은 자신들을 그렇게 부르며 옛 고려 도읍지 출신으로서의 정체성을 강조했다.

우리나라 3대 사립박물관의 하나로 손꼽히는 호림박물관의 설립자 윤장섭은 이렇게 우리 옛문화를 만났고, 자신이 후원하는《고고미술》을 매달 받아보다가 수집가의 길로 들어섰다. 그는 훗날 펴낸 책《한 송도인의 문화재 사랑》에서 당시를 다음과 같이 회상했다.

1969년의 어느 날이었다. 소공동 성보실업 사무실에 귀한 손님이 찾아왔다. 황수영 씨와 최순우 씨였는데, 두 분 다 개성 사람이었다. 이 두 분이 내 사무실을 찾은 것은《고고미술》이라는 잡지를 만드는데 그 비용을 내가 도와주었으면 해서였다. 이 잡지는 아마도 우리나라에서는 고미술에 대한 최초의 잡지가 아니었나 생각된다. 그러나 잡지라고도 할 수 없을 정도로, 내용은 등사판에 철필로 긁어서 프린트를 하고 사진을 풀로 붙여 제본한 것이었다.

경제가 어려운 시절이기는 했지만 참으로 가난한 잡지라고 하지 않을 수 없을 정도였다. 비용도 얼마 되지 않아 흔쾌히 도와드리기로 했다. 이것이 내가 도자기 등 고미술품에 관심을 갖게 된 시초이며, 박물관사업의 시발점이라고 할 수 있을 것 같다.

황수영·최순우·진홍섭 씨 등은 우리 민족의 문화유산들은 우리 민족의 정통성을 계승하고 나아가 우리 민족의 독특한 문화를 개발하고 이를 유지·발

내소사 영산회괘불탱
10.5×8.17m, 조선시대, 보물 제1268호, 전북 부안군 진서면 내소사.

1969년 사찰 불화 조사작업 당시 선운사에서. 왼쪽에서 두 번째가 최순우다.
그 왼쪽에 최완수, 오른쪽 끝에 정양모가 앉았다. 정양모 사진 제공.

전시키는 발판이 되기 때문에, 외국으로 반출되는 것은 반드시 막아야 한다고
《고고미술》잡지를 통해 주장해왔던 것이다. 나는 이분들의 주장에 전적으로
공감하면서 차츰 문화재에 관심을 갖기 시작하였다. 두 분이 보내주는 잡지에
실린 문화재의 사진을 볼 때마다 나도 왠지 느낌이 좋았다. 이렇게 관심이 높
아지면서 나도 유물의 수집을 시작하게 되었다.

1969년 8월 8일, 미술과장 최순우는 전라남북도 지역의 주요 사찰에 있
는 불화佛畵를 조사하기 위해 정양모, 강우방, 최완수 그리고 친구 이경성
과 함께 조사단을 꾸려 부안 내소사로 떠났다.《고고미술》을 발행하는 한국
미술사학회와의 합동조사여서 간송미술관의 최완수와 홍대 교수 이경성이

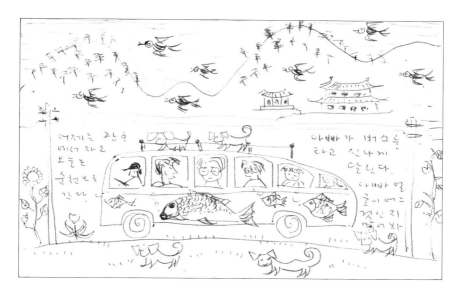

1969년 8월, 고창에서 광주 거쳐 순천으로 불화를 조사하러 갈 때 딸에게 보낸 엽서.
운전기사 뒤로 두 번째가 혜곡인 듯하다. 최수정(최순우 선생 따님) 사진 제공.

동행했다. 당시 불교미술을 가장 잘 아는 사람이 최완수였기 때문에, 그를 참석시키기 위해 최순우가 합동조사단이라는 형식을 취한 것이다. 그가 오랫동안 공직생활을 하면서도 구설에 오른 일이 없는 것은 이렇듯 철저한 공·사 구분 덕분이었다.

이 조사는 국립박물관 최초의 '사찰 불화 조사사업'으로, 절에 있는 괘불 등 대형 불화들의 보존상태가 얼마나 심각한지 파악해 보존대책을 마련하기 위한 것이었다. 조사 대상은 최순우가 한국전쟁 직후 서울에 남아 밤새 포장해서 피난시켰던《전국 사찰 31본산 재산목록 대장》에 있는 불화목록을 근거로 선정되었다. 최순우는 지난 몇 년간 이 대장을 살펴보면서 발굴·정리해야 할 불교회화가 1만 점 이상이라는 사실을 알았다. 그러나 한꺼번에 할 수 있는 일이 아니라 5개년 계획으로 추진하기로 하고, 1차조사 대상으로 전북의 내소사·선운사와 전남의 선암사 세 곳을 정한 것이다.

첫 번째 도착지인 내소사에서는 대웅전 불단 뒤에 있던 너비 약 9미터, 길이 약 11미터의 대형 괘불탱화 두루마리를 찾아냈다. 괘불탱화는 큰 재를 올릴 때 쓰는 것인데, 내소사에서는 오랫동안 쓰지 않아 불단 뒤에서 먼지를 뒤집어쓰고 있었다. 최순우는 조사 후 숙종 26년인 1700년에 제작되었음을 밝혀냈다.

두 번째인 고창 선운사에서는 평균 1.5×2미터의 불화 다섯 쪽이 합쳐져 대형 화폭을 이루는 천불탱화가 발굴되었다. 최순우는 언론과의 인터뷰에서 "고운 비단에 그려진 이 불화는 본존여래상을 중심으로 천의 불상이 정밀하게 그려진 그림으로, 중국 둔황의 천불동벽화를 상기시킨다. 제작 연대는 영조 30년인 1754년"이라고 밝혔다.

세 번째인 순천 선암사에서는 팔상전의 3면 벽을 꽉 메운 30조사탱화를 조사했다. 최순우는 "석가의 33명 제자들의 표정과 동작을 하나의 화면 안에 재미있게 구성한, 회화적 가치가 돋보이는 불화"라고 평가했다. 그리고 대웅전에서도 길이 15미터에 너비 11미터의 초대형 괘불을 발굴했는데, 최순우는 "세계 회화사상 몇째 안 가는 크기여서 웬만한 큰 강당 아니면 국립박물관에 가져온다고 해도 전시가 불가능하다"며 감탄했다.

8월 30일, 최순우는 20여 일의 조사를 끝내고 서울로 올라왔다. 〈동아일보〉와의 인터뷰에서 "문화재 지정 여부는 고사하고 우선 어떤 수단을 써서라도 날이 갈수록 상해가는 불화들을 되살려 보존하는 것이 급한 일"이라면서, "곧 2차조사단을 꾸려 연말까지 송광사·천등사·화엄사·대흥사 등을 조사하겠다. 조사위원은 정양모·맹인재·이을호·전영우 씨"라고 구체

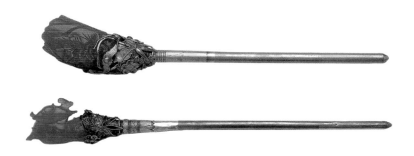

밀화비녀(위), 떨잠(아래). 조선시대 후기, 삼성미술관 리움 소장.
조선시대 공주, 옹주를 비롯해 상류층 여인들이 사용하던 것으로
화려함이 돋보이는 공예품이다.

적인 계획을 밝혔다.

그리고 9월 2일자 〈중앙일보〉에 불교회화의 역사와 가치에 대한 글을 발표했다. 당시만 해도 부석사에 스님이 단 두 명 있을 정도로, 대부분의 사찰에 스님이 적었기 때문에, 많은 불교문화재가 방치될 수밖에 없었다. 그래서 최순우는 더욱 목청을 높였다. 그러나 예산이 없어서 2차조사단은 1970년 8월 5일에야 출발할 수 있었다.

최순우는 불교회화 조사에서 돌아온 후 〈동아일보〉에 민예품 칼럼을 연재하면서, 소반(해주반)을 비롯해 실패와 금척, 화각 베갯모, 옥비녀, 3층찬탁, 고비(편지꽂이), 촛대, 은입사 백동담배함, 은제 칠보 마고자단추, 운혜(비단 꽃신) 등 잊혀져가는 생활의 아름다움을 세상에 알렸다.

그리고 11월 22일 〈서울신문〉에 한국미에 대한 자신의 의견을 정리한 '한국의 미와 얼'을 발표했다. 고유섭의 제자가 된 이후 35년 동안 자신이 보고 찾아온 한국미가 무엇인지 정리해본 글이었다.

쌓이고 쌓인 긴 옛이야기와도 같은 것, 그리고 우리의 한숨과 웃음이 뒤섞인 한반도의 표정 같은 것, 마치 묵은 솔밭에서 송이버섯들이 예사로 돋아나듯이 이 땅 위에 예사로 돋아난 조촐한 버섯 같은 것……

하늘을 향해 두 귀를 사뿐히 들었지만 뽐냄이 없는 의젓한 추녀의 곡선, 아낙네의 저고리 도련과 '붕어밸지은' 긴 소매의 맵시있는 선, 외씨버선 볼의 동탁한 매무새, 초가지붕과 기와지붕들이 서로 이마를 마주 비비고 모여선 곳, 여기엔 시새움과 허세도 가식도 없다.

궁궐이나 절간 또는 문묘나 성문 같은 권위있는 건물에도 물론 한국의 아름다움은 스며 있다. 그러나 우리 조상의 그 문화를 길러준 주택건축처럼 한

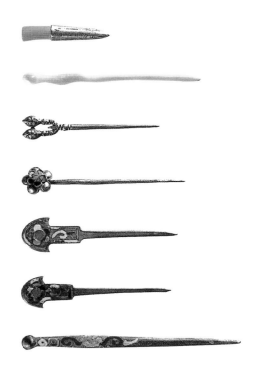

뒤꽂이(위), 은장도(아래). 조선시대 후기, 삼성미술관 리움 소장.
뒤꽂이는 쪽진 머리 뒤에 꽂는 장식으로 금, 은, 동, 산호, 비취, 진주 등의
재료를 이용해 만들었다. 은장도는 조선 후기에는 노리개 장식의
일부가 되면서 정교하고 화려해지기 시작했다.

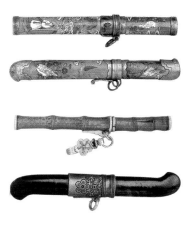

국의 고유한 체취와 감정을 짙게 반영한 곳은 또 없다.

대수롭지 않은 것 같아도 이 요람 속에서 한국의 멋과 미가 싹터온 것이다. 기와집은 기와집대로 초가집은 초가집대로, 크면 큰 대로 작으면 작은 대로 주위의 자연환경과 주인의 지체에 분수맞추어 표현한 것이 한국 주택건축의 아름다움이다. (……)

그 속에 앉아서 자연을 바라봐서 눈맛이 즐거워야 하며 멀리서 바라보면 그 집의 앉음새가 자연 속에서 편안해야만 하는 것이 한국 주택의 미덕이요 점지占地의 묘妙였다. 말하자면 손으로 쓰다듬으면서 즐길 수 있는 잔재주는 부리지 않지만, 그 속에 들어앉으면 심신이 편안해야만 되는 아름다움이 한국 주택에는 깃들기 마련이다.

한국 공예는 한국의 이러한 주택 속에 자라났다. 우리의 미술 중에서 무엇이 가장 한국적이야 할 때 우리가 공예를 들게 되는 것은, 의젓하면서도 착하고 어리숙하면서도 또 염치를 존중한 민족의 마음과 자연의 의지가 함께 길러낸 때문이다.

길고 가늘고 그리고 때로는 도도하면서도 때로는 슬프기도 한 청자의 긴 곡선의 아름다움이나 의젓하고 어리광스럽고 때로는 착실하고 건강한 조선 자기의 모습, 헤벌어지지도 않고 뽐내지도 않고 번쩍이지도 않는, 그리고 호들갑스럽지도 수다스럽지도 않은 아름다움이 바로 은근으로 이어지는 길이다.

1969년의 마지막 날, 최순우는 오대산 상원사를 향해 출발했다. 마음이 쓸쓸할 때면 찾아가서 반야심경을 쓰며 생각을 정리하는 곳이었다. 깊은 산 적막강산 속에서 1970년대의 새아침을 맞겠노라며 그는 청량리역에서 기차를 탔다.

상심

—

1970년 1월 1일, 최순우는 상원사에 울려퍼지는 종소리와 함께 새해 아침을 맞았다. 신라 성덕대왕 때 만든 신라의 소리를 들으며 흰 눈이 소복이 쌓인 대웅전 뒷산으로 올라갔다. 이제 54세, 지천명도 중반에 접어드는구나 싶었다. '만년과장이면 어떠냐, 그래도 이 정도면 내 소임에 충실했다'는 생각이 들었다. 그는 가슴을 펴고 심호흡을 했다.

2월 23일, 김재원 관장의 정년퇴임식이 문화공보부에서 거행되었다. 1945년부터 25년간 초대관장으로 재임한 그에게 국민훈장 모란장이 수여되었다. 김재원은 후임 관장으로 서울대 교수 김원룡을 추천했으나 그가 완강히 고사해 관장직은 한동안 공석이었다.

3월 10일, 최순우는 오사카에서 개막되는 '엑스포70'에 전시할 우리 문화재 호송관이 되어 일본으로 출발했다. 개성박물관 유물을 서울로 호송할 때가 33세였으니, 20년이 넘도록 호송을 담당하고 있는 셈이었다.

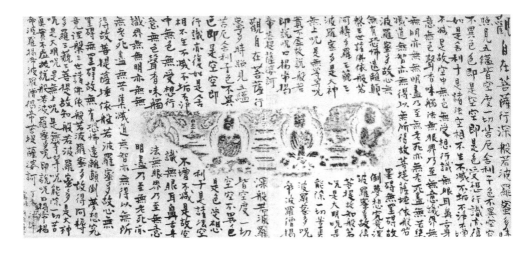

최순우가 1967년 상원사에서 탁본 종이 위에 쓴 반야심경.

5월 11일, 국립박물관 초기 관원으로 가장 빨리 박물감이 되었던 김원룡이 결국 관장으로 취임했다. 최순우와는 계속 가깝게 지냈고《고고미술》동인활동을 함께 해온 사이라 오히려 조심해야 할 부분이 많았다. 공직생활을 오래 한 최순우는 매사에 지혜롭게 처신하기 위해 노력했다. 김재원 관장이 있을 때보다 더 주의 깊게 행동했다.

최순우는 김원룡이 추진하는 일에 적극적으로 협조했다. 그가 첫 사업으로 매월 〈박물관신문〉(7월 창간 때는 '박물관뉴우스')을 발행하겠다고 하자, 열심히 글을 써 지면을 풍요롭게 하는 데 일조했다. 매달 '화가열전'을 연재하면서 신사임당, 우봉 조희룡, 능호관 이인상, 두성령 이암, 현재 심사정 등을 소개했다. 이 신문은 각 박물관뿐 아니라 학교와 도서관, 학술연구단체 그리고 문화공보부 행정담당 기관에 배부되었기 때문에 사회 지식층에게 우리 문화에 대한 관심을 높여주는 역할을 했다.

해가 바뀌어 1971년 1월 14일, 최순우는 '가냘픈 무순에서 누나의 흰 손길을 더듬어'라는 제목의 글을 〈서울신문〉에 발표했다. 또 3월 4일에는 〈동아일보〉에 '내 고향 만월대'를 발표했다. 이해에는 유난히 고향과 관련된 글을 많이 썼다. 어떤 해보다 상심이 깊었으리라 짐작할 뿐이다.

〈박물관신문〉에는 계속해서 '화가열전'을 연재했다. 변상벽·이정·안견·이인문·정선·김명국·김두량·김득신·채용신 등을 매월 거르지 않고 소개했다. 그리고 〈독서신문〉에는 분청사기추상문편병, 청자상감운학문배개 등 품위있는 도자기 해설 글을 연재했다.

7월 8일, 국립박물관 설립 후 최대의 작업인 무령왕릉 발굴이 시작되었다. 김원룡 관장이 발굴단장이었고, 국립박물관의 지건길·조유전 학예관, 문화재관리국의 이호관 학예관 그리고 공주박물관 학예관 세 명이 발굴단원으로 참가했다. 훗날 김원룡은 '발굴 20주년 회고'라는 글에서 당시를 다음과 같이 회상했다.

가슴이 덜컹하고 '아이구' 소리를 지를 뻔했어요. 난 그때까지 발굴하는 꿈을 여러 번 꾸었어요. 너무나 많은 보배들과 너무나 귀한 명문자료들이 쏟아져나오는 꿈…… 미처 날뛰다가 잠을 깬 적이 한두 번이 아니었는데…… 솔직히 말해 저는 발굴운이 나쁜 사람이었습니다. 특별하게 중요한 발굴을 해본 적이 없었어요. 그러니 꿈에서나마 그런 꿈을 꾸었던가 봅니다. 그런데 바로 그 꿈에도 잊지 못할 명문(동쪽 석관 위에서 무덤의 주인이 무령왕임을 알 수 있는 글자가 발견되었다), 그것도 삼국시대 명문이 눈앞에서 튀어나오는 것이 아니겠습니까.

그러나 이 발굴은 우리나라 고고발굴사상 '최악의 발굴'이라는 불명예를 떠안고 말았다. 발굴이 마무리될 때까지 기다리지 않고 발굴 전에 기자들에게 알린 것이 화근이었다. 일부 기자들이 무덤 안으로 들어와 유물을 밟아 부서뜨리는 사태까지 벌어졌다. 최순우는 미술과장이라 고고과 발굴현장인 이곳에 없었지만, 한마디로 아비규환이었다. 결국 김원룡은 "할 수 없습니다. 될 수 있는 한 빨리 발굴을 끝내는 편이 좋습니다"라고 결정을 내렸는데, 이것이 그에게 '천추의 한'이 되었다.

아무리 기자들이 흥분해서 빨리 공개하라고 졸라대도 신중했어야 하는데, 그만 발굴단 자체가 흥분해서 '졸속 발굴'을 결정했으니 이 얼마나 무식한 짓입니까. 그 책임은 모두 발굴단에 있습니다. (……) 열한 시간 동안, 하룻밤에 쓸어담다시피 수습된 유물은 108종 3,999점에 달했습니다. 이 발굴을 교훈 삼아 2년 뒤에 있었던 경주 천마총 발굴은 그야말로 철저한 현장관리와 보도통제 속에서 이뤄졌고, 발굴에 대한 '보안전통'도 이때부터 생겼습니다.

_ 조유전,《한국사 미스터리》

무령왕릉 발굴은 세상을 크게 놀라게 한 대사건이었습니다. 이 발굴을 주관한 김원룡 교수는 그후 일생을 두고 후회하게 되었으며, 분명히 잘못을 저지른 발굴이었습니다. 이 발굴에 대해서는 초창기의 우리나라 고고학 개척에 종사한 학자로서 모두가 함께 겸허하게 반성하고 마음에 굳게 다짐해야 할 사건이었다고 생각합니다.

_ 윤무병,《한국 고고학 60년》

9월 14일, 김원룡 관장은 다시 대학으로 돌아가서 학생들을 가르치겠다며 사의를 표했고, 그의 사표는 곧바로 수리되었다.

9월 25일, 황수영이 국립박물관장으로 취임했다. 이때 최순우가 받은 충격은 컸다. 황수영과는 개인적으로 매우 친했지만, 그는 자신보다 늦게 박물관에 들어왔고, 이미 오래전에 대학으로 떠난 사람이었기 때문이다. 개성박물관 시절에는 그가 서울본관의 박물감이 되어 나타났어도 젊은 시기였기에 '조정막여작'이라며 대접했지만, 지금은 50대 중반이었다. 그래도 최순우는 밖으로 드러내지 않고 혼자 실망하고 괴로워했다.

10월 15일, 성북동 간송미술관에서 첫 번째 전시회로 '겸재 정선 회화전'을 개최하고, 《간송문화》 제1호를 발간했다. '정신적 대표', '정신적 관장'으로 불리던 최순우는 《간송문화》 창간호에 축사와 겸재 정선의 회화적 의의에 대한 글을 실었다. 이 글에서 최순우는 "한국의 산수화를 독자적인 양식과 감각으로 정립시킨 사람이지만, 그것은 사실 고려시대부터 수백 년간의 모색기를 거쳤기 때문에 비로소 이런 화가가 나타났다고 본다. 그래서 정선을 추종하는 소위 겸재파라고 일컫는 일군의 작가들이 나옴으로써 한국 회화사, 특히 산수화의 전통에 체면이 섰고, 획기적인 전환기를 이룩했다"고 정리했다. 이때부터 간송미술관 전시회는 최완수 연구실장 주도로 매해 5월과 10월 중순 보름 동안씩 열리며 《간송문화》를 계속 발행하고 있다.

11월 초, 《고고미술》 발행을 후원하는 성보실업 윤장섭이 최순우에게 긴히 상의할 일이 있다며 연락을 해왔다. 후원을 시작하고 얼마 후부터 수집에 관심을 보여 조언과 감정을 해주고 있었기에, 또 무슨 물건이 나왔구나 생각하며 저녁약속 시간에 맞춰 성북동에 있는 그의 집으로 갔다.

윤장섭은 최순우가 도착하자 안방으로 데리고 가더니 오동나무 상자에서 청화백자항아리를 꺼냈다. 숨이 넘어갈 정도로 기가 막힌 항아리였다.

최순우가 뚫어지게 바라보자 윤장섭이 불안한 목소리로 물었다.

"너무 깨끗하지요?"

최근에 만든 가짜가 아니냐고 묻는 것이었다. 최순우는 아무 대답도 하지 않고 계속 항아리만 바라봤다. 윤장섭은 계속 손을 만지작거리며 불안해했다. 한참 후 최순우가 물었다.

"이미 구입하신 겁니까?"

"아이쿠, 무슨 말씀을요. 저야 과장님 허락 없이는 아무것도 안 삽니다. 제가 뭘 안다고요. 골동상이 지금 저기 뒷방에서 기다리고 있습니다."

"음…… 꽤 달라고 하지요?"

"예. 5,000이나 달랍니다."

5,000만 원. 당시 서울 시내 집값이 100~200만 원이었다. 1급공무원 월급이 7만 원이었고, 웬만한 봉급쟁이는 2~3만 원 받을 때였다. 최순우가 이마를 짚으며 탄식했다.

"아이쿠야……."

"그 정도는 아닙니까?"

"당대 최고 수준의 청화백자로 대단한 명품입니다. 이런 건 일본으로 건너가면 절대 안 되는 보물이니까, 형편이 되면 사셔서 이 땅에 남겨놓는 게 애국하시는 겁니다. 이런 명품은 정말 다시 만나기 어렵습니다."

"그렇게 좋은 겁니까?"

"이 청화백자항아리는 15세기경에 제작된 건데, 전체적인 모양과 색, 문양의 필체 등이 최고 수준입니다. 이 시기에 제작된 청화백자는 흔히 '고청화'라고 부르는데 매우 진귀합니다. 한 10년 전에 박물관에서 이 시기의 청화백자 연적이 나와 구입하려고 했는데, 예산이 없어서 입수하지 못했습니

백자청화매죽문 유개항아리
높이 29.2cm 입지름 10.7cm 밑지름 14cm, 조선시대,
국보 제222호, 호림박물관 소장.

다. 그렇게 작은 연적도 가치가 매우 높습니다."

"그러면 얼마나 주면 될까요?"

"허허, 그걸 어떻게 제가 말씀드리겠습니까? 그러나 이런 정도의 명품은 부르는 게 값이니, 놓치지 말고 구입하시는 게 좋습니다."

"알겠습니다. 그러면 제가 무리를 해서라도 애국 한번 해보겠습니다."

최순우가 돌아간 후 윤장섭은 흥정을 시작했고, 결국 4,000만 원에 구입했다. 얼마 후 윤장섭이 최순우를 찾아왔다.

"과장님 덕분에 좋은 물건을 소장하게 되었으니 조그만 사례라도 해야겠습니다."

최순우가 펄쩍 뛰었다.

"내 얼굴 다시 안 볼 거 아니면 그런 말 마세요."

최순우의 고집을 어떻게 꺾겠는가. 이 청화백자항아리는 국보 제222호로 지정되었다. 윤장섭은 《한 송도인의 문화재 사랑》에서 아래처럼 회상했다.

> 역사적인 유물을 구입할 때는 어려움도 많고 고민도 많다. 이러한 나의 고민을 덜어주는 데 큰 힘이 된 것은 최순우, 황수영, 진홍섭 씨였다. 나는 문화재를 구입할 때마다 이분들에게 감정을 받고 구입했고, 이 세 분이 추천해주는 유물은 가급적 구입을 했다.
>
> 특히 문화재 감정은 최순우 씨가 많이 도와주었다. 최순우 씨는 내가 이런 문화재들을 구입하는 것은 이러한 유물들이 해외로 유출되는 것을 막아 결국 국가적으로 도움이 된다면서 자세히 안내를 해주었고, 바빠서 시간이 없을 때에는 글로 써서 보내주기까지 하였다. 그러나 사례금을 드리면 일절 받지 않았다. 참으로 깨끗한 분이었다. (……)

나는 내가 수집한 문화재들이 역사적으로 우리 조상들이 살아온 시대의 물질적 증거로서 계속 보존되고 후손에게 영구히 전달되려면 박물관을 설립하는 것이 마땅하다는 생각을 이미 굳히고 있었다. 최순우 씨는 나의 이런 생각에 깊은 공감을 표하고 적극 돕겠다고 했다.

10여 년 동안 수집한 707건 835점의 문화재와 내가 소유했던 부동산 등을 출연하여 문화공보부에 재단법인 설립 허가 신청을 제출했다. 재단법인의 명칭은 성보문화재단으로 하였다. 그러나 이러한 문화사업이 그리 쉽지 않다는 것을 당시에 절실히 느꼈다. 담당 국장들은 마치 우리가 박물관을 운영할 능력도 없으면서 돈이나 좀 있다고 할 일 없이 이런 일을 벌이려는 것처럼 대하는 것이었다.

이렇게 지지부진하던 재단법인 허가가 나온 것은 허가 신청이 들어간 지 3개월이 가까운 1981년 7월 29일이었다. 박물관 설립을 위한 재단법인 허가가 나오지 않아 걱정한다는 소식을 들은 최순우 씨가 직접 담당 국장을 만나 이야기를 하고 난 후였다. 최순우 씨로부터 나에 대한 자세한 이야기를 들은 담당 국장은 그제야 고개를 끄덕거리더라는 것이다. 결국 나는 다시 한 번 최순우 씨에게 신세를 지게 되었다.

최순우는 이렇게 개성 상인 출신 윤장섭에게 문화재 수집의 단초를 제공했고, 10년 후 호림박물관을 설립할 때도 조언을 아끼지 않았다. 그는 국립박물관에는 유물구입 예산이 거의 없어 발굴품 외에는 비싼 유물은 구입할 형편이 아니라는 걸 누구보다 잘 알았기에, 윤장섭뿐 아니라 다른 이들에게도 재력이 되면 문화재를 구입하라고 적극적으로 권해서 조상들이 남긴 문화유산이 일본으로 빠져나가지 않게 했다.

경복궁
시대

—

35

1972년 4월 21일, 국립박물관은 덕수궁 석조전에서 경복궁에 새로 완공될
자체 건물로 이사갈 준비를 시작했다. 최순우는 먼저 비전시품을 포장했다.
6월 24일, 국립박물관은 휴관에 들어갔고 이때부터 본격적인 포장작업이
시작되었다. 최순우는 〈박물관신문〉 7월호에 이사가는 심정을 이렇게 썼다.

　　새집을 짓고 큰 이사를 치르면서 우리 박물관이 과연 꾀죄죄한 때를 그동
안 얼마나 벗어버리고 다시 돌아가게 되는 것인지 곰곰이 반성해보지 않을 수
가 없었다. 때 중에는 '시골때' '가난때' 같은 일반적인 때도 있지만, 실상 우
리 박물관이 이제까지 불가피하게 지니고 있었던 가장 큰 때는 '일본때'였고,
또 어서 벗어버리려고 의식적인 노력을 다해온 때도 바로 이 '일본때'였다.
　　일제강점기 조선총독부박물관은 그들의 식민고등정책의 하나로 30년간 박
물관에 그들의 일본때를 겹겹이 입혀놓았고 그들이 입혀놓은 찐득한 일본때

는 신생 한국 국립박물관으로 개편된 지 20여 년이 지난 오늘에도 구석구석에서 깨끗하게 가셔지지 못했다.

그동안 우리는 고고학과 미술사의 용어를 비롯해서 모든 일본식 박물관용어를 꾸준히 정리하느라고 애썼다. 그리고 일본인 학자들이 세워놓은 고고학과 미술사 각 분야의 체계를 새로 검토하고 자주적으로 해석하려고 노력해온 것이 사실이다. 그것을 위해 많은 조사와 발굴이 이루어졌으며 그러한 성과는 지금 서서히 나타나고 있다고 자부하고 있다.

이번 정부가 13억에 가까운 큰돈을 들인 새 박물관이 신축 낙성되어 새집으로 이사가는 계기가 아마도 이러한 유형의 퀴퀴한 일본때를 벗는 획기적인 시기가 될 것이라는 기대로 나는 지금 가슴을 설레고 있다. 그리고 모두 힘을 합해서 이번 이사를 계기로 우리 박물관이 '시골때' '가난때' '일본때'를 벗어버릴 수 있게 되기를 염원하는 마음이 한층 간절해진다.

8월 25일 오전 10시, 국립박물관은 국립중앙박물관으로 이름을 바꾸고 개관식을 거행했다. 원래 계획은 광복절인 8월 15일에 맞추는 것이었으나 준비가 좀 늦어졌다. 박정희 당시 대통령과 영부인 그리고 3부 요인이 개관 테이프를 자른 후 전시실을 둘러보기 시작했다. 박정희 대통령 안내는 미술과장 최순우와 고고과장 한병삼이 맡았고, 영부인은 이난영 유물과장이 안내했다. 이난영은 자신의 책《박물관 창고지기》에서 이날의 일을 다음과 같이 기억했다.

두 분은 가다가 함께 들여다보기도 하고 관심도에 따라 거리가 생기기도 하였는데, 대통령은 회화에 영부인은 불교미술에 관심을 보였다. 그런데 고분

해부 최순우, 한국미의 순례자

1972년 8월 25일 국립중앙박물관의
신축개관을 기념하는 포스터.

유물실에는 당시 삼성재단 이병철 회장의 소장품이 많이 출품되어 있었다. 맨 처음 (가야)금관 진열장 앞에서 영부인에게 이 것은 이 회장의 소장품이라고 설명을 하였다. 마음속으로는 적절한 기회를 보아 국가에서 유물구입비가 책정되어야 한다는 소리를 하고 싶어서였다. 이 회장의 두 번째, 세 번째, 네 번째 진열장에 이르자 드디어 영부인께서 이것들은 도굴품이 아니냐고 물었다. 그래서 사실은, 이 유물들이 골동상으로 나왔을 당시에는 국가에서 구입하지 않으면 국외로 흘러나갈 수밖에 없었는데, 국립박물관에서는 유물구입비가 거의 없었다는 사실을 이야기하며, 그럴 때 재벌이 사들여 해외유출을 막고 국내에서 보존하게 되었고, 또 이처럼 공공기관 전시를 통해 국민 앞에 공개한다면, 도굴품을 사들인 일보다는 우리 유물을 지킨 공이 더 크다고 했더니, 영부인이 "그런 해석도 가능하군요"라며 긍정적인 반응을 보였다.

대통령과 영부인은 전시실을 돌아본 후 자리를 옮겨 현안 문제에 대한 브리핑을 받았다. 대통령이 애로사항을 묻자 황수영 관장이 대답했다.

"덕수궁에 있을 때와는 달리 경복궁 박물관은 외곽이 넓어 경비에도 신경 써야 하는데, 이 부분을 전담할 수 있는 직제가 없는 것이 어렵습니다."

"그러면 관리과를 신설해서 영관급의 제대장교에게 경비 책임을 지게 하면 되겠네. 직제가 정비될 때까지는 30대대가 경비를 서도록 하고,"

옆에서 수행비서가 그 말을 열심히 노트에 적었다. 현안 청취가 끝나자 대통령이 작심한 듯 말을 꺼냈다.

"아까 보니까 이병철 씨 출품작이 많던데, 그거 도굴품일 텐데 어떻게 개인이 그런 유물을 가질 수 있는가? 국가에서 압수해야 하는 것 아닌가?"

대통령의 노기어린 말투에 관장실에는 침묵이 흘렀다. 그때 영부인이 옆에서 거들었다.

"개인이 돈을 주고 산 것이라는데 어떻게 압수하겠습니까?"

"그래? 그럼 돈을 주고 가져오지, 뭐."

그러자 윤주영 문공부장관이 나섰다.

"각하, 그게…… 막대한 액수입니다."

"그래? 그럼 연부年賦로 물어주면 될 것 아니야."

연부! 매해 조금씩 갚겠다는 뜻이었으니 그냥 압수하겠다는 말과 다름없었다. 그러자 영부인이 다시 나섰다.

"아까 듣자 하니 입수할 당시에는 국가적으로 아무런 대책이 없었답니다. 그렇게 해서 해외로 내보내지 않게 되었고, 이렇게라도 공공기관에서 전시를 해 국민들에게 보여주게 되었으니 다행이라고들 해석을 합니다."

영부인의 조언으로 이병철 소장품 국가 압수 문제는 정리가 되었다. 대통령 내외가 일어서자, 윤주영 장관이 문화재관리국장을 소개했고, 황수영 관장이 문 옆에 서 있던 박물관 학예관들을 소개했다. 관장이 정양모를 가리키며 미술과 학예관이라고 하자 대통령이 그의 머리를 쳐다보며 신경질적인 목소리로 말했다.

"아니, 미술과장도 머리가 길더니 학예관도 머리가 기네. 장관, 이 사람들 머리 좀 깎으라고 하시오."

당시 젊은이들의 장발이 퇴폐적이라며 단속을 지시한 박 대통령으로서는 공무원들의 머리가 긴 걸 보고 화가 난 것이다. 그때 마침 장관이 옆사람과 인사하느라 듣지 못했다. 이난영의 회고에 따르면, 최순우와 정양모는 이후에도 머리를 자르지 않았다. 그래서 박물관 직원들은 정양모에게 각하가 군인 출신이라 언제 불심검문을 나올지 모르니 미리 머리를 자르는 게 좋을 거라고 놀렸고, 그는 설마 다시 오겠느냐며 웃음으로 넘겼다. 그러나 몇 년 후 박 대통령이 다시 국립중앙박물관을 찾는 행사가 계획되자, 그때는 할 수 없이 머리를 단정하게 잘랐다.

개관식이 끝난 후 최순우가 개관 특별전을 대규모 조선시대 회화전으로 하자고 건의하자 황수영은 좋은 계획이라며 고개를 끄덕였다. 그때부터 최순우는 볼거리 풍성한 전시회를 만들기 위해 개인 소장가들을 찾아다니기 시작했다.

11월 14일, 국립중앙박물관은 개관 후 첫 특별 전시로 '한국 명화 근 5백 년전'을 개최했다. 조선왕조 5백년의 회화명품 250여 점을 12월 10일까지 전시했다. 국립중앙박물관을 비롯해 서울대·고려대·이화여대 등 각 대학 박물관과 전형필·이병철·손세기 등 국내에서 손꼽히는 수장가 20여 명의 비장품이 출품되었다. 매일 평균 2,000명 이상, 일요일에는 8,000명까지 몰려와 해방 이후 최대 관람객을 기록했다. 이렇듯 많은 관람객을 동원할 수 있었던 것은 출품작이 워낙 출중했기 때문이다. 최순우가 11월 18일부터 12월 6일까지 〈중앙일보〉에 격일로 10회에 걸쳐 연재한 '한국 명화 근 5백년전 출품작 해설'도 한몫을 했다.

정조대왕은 스스로 학문과 예술을 즐겼을 뿐만 아니라 온 사회에 문예중흥의 새 기운을 크게 진작해준 분이다. 특히 서와 화에 대한 안목이 매우 높은 분이었으며 스스로 서화의 실기를 닦아서 비범한 작품들을 남겼는데, 이 야국도는 이분의 유묵 중에서도 두드러진 작품의 하나였다. 원래 이왕가 동경 저택에 있었던 작품으로서 재일교포 유지의 손에 입수되어 동국대학교에 기증된 쌍폭 중의 하나다.

이 화면에서 풍기는 높고 맑은 기품은 이 작자가 분명히 왕자라는 사실을 뒷받침해주고도 남음이 있으며, 그 원숙한 용묵에서 오는 청정한 묵색의 미묘한 변화라든지 묘선에 드러난 비범한 필세와 그 속력 있는 붓자국에 스며 있는 눈에 안 보이는 기운 같은 것은 가히 왕자지풍의 실감이라고 말하고 싶다. 정조의 저서《홍재전서》에도 회화에 관한 문조가 적지 않고, 또 당시 사대부 화가로서 뛰어난 화론과 심미안으로 일세의 명문을 이루었던 표암 강세황은 왕의 짙은 애고를 받는 문신으로서뿐만 아니라 정조의 예술을 북돋워준 배경으로서 정조의 회화예술 형성에 미친 영향이 적지 않았으리라고 짐작된다.

12월 중순, 1954년 국립박물관에 들어와 학예연구실장으로 재직하고 있던 윤무병이 사표를 제출했다. 그는 후에 개관행사 등으로 '너무 피곤해서' '하고 싶은 일'을 '소신껏 못하겠다'는 생각이 들었다고 회상했다.

12월 28일, 최순우는 수석학예연구관(당시 공무원 직제 2급을, 현재로는 4급) 발령을 받았다. 모두들 학예연구실장으로 발령날 줄 알았고, 일부 언론에서는 그렇게 인사 보도를 하기도 했다. 그러나 학예연구실장 발령은 다음 해 3월까지도 나지 않았다. 그래도 최순우는 그저 담담히 받아들였다.

1973년 최순우는 57세가 되었고, 4월에 개최할 특별 전시회인 '한국 미술 2000년전' 준비를 점검하며 한 해를 시작했다. 최순우가 1960년 5월

—

정조대왕 어필 국화도

종이에 수묵, 84.6×51.4cm, 보물 제744호, 동국대학교박물관 소장.

'한국의 조형문화재'라는 글에서 한국 미술의 역사를 2000년으로 규정한 것을 눈으로 보여주는 전시회였다. 학예연구실장이 공석이라 수석학예연구관인 최순우가 전시 준비를 위한 미술과와 고고과 학예관회의를 주재했다. 그는 이번 전시에서 국민들뿐 아니라 외국 박물관 관계자들에게 한국 문화의 역사와 정체성 그리고 고유성을 보여주자고 강조했다. 그러기 위해서는 이번 전시의 출품작을 약 500점 정도로 해야 한다면서, 각자의 전공에 따라 시대별·종류별 전시유물을 추천하라고 지시했다.

1973년 4월 17일부터 6월 17일까지 두 달에 걸쳐 진행된 '한국 미술 2000년전'의 포스터.

1월 14일부터 최순우는 전에 도자기 이야기를 연재했던 〈독서신문〉에 '옛그림 이야기'를 연재했다. 지난번 〈중앙일보〉 연재 때 독자들의 호응이 크자 〈독서신문〉에서 요청을 한 것이고, 최순우는 이렇게 옛그림이 알려질수록 국민들의 우리 문화를 보는 식견이 높아진다고 생각해, 전시회 준비로 바쁜 와중에도 연재청탁을 받아들였다. 완당 김정희의 산수도를 시작으로 강희언의 인왕산도, 최북의 표훈사도, 창강 조속의 새 그림 등을 소개했다.

이 무렵 최순우가 연재한 글들은 우리 문화에 갈급한 청년들에게 청량제가 되었다. 그중 일부 독자에게는 박물관에 들어가 공부하고 싶다는 도전의식을 심어주기도 했다. 2012년 현재 국립중앙박물관 학예연구실장인 이원복은 자신의 책 《나는 공부하러 박물관 간다》에서 이렇게 회상했다.

혜곡 최순우, 한국미의 순례자

최순우 선생을 처음 알게 된 것은 〈독서신문〉에 실린 짧은 글을 통해서였다. 조선시대 그림과 도자기 명품들을 수필체로 연재하셨는데, 어찌나 미문美文이던지 여운이 길었다. 돌이켜보면 이 글과의 만남은 나 자신이 미술사를 하게 된 계기로도 생각된다. 이후 결국 박물관에 몸담게 되었으며, 76년 봄부터 타계하실 때까지 8년 넘게 직장의 상사로, 그러나 관장님보다는 선생님으로 모셨다.

3월 15일, 최순우는 학예연구실장 발령을 받는다. 고유섭 문하에서 우리 문화와 유물을 공부하기 시작한 지 40년, 그리고 박물관 생활 28년 만에 국립중앙박물관의 2인자 자리에 오른 것이다. 하지만 그는 지난 몇 해 동안의 마음고생으로 그런 자리에 대한 욕심을 비웠기 때문에 별 감흥 없이 '한국 미술 2000년전' 준비에 매진했다.

4월 17일, 한국 미술 2000년전 특별 전시가 시작되었다. 토기류 30점, 불상 79점, 금속공예류 40점, 청자 89점, 백자류 125점, 분청사기류 36점, 회화 98점, 기타분류 35점 등 2000년 한국 문화를 대표하는 533점의 유물이 전시되었다. 국립중앙박물관과 각 대학박물관에서 294점, 개인 소장가 191점, 사찰에서 13점을 출품했다. 개인 소장가 중 이홍근의 동원미술관에서 63점, 이병철이 50점, 간송미술관에서 33점, 박병래·윤장섭이 각각 20점씩의 도자기를, 김동현은 고구려 불상을 출품했다.

최순우가 개인 소장가들의 작품을 200여 점이나 출품받아 전시한 것은, 수집품의 공공성을 강조하기 위해서였다. 실제로 훗날 동원 이홍근과 수정 박병래는 소장품을 국립중앙박물관에 기증했다.

전시회를 홍보하기 위해 최순우는 TV에도 출연해 전시회에 출품된 그림

최순우가 TV카메라 앞에서 '한국 미술 2000년전'에
출품된 문화재들을 설명하고 있다. 혜곡 최순우 기념관 사진 제공.

에 대해 해설했다. 다음 날에는 고려청자, 그 다음 날에는 조선시대 백자에
대해 해설했다.

전시회는 연일 성황을 이뤘다. 각 언론에서는 역사 이래 최대 관람객이
라고 보도했고, 실제로 전시장은 인산인해를 이뤘다. 6월 17일까지 두 달
동안 진행된 전시회를 다녀간 관람객은 모두 25만 명이었는데, 그중 4만
명은 외국인이었다. 하루 평균 4,000명이 다녀간 셈이다. 당시 어른 입장료
는 짜장면보다 비싼 60원(어린이 30원, 단체 어른 30원 어린이 20원)이었다.

최순우는 관람권을 사기 위해 길게 줄을 선 관람객들을 보며, 이제 우리
나라 국민들도 문화에 눈을 돌리기 시작했다는 생각이 들어 자신도 모르게
눈시울이 붉어졌다.

혜곡 최순우, 한국미의 순례자

국립중앙
박물관장이
되다

—

36

최순우는 58세가 된 1974년에도 1월부터 〈서울경제신문〉에 '고미술 칼럼'을 연재했다. 경제인들이 문화재를 사랑하기를 바라는 마음으로 그림과 도자기를 번갈아 해설했다. 경제인들 중에 도자기를 좋아하는 사람이 많았기 때문이다. 다음은 백자상감모란문병을 소개한 글이다.

여인으로 치면 살갗이 맑고 눈이 서글서글 시원스럽고 속이 탁 트인 잘생긴 젊은 어머니를 연상할 수 있다고 할까. 내가 조선자기에 정을 쏟는 까닭도 바로 이런 애틋한 물건들이 있기 때문이다. 은은하고도 해사스러운 흰 살갗 위에 휘영청 가슴이 후련한 모란 한 송이의 흑상감이 이렇게 시원할 수가 없고, 또 병목에 테 두른 띠무늬도 주저와 굴탁이 없어서 '천의무봉天衣無縫'이란 말은 바로 이러한 솜씨를 말하는구나 싶어진다. 예쁘다기보다는 잘생겼고 도도스럽다기보다는 깔끔한 맛이 곁들여져, 이러한 작품을 빚어낸 무명의 도공

백자상감모란문병
높이 29.6cm 입지름 7.4cm 밑지름 9.6cm,
조선시대 15세기, 보물 제807호, 호림박물관 소장.

들에게 보내는 정념이 사뭇 간절하다.

3월 7일, 황수영 관장이 건강상의 이유로 갑자기 사직하고 대학으로 돌아갔다. 문화공보부에서는 후임 관장을 공석으로 둔 채 박희양 문공부 사무국장을 관장직무대리로 임명했다.

3월 중순, 이경성이 만나자고 전화를 해서 저녁에 빈대떡집으로 나갔더니 진홍섭도 와 있었다. 이경성은 올해가 고유섭 선생 30주기라 인천에 계신 사모님과 따님이 추모비를 세웠으면 좋겠다고 해서 불렀다고 했다.

"아이구야, 벌써 세월이 그렇게 흘렀네. 당연히 십시일반으로 준비를 해야지."

"세월 정말 빠르지. 묘소라도 여기 있으면 가끔 모여서 찾아뵐 텐데……
이번에 추모비를 세우면 거기 가서라도 가끔 뵐 수 있으니, 좋은 생각이야.
왜 진작 그 생각을 못했을까, 우리가 선생님께 너무 무심했던 게지."

최순우는 담배연기를 허공으로 뿜었다.

"인천에도 우현 선생을 인천이 낳은 문화인물로 널리 알리자는 뜻을 가진 사람들이 좀 있어요. 그쪽하고도 상의해서 선생님 기일에 맞춰 추모비를 세우기로 결정했다고 사모님께 말씀드릴게요. 그런데 혜곡 형, 후임 관장 얘기는……."

"글쎄…… 나라고 왜 욕심이 없겠어. 그런데 학력을 중요하게 따지는 요즘 세상에 그게 어디 쉽겠어. 뭐가 어떻게 될지 모르지만 이번에도 아랫사람이 오면 사표 써야지, 어떻게 더 있겠어. 허허……."

최순우의 공허한 웃음에 이경성과 진홍섭은 아무 대꾸도 못하고 술잔만 들이켰다. 내일모레가 환갑이니, 이번에도 발령이 나지 않으면 그만둘 수밖에 없다는 생각에 대한 암묵적 동의였다. 최순우가 어색한 침묵을 깨고 말했다.

"진형과 개성박물관에 있을 때가 엊그제 같은데, 세월 참 빨라……."

"혜곡 형, 개성박물관은 어떻게 됐을까요?"

진홍섭이 눈을 지그시 감으면서 지나가는 말로 물었다.

"허허…… 그걸 누가 알겠어."

"사실 내가 나중에 피난 나오기 전에 거기 옆마당에 나머지 유물을 묻어 놓고 왔는데, 아직 있을까요?"

"아니, 그건 또 무슨 소리예요?"

"하하, 내가 그때 그렇게 해놓고 아직 아무에게도 이야기하지 않았어요. 통일되면 내가 가서 직접 파내려고…… 그런데, 그게 쉽지 않겠죠?"

"아니, 그 와중에 뭘 묻고 오셨어요?"

이경성이 궁금한 듯 물었다.

"글쎄 그게…… 별건 아니고 요만한 석불 몇 개하고 고려청자 몇 점 정도지, 뭐……."

"진형, 그럼 혼자만 알고 있지 말고 내게도 정확한 위치를 말해줘. 그래야 통일됐을 때 우리 중 누가 먼저 저 세상 가도 남은 사람이 가서 파볼 거 아니야."

"하긴…… 이거 참, 우리가 벌써 그런 걱정을 할 나이니…… 아무튼 관사 뒤에 언덕 못 미쳐 공터 알죠?"

"응, 알지. 우현 선생 계시던 파월당 뒤 창문에서 보이는 데……."

"맞아, 바로 거기야 거기. 내가 거기 묻고 왔어요."

"그런데 폭격맞지 않았을까요?"

박물관원이 된 지 29년 만에 박물관의 수장이 된 최순우가
국립중앙박물관 관장실에서 집무를 보는 모습. 혜곡 최순우 기념관 사진 제공.

이경성이 자신은 어딘지 모르겠다는 표정으로 '악담'을 하자 진홍섭이
빙긋 웃으며 말했다.

"그래서 내가 깊이…… 1미터는 파고 묻었어. 직격탄을 맞아도 괜찮을
정도지, 하하하!"

진홍섭은 훗날 최순우가 자신보다 먼저 세상을 떠나자, 2003년 박물관
원로좌담회에서 이 사실을 박물관에 알렸다. 하지만 그 역시 개성에 다시
가보지 못한 채 세상을 떠났다.

6월 3일, 〈동아일보〉는 국립중앙박물관장 자리가 3개월째 공석인 '사태'
를 사회면 톱기사로 보도했다. 기사에 따르면, 당시 문화공보부는 임명이
늦어지는 이유를 "적임자가 없기 때문"이라고 했는데, "관장을 맡을 만한
인사人士들은 자리를 기피하고 있는 실정"이라고 보도했다. 최순우는 이 기

우현 고유섭의 30주기를 맞아 인천시립박물관 뜰에 세운 추모비 앞에서.
오른쪽부터 최순우, 이경성, 미망인 이점옥 여사, 진홍섭. 고병복 사진 제공.

사를 보고, 자신이 검토되고 있지 않음을 알았다. 그는 마음의 준비를 하면
서 올해 큰 전시계획이 없어 다행이라고 생각했다.

6월 18일, 문화공보부는 오랜 토의 끝에 최순우 학예연구실장을 제4대
국립중앙박물관 관장(공무원 직급 1급)으로 임명한다고 발표했다. 각 언론에
서는 이 인사를 '박물관 재직 29년 만에 관장 취임', '관내서 승진한 첫 케
이스' 등의 제목으로 크게 다뤘다.

역대 관장들이 외부에서 기용됐던 데 비해 내부 살림과 구조를 잘 알고 직
원들과 인간적인 면에서 가까운 그에게서 내실을 기대해봄직도 하다. 해방과
6·25 등 격변과 수난이 얽힌 박물관사의 증인이기도 한 그는 문화의 보고로
서, 학문 발전의 필수요건으로 박물관이 갖는 기능에 대한 근본적인 배려와

지원의 필요성을 강조했다. "인재를 기르고 확보하는 것은 우리 박물관이 당면하고 있는 가장 기본적이고도 중요한 문제입니다. 연구기풍을 조성하기 위한 여건 조성에 최선을 다해야지요."

그러기 위해서는 학예 기능을 강화하고 그에 상응하는 처우를 해주어야 한다는 게 오래전부터의 그의 주장이다. "근래 박물관사업이 장족의 발전을 해왔지만 오랜 경험과 연구를 축적하는 것이 곧 내실을 기하는 거예요. 그래야만 사회교육적인 기능에 충실할 수 있습니다." _〈동아일보〉, 1974. 6. 19.

6월 27일 오후 3시, 이경성이 관장으로 있는 인천시립박물관 정문 앞에서 '우현 고유섭 추모기념비' 제막식이 거행되었다. 제막식이 끝난 후 최순우는 추모비 앞에 꽃다발을 바친 후, 스승이 좋아하던 위스키를 한잔 올리고 오랫동안 허리 숙여 인사했다.

6월 30일 일요일, 최순우는 창동에 있는 전형필의 묘소를 찾아갔다. 그곳에서도 생전에 좋아했던 화이트호스 위스키를 따르고 좋아할 만한 수석 한 점을 올렸다. 그리고 삼배를 한 후 오랫동안 엎드려 인사를 드렸다.

관장실로 출근하기 시작한 최순우는, 몇 달 전인 3월 하순 근무중 쓰러졌다가 세상을 떠난 수위 이충구의 유가족 소식을 수소문했다. 아니나 다를까 유족의 형편이 보통 곤궁한 게 아니었다. 그래서 순직근무자에 대한 예우로 그의 딸을 박물관에서 일하게 했다. 그러나 최순우는 마련해준 자리가 너무 초라해 유족에게 미안한 심정을 '이충구 씨'라는 글에 담았다.

벌써 20여 년이나 지난 일이지만 박물관에 수위 자리가 비어 공채시험을 본 일이 있는데, 그때 1등으로 합격돼서 채용된 새파란 젊은 청년이 있었다.

358

원래 경기도 여주 농가에서 태어나 천안농업고등학교를 졸업한 뒤 국민대학을 중퇴하기까지 청운의 뜻을 세웠던 이 젊은이가 서울 취직이라고 차제에 온 것이 우리 박물관 수위였던 것이다. 성품이 착하고 고지식하기로는 따를 사람이 없을 정도였고, 술을 즐겼으나 술 때문에 실수하는 일이 없는 사람이었다.

이 젊은이가 그 후 20년 가까이 박물관 식구 노릇을 하는 동안 충직한 수위로서 남긴 이야깃거리가 하나둘이 아니지만, 집이 없어서 성북동 어느 산마루에 어설픈 판잣집을 지었다가는 뜯기고 뜯길 때마다 노숙을 해야 하는 고초를 겪으면서도 박물관 근무를 거른 일은 없었다.

어느 해인가 장마철에 집을 뜯긴 정상이 하도 딱해서 박물관 발굴 때 끌고 다니는 작고 허술한 천막 하나를 빌려준 일이 있는데, 장마가 갠 후에 돌려온 천막 꼴을 보고 나는 눈시울이 뜨거워졌었다.

박봉에 시달리는 수위가 이 양반 한 사람만은 아니지만 사람이 너무 착하고 고지식했을 뿐 아니라, 그 나이 겨우 마흔두 살인 지난 3월 하순 근무중에 졸도를 했고 동료들 손으로 병원으로 옮겼으나 그날로 숨을 거두었던 일이 한층 가슴을 아프게 했다. 그날은 바로 월급날이라서 그의 제복 안주머니에는 얄팍하지만 월급봉투가 들어 있었고, 그는 동료들에게 안겨서 병원으로 옮기는 도중 몽롱한 의식 속에서도 손으로 윗도리 안주머니에 넣어둔 월급봉투를 더듬더라는 말을 듣고 마음이 숙연해짐을 금할 수 없었다.

새파란 나이에 수위로 들어와서 순직할 때까지 그의 반평생을 지켜본 나는 충직하고 착하게 세상을 살다 간 한 인간상으로서 좀처럼 그의 이름이 나의 뇌리에서 지워지지를 않는 것이다. 그가 세상을 버린 뒤 그 유족이라도 도울 길이 있을까 해서 알아봤더니 아들은 어리고 20세 된 딸이 있었으나 국민학교밖에 보내지 못해서 박물관에서 쓰기에는 여건이 너무 나빴다. 고민하던 끝

최순우 관장 당시 발족한 박물관 후원단체 '박물관회'의
회장 홍종인과 담소하는 모습. 동아일보DB.

에 할 수 없이 박물관 청소직으로 쓰기는 했지만, 고인에게도 미안하고 본인
에게도 미안한 일이었음은 두말할 것도 없다.

세상에서는 잘한다 못한다 말도 많지만 그늘에서 젊음을 이렇게 충직하게
불사르는 박물관 수위들의 고초가 있다는 것을 알아줄 만한 분들은 알아주기
를 바라는 마음이 들곤 한다.

관장 업무는 생각보다 바빴다. 의례적으로 가야 할 곳도 많고 행정적으로 처리할 일이 많아 휴가는 언감생심이었다. 무엇보다 급한 건 연간 200만 원에 불과한 국립중앙박물관의 발굴·조사 예산을 증액하는 일이었다. 200만 원이면 당시 출고되기 시작한 포니자동차 한 대 값에 불과했다.

이런 예산으로 1971년부터 시작된 암사동 선사유적지 발굴, 강진 가마터 발굴, 남해안 유적 조사, 금강유역 조사, 불교회화 조사를 다 진행하기는 불가능했다. 그래서 암사동 선사유적지의 경우 장마로 인한 침수 우려에도 불구하고 매해 조금씩 발굴작업을 진행하고 있었다. 강진 가마터 발굴 역시 마찬가지였다. 그러나 당시 정부에서는 박물관 예산을 늘려줄 생각을 하지 않고 있었다. 최순우는 박물관 후원회를 조직할 생각을 했고, 10월에 '박물관회'라는 후원단체를 발족시켰다.

7월 26일, 최순우는 이경성으로부터 뉴욕에서 작품활동을 하고 있던 김환기가 25일 세상을 떠났다는 비보를 들었다. 최순우는 그날 저녁 집에 돌아와 김환기가 보낸 엽서를 꺼내들었다.

순우淳雨 아형雅兄 청하淸下

참, 미안합니다. 편지 한번 못 띄우고. 정신없이 살아가니 맘은 간절하면서도 편지쓰기가 어려워요. 새해에 들어서나 좀 긴 편지를 드릴까 해요. 여러 가지로 나를 위해 애써주심 잘 알고 있어요. 그리고 우리 아이들에게까지도. 밝아오는 새해에도 부디 건강하시와 일 많이 해주시기 바랍니다.

수화, 향안 배

8월 2일, 최순우는 〈서울신문〉에 김환기를 추모하는 글을 실었다.

수화 김환기가 뉴욕에서 최순우에게 보낸 엽서. 혜곡 최순우 기념관 사진 제공.

지난 7월 26일 수화 김환기 형이 세상을 떠났다는 전갈을 듣는 순간 나는 '멋이 죽었구나, 멋쟁이가 갔구나' 하는 생각을 먼저 했다. 수화는 그 작품에도 한국의 멋, 크게는 동양의 멋이 철철 흐르고 있지만 그의 인간 됨됨이와 그 생활 자체가 멋에 젖어 있었다.

그는 한국의 멋을 폭넓게 창조해내고 멋으로 세상을 살아간 참으로 귀한 예술가였다. 그가 그리던 고국에서 그의 유해나마 맞이하지 못하는 아쉬움에 가슴이 아픈 사람은 나 혼자가 아닐 것이다.

최순우는 그 후에도 한 번 더 김환기를 추모하는 글을 발표했다.

내가 홍대의 강의를 맡은 것은 1954년 홍대가 서울에 수복한 직후 종로 우미관 골목 시대부터였다. 수화가 학장을 하는 동안에는 나에게 자유강의 시간을 한 주일에 두 시간씩 넣어주어서 내 생각 내키는 대로 매우 유쾌한 강의를 할 수 있게 했고, 동양미술사상 시간도 한 주일에 한 번씩 넣어주어서 더 바쁘기는 했지만, 그러한 일은 수화니까 할 수 있었던 재량이었다.

최순우가 대학에서 강의를 할 수 있도록 이끌어준 이가 바로 김환기였다. 홍대 강의는 최순우로 하여금 학력 콤플렉스에서 벗어나게 해준 결정적인 기회였고, 이를 계기로 이화여대에서도 강의를 할 수 있었다. 최순우로서는 그래서 김환기가 더더욱 잊을 수 없는 벗이자 형님이었고, 그래서 그를 잃은 슬픔이 더욱 깊었다.

한국 문화의 역사는 5000년이다

—

37

1975년 4월 7일, 국립중앙박물관 고고과는 서울 암사동 신석기시대 유적지(지금의 선사유적공원)에 대한 4차조사를 시작했다. 1971년에 조사와 발굴을 시작했는데, 신석기시대의 대규모 거주지임이 밝혀져서 연차계획을 세워 1973년과 1974년에 발굴을 했고, 이번이 네 번째였다.

발굴작업은 6월 5일까지 거의 두 달에 걸쳐 진행되었는데, 신석기시대 주거지 11기가 발굴되었고, 빗살무늬토기와 반달 모양 돌칼 등 많은 신석기시대 유물이 출토되었다. 박물관에서는 1차부터 4차까지 발굴된 유물에 대해서 탄소동위원소 측정법을 활용해 절대연대(과학적인 방법을 동원해 측정한 연대)를 측정했는데, 기원전 3000년경으로 나왔다.

고고과로부터 이런 경과를 보고받은 최순우는, 그렇다면 암사동에서 출토된 빗살무늬토기가 지금부터 5000년 전 것이니, 한국 미술의 역사는 그동안 통용되었던 2000년이 아니라 5000년이라고 판단했다.

6월 중순경, 문화공보부에서 최순우에게 들어오라는 연락이 왔다.

"최 관장님, 일본에서 올해 한일국교 정상화 10년에 맞춰 한국 국보전을 열고 싶다는 의사를 외무부로 전달해왔습니다. 그런데 아시다시피 국내정세가 일부 과격세력의 준동으로 긴급조치도 발표되고 하면서 복잡한 상황이라 미뤄왔었지요. 이제 어느 정도 정리가 된 것 같으니 추진해보라고 각하께서 결재를 하셨습니다. 그래서 어떻게 추진하는 것이 좋을지 상의드리고자 들어오시라고 했습니다."

이원경 장관은 일본 도쿄대를 중퇴한 뒤 서울상대를 졸업하고 공채 1기로 외무부에 들어왔다. 1950년대 후반 방교국장(수교교섭 담당), 1960년 주일본 대표부 참사관, 5·16 직후 외무부차관을 지낸 일본통이었는데, 지난해 9월 문화공보부장관에 임명되었다.

"제 생각에는 전에 미국과 유럽 순회 전시처럼 국보 전시회 형식을 취하되, 이번 전시 제목은 '한국 국보 전시회'가 아니라 '한국 미술 5000년전'이라고 하면 좋을 것 같습니다."

"아니, '한국 미술 2000년전'을 한 게 불과 2년 전인데 느닷없이 5000년이라니, 무슨 말씀이신지 저는 이해가 잘 안 됩니다."

최순우는 이원경에게 암사동 신석기시대 유적지에서 수습한 여러 점의 빗살무늬토기가 기원전 3000년, 즉 지금으로부터 5000년 전에 만들어진 유물이고, 빗살무늬는 고대인들의 미술이기 때문에 한국 문화와 미술은 5000년 전에 시작된 것으로 볼 수 있다고 설명했다.

"최 관장님, 그렇게 5000년이라고 했다가 일본 사람들에게 비웃음당하면 나라 망신인 거 아시죠?"

"예. 그러나 절대 그런 일은 없을 겁니다."

암사동 신석기시대 유적지에서 발굴된 빗살무늬토기와 주거지(아래).

"이번에 망신당하면 저도 끝입니다. 정말 자신있으세요?"

"예, 절 믿으셔도 됩니다. 저는 이번 전시를 통해 상고上古로부터 조선 말까지 5000년에 걸쳐 이룩한 우리 미술과 문화를 일본인들에게 보여주면서, 우리 민족이 문화의 창조자적 위치에 있었음을 알려줄 자신이 있습니다. 그래야 그들의 오랜 편견과 선입견의 뿌리를 뽑고 새로운 시각을 열어줄 수 있다고 생각합니다. 또 그래야 65만 재일동포도 선조들의 빛나는 문화유산을 통해 한국인으로서 자부심을 갖게 됩니다. 그걸 제가 미국과 유럽 국보 순회전을 다니면서 절실히 느꼈습니다."

최순우의 단호하고 자신있는 목소리에 이원경도 고개를 끄덕였다.

"최 관장님 말씀대로 일본인들의 인식이 바뀐다면 우리나라도 좋고 설움받는 재일동포들도 얼마나 좋겠습니까. 그러나 이건 사안이 엄중해서 제가 사학계에도 의견을 물어보고 결정한 후 각하의 재가를 받겠으니, 일단 명칭에 구애받지 말고 준비해주세요."

훗날 이건무 제8대 국립중앙박물관장은 최순우가 이름짓고 기획한 '한국 미술 5000년전'이 "우리나라 박물관사에 길이 빛나는 전시"라고 높이 평가했다.

10월 15일, '한국 미술 5000년전' 일본 개최를 위한 협약 조인식이 국립중앙박물관 회의실에서 진행되었다. 최순우가 우리나라 대표로, 일본에서는 마쓰시타 다카아키松下隆章 교토국립박물관장이 대표로 서명했다. 조인식에는 도쿄국립박물관장과 후쿠오카문화회관장도 참석해서 함께 서명했다. 다음해 2월 14일부터 7월 16일까지 '한국 미술 5000년전'을 개최할 박물관의 관장들이었다.

새로 깃든
성북동
126번지

—

38

1976년 최순우는 이순耳順(60세)이 되었다. 1월 말, 15년 넘게 살던 궁정동 집에서 간송미술관 건너편인 성북동 126-20번지로 이사했다. 정부에서 청와대 경호를 강화하기 위해 궁정동 집을 수용했기 때문이다.

새로 이사한 집은 1930년대에 지어진 근대 한옥이었다. ㄱ자형 안채와 ㄴ자형 바깥채 구조인데, 양쪽이 트인 ㅁ자 구조를 이루면서 앞마당과 뒷마당을 갖추고 있었다. 개성 해나무골 집과 비슷한 구조에다 앞마당에 작은 우물까지 있는 집이었다. 최순우는 이 집을 자신이 평생 찾고 알린 한국미의 아름다움과 기품을 보여주는 공간으로 꾸미기 시작했다.

한국미의 근원은 우리나라 산과 들의 편안하고 푸근한 자연환경에 있다고 주장해온 최순우는, 앞마당에는 개성 집과 궁정동 집에서처럼 작은 꽃밭을 만든 후 소나무와 향나무를 심고, 그 주변에 모란·맥문동·해당화·수국·수련·개미취 같은 화초를 심어 사시사철 은은한 꽃향기를 즐겼다. 뒷

최순우의 성북동 집 앞마당과 뒷마당,
김재경 사진 제공(2007년 촬영).

성북동 집의 사랑방 실내. 혜곡 최순우 기념관 사진 제공(2007년 촬영).

성북동 집의 사랑방 실내. 혜곡 최순우 기념관 사진 제공(2007년 촬영).

마당에는 아름다운 옹기들을 가지런히 놓을 수 있는 장독대를 만들었다. 박금섬은 그 장독대에 개성에서 시어머니에게 전수받은 실력으로 초와 장을 담귀 장독대를 가득 담았다.

최순우는 축대를 따라 감나무·밤나무·단풍나무·생강나무·좀작살나무·명자나무·모과나무를 심으면서 그 사이사이에 대나무도 심었다. 원추리·상사화·매발톱·산수유·옥잠화를 심고, 지붕에서 물 떨어지는 곳에는 물확도 갖다놓았다. 이런 손길을 거쳐 그의 앞마당과 뒷마당은 소박하지만 아름다운 정원이 되었다.

> 나는 (성북동 최순우 선생의 옛집) 안채에서 후원으로 돌아가는 모퉁이 나무기둥에 오래도록 기대서 있으면서 바로 이 맛이야, 오래된 나무기둥의 감촉을 즐겼다. 사랑마루 기둥에 기대어 대처大處로 볼일 갔다 돌아오시는 할아버지의 흰 두루마기자락이 산모롱이에 나타날 때를 기다리던 유년기로 돌아간 것 같았다.
>
> _ 박완서, '겸손한 서향書香이 가슴에 번지네' 부분

최순우는 김홍도가 자신의 집을 그린 '단원도'에서 보이는 것과 비슷하게 생긴 괴석을 뒷마당에 놓았다. 글을 쓰다 마루에 나와 앉아 쉬면서 보기 위해서였다. 평생 그림 속에 파묻혀 우리의 산천과 주위에서 쉽게 만날 수 있는 버드나무와 종달새, 패랭이꽃 그리고 사람들이 살아가면서 울고 웃는 모습을 그린 김홍도, 벼슬에 연연하지 않고 유유자적 포의풍류布衣風流한 그의 삶을 부러워했기 때문이다. 그래서 사랑방 뒷문 위에는 단원 김홍도의 화첩에 있는 그의 글씨 '오수당午睡堂(낮잠 자는 방)'을 판각한 현판을 걸었다. 그러고도 운치가 부족하다 싶었는지, 자신이 직접 '두문즉시심산杜門卽

是深山(문을 닫으면 이곳이 바로 깊은 산중이다)'이라는 글씨를 써 판각해서 사랑방 앞문 위에 걸었다.

건넌방에는 추사 김정희의 글씨 '매죽수선재梅竹水仙齋(매화·대나무·수선화의 방)'를 판각해 걸었다. 대청마루 오른편에 있는 딸 수정의 방 위에는 추사 김정희의 글씨를 집자해서 판각한 '매심사梅心舍(매화 같은 마음을 가진 집)' 현판을 걸어주었다.

최순우는 집 안에도 문갑과 탁자 같은 고가구를 한 점 두 점 들여놓았다. 또 뒷마당의 향로석 위에는 조선시대 달항아리를 재연한 도자기를 올려놓은 후 그 뒤에 청죽을 심었다. 가끔 달항아리에 대나무잎 그림자가 비치는 모습을 보기 위해서였다. 달항아리 앞으로는 용자살이 비치도록 했다. 이 창문살은 쓸 用 자에서 착안된 것으로, 최순우는 "용자살은 가장 정갈하고 조용하며 황금률이 적용된 쾌적한 비례의 아름다움을 가졌다"고 말했다.

집의 분위기는 점점 최순우의 풍모를 닮아갔다. 성북동 집에 대해 이경성은 이렇게 술회했다.

성북동 집은 그야말로 조선시대 선비의 집에 들어가는 것과 같은 착각을 주는 분위기였다. 정원에 나무와 돌이 있고 툇마루에 벼루가 있고 백자가 있고 하는 분위기는 이제까지 그러한 세계를 몰랐던 나에게는 놀라운 세계인 동시에 황홀한 이조미의 현장이었다. 나는 걸상이나 침대 없이 보료 위에 앉아 책상에서 원고를 쓰는 최형을 보고 소파나 침대를 들여놓는 것이 어떠냐고 물었더니, 그는 나에게 "편안한 것만이 행복이 아니다"라고 하는 것이었다. 이와 같은 최형의 이조미 탐색과 탐미, 그리고 생활은 자신은 물론이고 주변에 있는 많은 사람을 한국적으로 만들었다. _이경성,《어느 미술관장의 회상》

1976년 일본에서 열린 '한국 미술 5000년전' 도쿄국립박물관 포스터.

최순우는 이렇게 한국미에 파묻혀 살면서, 이해부터 다시 세계를 다니며 한국 미술 5000년의 아름다움을 알리는 일에 매진했다.

2월 23일 오후 3시, '한국 미술 5000년전' 개막식이 일본 교토국립박물관에서 거행되었다. 24일 일반 공개에 앞서 양국 대표와 초청인사들이 참석하는 행사였다. 우리나라에서는 최순우와 김영선 주일대사, 이용희 대통령특별보좌관이 대표로 참석했다. 일본 측에서는 일왕의 동생 부처와 문화성장관이 대표로 참석했고, 한·일 두 나라의 초청인사 1,000여 명도 자리를 함께했다.

마쓰시타 교토국립박물관장은 개막연설을 통해 "한국 미술 5000년전 개막에 협력해준 한국 정부와 국민들에게 진심으로 감사와 경의를 표한다"면서, "이번 전람회가 한·일 두 나라의 우호와 친선이 더욱 두터워지는 계기가 되기를 바란다"고 했다.

이 전시회에는 빗살무늬토기를 비롯해 선사시대 유물 19종 81점, 경주 155호고분 출토 금관과 98호고분의 금제고배, 백제 무령왕릉 출토품 등 삼국시대 고분 출토 유물 32종 96점을 비롯해 삼국시대의 불상과 기와와 토기, 청자, 백자, 분청사기, 회화 등 한국 미술 5000년의 흐름을 살필 수 있는 문화재 208종 304점이 출품되었다. 5000년 전인 기원전 3000년의 선사시대 발굴 유물을 81점이나 포함시킨 것은, 혹시 있을지도 모르는 절대연대 측정에 대한 시빗거리를 용납하지 않겠다는 의도였다.

3월 9일, 최순우는 개막행사와 처음 며칠을 지켜본 후 서울로 돌아와 〈경향신문〉에 이렇게 썼다.

교토국립박물관 앞뜰을 메운 1,000여 명의 인사는 일본의 학계와 화단, 문단, 종교인 그리고 영향력 있는 평론가들을 포함해서 모두 일본 지식층이었다. 말하자면 이 정선된 일본인들이 과연 무엇을 생각하면서 이 자리에 나왔고, 또 어떤 눈으로 우리 5000년전을 볼 것인가. 나는 그들의 표정이나 속삭임 속에서 그 무엇인가를 읽으려고 했다.

그때 솔직하게 느낀 대로 말한다면, 비상한 감명이나 충격을 나타낸 사람이 적지 않음이 분명했다. 진열장을 다녀와서 무엇인지를 곰곰이 생각하는 사람, 진열장 앞에서 갑자기 말문이 닫힌 사람, 그리고 모여선 군중들 사이에서는 일시에 일어나는 한숨소리가 있었다. 말하자면 사뭇 사람이 달라진 듯싶은 그들의 얼굴이었다. 이 5000년전이 다른 나라가 아닌 일본이라는 점에서 서로 사이에 오가는 감회가 유달랐음이 분명했다.

이번 교토 전시의 개막을 전후해서 공개강연회, 좌담회, TV프로 등에 나온 학자들의 초연한 자세와 진실된 발언은 천금의 무게로 일본 사람들의 가슴에 파급되어갈 것이다. 이번 사업은 여러 모로 두 나라와 두 나라 국민의 장래를 위해서, 그리고 두 나라의 학술과 문화 발전의 앞길을 위해서 튼튼한 주춧돌이 될 것이다.

3월 24일, 교토국립박물관은 '한국 미술 5000년전'의 관람객이 한 달 만에 10만을 돌파했다고 공식 발표했고, 〈중앙일보〉는 3월 26일자에서 '재평가받은 한국 문화, 일 교토서 열린 한국 미술 5000년전 한 달 결산'이라는 제목으로 대서특필했다.

7월 25일, 일본에서 열린 '한국 미술 5000년전'의 마지막 전시인 도쿄국립박물관 전시회가 막을 내렸다. 5개월 동안 60만 명의 관람객이 다녀갔고 도록은 20만 부가 판매되었다. 이를 기념해 8월 9~29일 경복궁 국립중앙박물관에서 '한국 미술 5000년전' 귀환 전시회가 성황리에 열렸다.

최순우는 이렇게 격무에 시달리면서도 문화유산의 아름다움을 글로 알리는 작업을 계속했고, 그 대상을 민예·민속품으로 확대해나갔다. 다음은 '세상 살아가는 맛'이라는 제목의 글이다.

어쩌다가 시청 광장에 서서 문득 북녘 하늘을 바라보면 북악과 먼 북한 연봉의 푸른 산용에 가슴이 뭉클하는 희열을 느낄 때가 있다. 탁 트인 세종로 끝가는 곳에 광화문, 광화문 뒤에 근정문, 근정문 뒤에 우람한 근정전, 근정전 뒤에 사정전, 사정전 뒤에 교태전, 교태전 후원의 아미산을 거쳐 그 뒤로 북악과 북한 주봉이 일직선상에 놓여지도록 기획한 조선시대 사람들의 예지가 정말 즐겁고 고마운 것이다.

내가 이렇게 '서울에 살고 싶다. 오래 오래 살고 싶다. 서울이 아름다워서 서울이 즐거워서' 하는 독백을 입안에서 중얼거려보는 것도 이 자연의 은덕을 기리는 뜻에서이다.

그렇다고 자연의 아름다움은 결코 큰 덩치에만 있는 것은 아니다. 뜰 앞 잔 가지에 구슬진 영롱한 아침이슬, 오솔길에 차분히 비에 젖은 낙엽, 서리 찬 겨울 달밤 빈 숲 잔가지에 쏟아지는 달빛…… 예를 들자면 끝이 없지만 고맙고 즐거운 자연의 아름다움을 갈피갈피 느끼면서 세상을 살아가는 낙이 젊음과 사랑의 생리 속에 속속들이 스몄으면 하는 생각을 하고 있다.

조형이 보여주는 세상의 아름다움 중에는 낡아가는 것과 새로워가는 것이 있게 마련이다. 말하자면 고려청자가 아름답다고 해서 오늘의 식탁에 고려청자를 닮은 그릇들을 그대로 만들어 쓴다 해도 웃음거리밖에 안 될 것이다. 육중한 조선시대 유기그릇들을 되올려도 꼴이 안 될 것이다. 즉, 그것은 각기 그 시대 생활공간과 생활양식에 조화된 작품일뿐더러 오늘과는 너무나 동떨어진 유장한 시대감각이 짙게 반영되어 있기 때문이다.

그와는 반대로 과거 조선시대의 유물 중에는 아직도 새롭고 앞으로도 더 새로워질 수 있는 조형의 아름다움이 적지 않다. 그것은 전통문화의 올바른 계승을 통해서 한국미의 오늘을 자리잡아줄 수 있는 소중한 밑천이며, 그것들은 시대를 초월해서 근대적이고 또 건강한 아름다움에까지 번져나갈 소지를 충분히 지니고 있다. 그러한 유산 중에 첫손을 꼽을 수 있는 분야가 조선시대의 목공가구들과 조선시대 자기들이다.

장롱, 의걸이, 반닫이, 사방탁자, 문갑, 책장 등은 양실에 놓고 봐도 한실에 놓고 봐도 근대적인 아름다움을 당당하게 발산해줄 뿐만 아니라, 그 재료의 선택과 구조의 견실성은 요즈음 사람들이 미치기 어려운 만큼 탐탁스러운 까닭이다. 조선시대 공예가 갖고 있는 단순한 아름다움, 소박한 아름다움의 한

—

목제문갑
99.8×23.4×34.0cm, 조선시대 19세기,
호림박물관 소장.

목제4층탁자
48.1×38.0×164.0cm, 조선시대 19세기,
호림박물관 소장.

규범이 될 수 있을뿐더러 어떠한 공간도 탐탁스럽게 가늠해낼 수 있는 관록을 당당히 지니고 있다.

일본에서의 '한국 미술 5000년전'이 성황리에 마무리되자, 미국의 박물관에서도 외무부와 국립중앙박물관에 자신들도 같은 전시회를 유치하고 싶다면서 모든 비용과 보험 그리고 수송도 책임지겠다고 제안했다.

한편, 전국에 개발붐이 일면서 문화유적지들이 발굴도 하지 못한 채 파괴되는 일이 늘어났다. 최순우는 "문화재에 대한 사랑은 말로만 할 것이 아니라 과학적으로 사랑하고, 비록 이 분야의 적은 인원이지만 서로 능률화하자"면서, 각 대학의 고고학과와 사학과 학생들을 유적지 발굴사업에 투입하는 결단을 내렸다.

이에 따라 황수영이 있는 동국대에서 강화도 유적 발굴과 경북지구 불화조사,《고고미술》동인 정영호가 있는 단국대에서는 양양 진전사터 발굴과 단양지구 지표조사, 김원룡이 있는 서울대에서는 한강 유적 발굴, 경북대에서는 가야고분 정리에 참여했다. 이를 시작으로 전남대·충북대·계명대·동아대 등 지방의 여러 대학에도 준비작업을 시켰다.

최순우는 이렇게 개발논리에 쫓기는 시대상황 속에서도 문화재 발굴과 보호에 최선을 다했다. 30년이 넘는 박물관 경험으로 전국에 있는 문화유산을 최선을 다해 지켜냈다. 그리고 국격은 문화의 수준에 따라 좌우된다는 신념에 따라 미국 전시를 힘차게 추진했다. 건강이 서서히 무너지고 있음을 알면서도…….

미국
순회 전시회

—

39

1979년 5월 1일, 2년 이상 준비한 미국 순회 '한국 미술 5000년전'의 첫 번째 전시회가 샌프란시스코 동양박물관에서 열렸다. 미국 순회전 출품 문화재는 고고유물에서 조선시대 회화까지 모두 354점이었다. 종류별로는 고분 출토 유물이 가장 많고 다음은 조선시대 회화가 많았다. 미국 전시에서는 회화 부문에 큰 비중을 두었는데, 일본 전시에서 우리 그림이 중국이나 일본의 회화와는 전혀 품격이 다르다는 호평을 받았기 때문이었다.

시대별로는 선사시대부터 현대까지 5000년 한국 문화를 대표할 수 있는 유물을 고루 배열했다. 또 1976년의 일본 전시 이후 새로 발굴·발견된 유물을 많이 넣어, 그만큼 한국 문화의 또 다른 면을 보여주고자 했다. 일본에서 전시됐던 것 중 25퍼센트 정도가 새로 발굴된 문화재로 대체되었다. 이 전시에 포함된 두 점의 현대미술은 이상범의 산수도와 변관식의 삼선암 추색도다.

샌프란시스코에서 개막식과 제반 행사를 무사히 마치고 돌아온 얼마 후 최순우는 문화공보부로부터 장관실로 급히 들어오라는 전화를 받았다. 당시 장관은 김성진이었는데, 최순우는 그간 아무런 문제 없이 호흡을 맞춰 왔던 터라 무슨 일로 급히 들어오라는 걸까 의아해하며 장관실로 들어섰다. 최순우가 소파에 앉자 김성진이 심각한 표정으로 〈박물관신문〉 7월호를 건넸다.

"최 관장님, 조금 전에 중앙정보부로부터 연락을 받았는데 큰일난 것 같습니다."

최순우가 건네받은 신문 1면을 급히 훑었다. 맨 아래 '두더지의 변'이라는 박물관원 칼럼 중 여러 군데에 빨간 줄이 가 있었다. 누가 썼나 보니, 경주박물관의 강우방 학예관이었다. 최순우는 도대체 뭐라고 썼기에 이렇게 심각한 걸까 의아해하며 안경을 꺼내쓰고 문제된 부분을 읽었다.

오늘날 경주는 전혀 다른 도시로 급조되었다. 슬픈 경주가 된 것이다. 역사와 유적은 아스팔트와 페인트로 밀폐되어버렸다. 우리는 이제 온갖 사건을 머금은 경주를 읽을 수 없게 되었다. 관광개발의 기치를 높이 들고 불도저가 보무도 당당하게 이 고요한 역사의 고향에 들어온 것은 1971년쯤 되었던 것 같다. 관광객을 유치하기 위하여 경주마을을 개조하려 했던 이 괴물은 수많은 고적을 짓밟기 시작했다. 고분들은 처참하게 파괴되고 궁성宮城의 주초가 나뒹굴고 기와가 박살났다.

여기까지 읽은 최순우는 무슨 일이 일어났는지 짐작하고 신문을 탁자 위에 올려놓았다. 박정희 대통령이 직접 지시해서 추진한 '경주관광종합개발

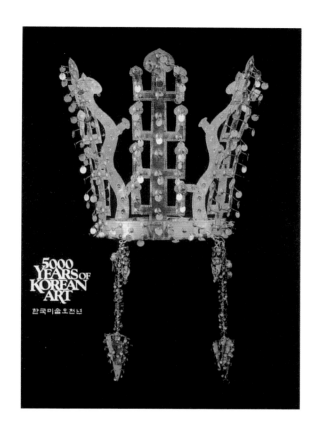

'한국 미술 5000년전' 미국 순회 첫 번째 도시인 샌프란시스코 동양박물관 전시 포스터(위).
아래는 '한국 미술 5000년전'을 기념해 1979년 국내에서 발행된 기념우표다.

계획'을 정면으로 비판한 칼럼이니, 문제가 심각한 건 당연했다.

1971년 6월 박정희 대통령이 포항제철소 고로 화입식에 참석했다가 상경길에 경주에 들렀다. 경부고속도로 개통으로 경주를 찾는 관광객이 늘고 있다는 보고를 받고 흐뭇했으나, 눈앞에 펼쳐진 고도 경주의 모습은 허물어져가는 불탑과 방치된 불상뿐이었다. 관리되지 않은 고분군에서는 찬란했던 신라 1000년 역사의 향기를 느낄 수가 없다고 판단한 대통령은 정소영 청와대 경제수석비서관에게 친필로 경주 개발의 방향을 제시했다. 1972년부터 10년간 세계은행 차관자금을 도입하는 등 228억 원을 투자해서 사적지구 정비와 보문지구 관광개발사업을 통해 신라 고도를 재연하겠다는 야심찬 계획이었다.

"젊은 학예관이 깊이 생각하지 못하고 젊은 혈기로 쓴 글이니, 장관님 선에서 마무리해주시기를 부탁드립니다."

최순우는 오래전 조선백자와 고가구 수출을 불허했다가 중앙정보부에 끌려갔던 일을 생각하며 장관에게 머리를 조아렸다.

"나도 그렇게 생각하는데, 저쪽에서 워낙 강경합니다. 이 친구가 사표를 쓰지 않으면 최 관장님도 위험할 것 같습니다."

당시는 박 대통령 서거 넉 달 전으로, 유신독재가 최고조에 달해 있었다. 특히 차지철의 청와대 경호실은 박 대통령에게 반기를 드는 인물을 가차없이 처리하는 무소불위의 힘과 권력을 휘두르고 있었다. 다행히도 김성진 장관의 누이동생이 평소 최순우를 존경하고 따르는 매듭공예가 김희진이어서, 최순우를 보호하기 위해 애써주었다.

"저도 시말서를 쓰고, 학예관한테도 시말서를 받겠습니다."

최순우는 장래가 촉망되는 젊은 학예관을 지켜줄 수 있다면 그만한 굴욕

쯤은 감수할 수 있다는 심정으로 다시 한 번 고개를 숙였다.

"최 관장께서 이렇게 고개를 숙이시니, 제가 민망합니다. 제가 얼마만큼 할 수 있을지는 모르겠지만, 그 친구가 사상적으로 문제가 없는지는 꼭 알아보고 다시 연락주세요."

박물관으로 돌아온 최순우는 경주박물관에 있는 강우방을 올라오게 해시말서를 받는 선에서 마무리했다. 강우방은 훗날 이 일을 이렇게 회상했다. "저 때문에 시말서 쓰고 난리났었죠. 필화사건이 나서 최 관장님이 아주 어렵게 되셨어요. 밖에서 주의가 들어온 거예요. 잘못하면 그만두실 수도 있는 거예요. 그래서 저를 부르시고, 어떻게 그런 글을 썼는가 하시고, 그 신문 7,000부를 다 회수해서 박물관 뒤뜰 소각장에서 모두 소각했습니다."(《한국 박물관 100년사, 자료편》)

9월 30일, 샌프란시스코 전시회는 5개월 동안 547,000명의 관람객을 동원하는 대성황을 이루고 막을 내렸다. 이후 시애틀, 시카고, 클리블랜드, 보스턴을 돌며 '한국 미술 5000년전'이 진행되었다. 1979년 10월 26일에 박정희 대통령 시해사건이 발생했지만, 그가 군사정변을 일으켰을 때와는 달리 국보 순회전은 계속되었다.

1981년 전시는 뉴욕에서 1월 5일에 시작되었고, 3월 15일까지 예정되어 있었다. 2월 초 이경성이 박물관으로 최순우를 찾아왔다.

"최 관장, 미국 순회전이 아주 성황이라면서요?"

"하하, 이제 미국 사람들도 한국 문화의 독창성과 우수성에 대해 제대로 느끼는 것 같아. 이런 추세면 200만 명은 될 것 같으니, 50년대 말에 비하면 딱 열 배야, 열 배, 하하!"

"우리 국력도 그쯤 늘었겠죠?"

혜곡 최순우, 한국미의 순례자

어미개와 강아지
이암, 종이에 담채, 163.0×55.5cm. 조선시대 16세기, 국립중앙박물관 소장.
어미개와 강아지의 모습을 한국적인 정취가 물씬 풍기게 표현한 작품이다.
'한국 미술 5000년전' 전시기간 중 미국인들에게 가장 많은 사랑을 받았다고 한다.

"그 이상이겠지. 전에는 전쟁이 막 끝난 나라, 원조를 받는 나라라고 깔보는 게 눈에 보일 정도로 심했는데, 이제는 국력이 커지니까 우리를 무시하는 미국인이 많지 않은 것 같아. 뭐, 세계도 자본주의화돼가니까 역시 경제력이 중요하다는 생각이 많이 들어."

"최 관장, 내가 오늘 찾아온 건 홍대 이대원 총장이 보내서예요."

오랫동안 홍익대 총장을 지낸 이대원은 서양화가로, 우리나라의 자연을 사랑해 파주의 농원에서 인근 농촌풍경을 점묘법으로 그렸고, 야나기 무네요시柳宗悅의 '민예론'에 관심을 갖고 그의 책《한국과 그 예술》을 번역할 정도로 우리의 전통문화에도 깊은 애정을 갖고 있었다.

"이 총장이 무슨 일로?"

"이 총장께서 최 관장이 오랫동안 홍대에서 강의하며 학생들이 우리 문화유산의 가치에 눈을 뜨게 해줘서 고맙고, 또 우리 문화의 역사를 5000년으로 규정해서 일본과 미국에 알린 공이 지대하다고, 이번 2월 졸업식 때 명예박사 학위를 드리고 싶대요."

이경성의 이야기를 듣는 순간 최순우는 만감이 교차했다. 경성에 있는 대학에 진학할 형편이 못 돼 낙담하던 때가 엊그제 같은데 벌써 50년이 되어가고, 또 그동안 대학생들에게 강의를 하게 해준 것만도 고마운데 명예박사 학위까지 주겠다니 가슴이 먹먹해왔다.

"아이구, 내가 한 게 뭐가 있어. 그저 열심히 돌아다니고 글 쓴 것뿐인데, 아무리 명예라 해도 박사학위는 과분한 것 같아. 그러니 마음만 고맙게 받겠다고 전해드려. 뭐, 나도 전화를 한번 넣겠지만……."

"아니에요. 이 총장께선 최 관장은 받으실 만한 자격이 충분하고, 그러면 학교로서도 명예가 된다고 꼭 승낙을 받아오라고 하셨어요. 나한테도 준다니까 우리 함께 받읍시다."

최순우가 이경성도 함께 받는다는 소리에 좀 덜 쑥스러울 것 같다는 생각을 하며 바라보자, 이경성이 그의 손을 잡으며 그럼 수락한 걸로 알고 이 총장에게 전하겠다며 자리에서 일어났다.

그리고 그해 2월 23일, 최순우는 홍익대학교에서 명예문학박사 학위를 받았다. 오랫동안 박물관에서 한국미를 탐구하며 우리 문화에 대한 인식과 안목을 높이는 글을 많이 쓴 업적을 치하하는 자리였다.

뉴욕 전시 다음은 캔자스시티에서 이어받았고, 마지막으로 워싱턴DC 스미스소니언박물관에서 미국 순회 '한국 미술 5000년전'의 막을 내렸다. 2년 5개월간 8개 도시에서 226만 명이 한국 문화재를 관람했으니, 지난 1957~1958년 1년 6개월 동안 8개 도시에서 163,000명이 본 것과 비교하면 격세지감이었다.

10월 2일, 최순우는 '미국인의 한국 시야를 넓혔다'라는 글을 〈한국일보〉에 기고했다.

미국에서 2년 반 동안 8개 도시의 대표적인 박물관에서 미국 시민 2백수십만 명의 눈을 놀라게 해준 전람회에는 우리가 5000년 전에 만든 빗살무늬토기부터 현대의 청전 산수화까지 5000년 동안의 면면한 우리 미술 줄거리가 고루 갖춰져서 한눈으로 그 당당한 흐름을 알 수 있게 구성했다. 말로는 쉽게 5000년이라고 할 수 있지만, 정말 5000년 동안 같은 국토에서 같은 민족이 피를 이으면서 창조적인 문화전통을 특색 짙게 세워왔다는 사실은 세계적으로도 매우 드문 일이다. (……)

그동안 우리의 전통문화나 우리 민족의 문화역량은 이제까지 외부세계에 부당하게 과소평가를 받아온 경우가 적지 않았으며, 그것은 일본 사람들이 그들의 한국 침략을 합리화하기 위해서 우리 문화를 외부세계에 의도적으로 그릇 알려준 죄과가 매우 컸다. 일본 점령 하에서 우리는 우리 문화를 가르칠 권리도 알 권리도 빼앗겼던 불행한 과거 때문에, 우리 스스로 우리 문화를 깨우치고 또 그것을 외부세계에 외치는 본격적인 일은 겨우 지금 시작에 불과하다고 보아야 옳다.

친일청산에
대해
발언하다

—

40

1982년 3월 16일, 이광표 문화공보부장관은 정부청사의 전면 재조정계획
에 따라 국립중앙박물관을 중앙청으로 이전한다는 계획을 발표했다. 서울
에서 잇달아 열리는 1986년 아시아경기와 1988년 올림픽을 전후해 우리나
라를 찾는 많은 외국인들에게 문화한국의 인식을 높이기 위해, 현재의 좁
은 박물관을 국제수준의 진열실을 갖춘 박물관으로 만드는 것이라는 설명
도 덧붙였다.

  4월에는 영국과 프랑스, 독일 세 나라가 미국에서 성공을 거둔 '한국 미
술 5000년전'의 유럽 순회를 공식적으로 외무부와 국립중앙박물관에 요청
했다. 영국이 한영수교 100주년 기념사업 중의 하나로 추진하려는 계획을
세우자 프랑스와 독일도 유치의사를 밝혀왔다. 최순우는 20여 년 전 자신
이 호송관이자 현지담당 학예관으로서 전시회를 진행했던 유럽에서 순회
전 요청을 받고는 남다른 감회를 느끼며 긍정적으로 검토했다.

6월 23일, 대영박물관이 국립중앙박물관으로 공문을 보내왔다. 한국에서 보낸 전시문화재 330점에 대한 보험금 총액을 미국 순회 전시 때와 같은 1,500만 달러로 하기를 희망한다는 내용이었다. 최순우는 우리 의사를 묻지도 않고, 4년 전과 같은 액수를 제안하는 영국 측 태도에 몹시 실망했다. 8월 1일부터 일본 도쿄에서 열리는 '한국고대문화전—신라 천년의 미'에 출품되는 323점의 보험액이 4,400만 달러로 책정되었고, 일본은 이를 수용했다. 최순우는 문화공보부와 외무부에 일본의 예를 들면서, 이런 금액은 받아들일 수 없다고 통보했다.

8월 1일, 최순우는 도쿄국립박물관에서 '한국고대문화전—신라 천년의 미' 전시회의 개막테이프를 잘랐다. 도쿄에서 시작해 나고야와 후쿠오카 등에서 순회 전시를 했다. 12월 4일에 끝난 순회전은 25만 명의 관람객이 다녀가는 성과를 올렸다. 이 전시에 맞춰 일본은 전 세계의 동양역사·미술 연구학자 2,000명을 초청해서 대규모 '국제동양학자회의'를 개최해, 당시 승승장구하는 일본 경제의 위력을 과시하기도 했다.

어쨌든 우리나라로서는 고대문화의 찬란함, 특히 신라 공예의 우수함을 세계 학자들에게 알리는 계기가 되었다. 한국박물관회 회장 홍종인은 "7년 전 '한국 미술 5000년전'이 일본에서 열렸을 때와 비교해서 오늘의 일본 지식인들의 한국 문화에 대한 생각이 많이 달라졌음을 알 수 있었다"고 언론과의 인터뷰에서 밝혔다.

12월 31일, 최순우는 〈서울신문〉에 발표한 '마음의 빚, 해를 넘기고'라는 수필을 통해, 행정적인 일이 많아 친구와 지인들을 자주 만나지 못하는 아쉬움을 토로했다.

도쿄국립박물관에서 개막한 '한국 고대 문화전 - 신라 천년의 미' 전시장에서.

섣달그믐이라 하면 옛날부터 한 해 동안의 빚을 갚는 마무리의 철이기도 하다. 돈거래나 물건값 따위의 물질적인 빚과는 별로 교섭이 없는 나는 오히려 마음의 빚이라고 할 수 있는 정신적인 빚 때문에 섣달그믐을 늘 개운하지 못한 마음으로 보낸다. 누구라서 마음의 빚을 모르고 살아온 사람이 있겠느냐고도 하겠지만, 돌이켜 생각해보면 나 자신은 남보다 마음의 빚을 더 짊어진 가난뱅이인가 싶어서 민망스러울 때가 있다. (……)

옛날부터 있어온 섣달그믐께의 '묵은세배'라는 습속은 아마도 이러한 마음의 빚 중에서 주변 사람들과의 자질구레한 사연을 가리기에는 가장 알맞은 예절이었는지도 모른다. 말하자면 섣달그믐에 친척이나 친구들, 선배들이나 어른들을 찾아보는 예법은 그럴듯한 한 해의 정신적인 마무리의 방도였음에 틀림이 없다.

'말 한 마디에 천 냥 빚도 갚는다'는 옛 속담이 있듯이, 마음속을 장황하게 표현하지 않아도 서로 바라보는 눈길과 눈길 속에서 따스한 마음이 오갈 수도 있었고, 한 마디 인사말 속에 이심전심이 되어서 해묵은 마음의 빚이 대번에 후련해질 수도 있었음직한 일이다.

묵은세배와 관련해서 생각나는 일은 요즈음 크게 번지고 있는 크리스마스카드와 연하장에 대한 일들이다. 오랜 동안 왕래가 끊겼던 다정한 친구나 아끼는 제자들에게서 날아온 따뜻한 카드 한 장처럼 반가울 데가 또 없다. 몇 줄 안 되는 글발이지만 정이 맺혀 있어서, 아마도 이러한 경우 이 한 장의 카드는 쌓여진 마음의 빚을 말끔히 갚는 훌륭한 구실을 다해주는 것이 된다고 믿는다.

1983년 1월 중순, 중앙일보사에서 계간으로 발행하는 미술잡지《계간미술》의 유홍준 기자가 최순우를 찾아왔다. 봄호에서 3·1절 특별기획으로 '미술에서 일제식민 잔재를 청산하는 길'이라는 특집을 준비하는 취지를 설명하면서, 설문조사에 대한 대답과 글을 써달라고 부탁했다.

"관장님, 우리나라 문화 전반에 걸쳐 문제가 되고 있는 일제식민 잔재는 해방 후 40년에 이르도록 여러 가지 현실적 여건을 구실 삼아 때로는 묵인하거나 은폐되고, 혹은 공공연히 조장되는 사례도 없지 않습니다. 이 점은 미술계도 마찬가지라 생각합니다. 그것이 우리 미술의 발전에 끊임없이 부정적인 요인으로 작용하고 있다는 사실을 감안할 때, 우리 스스로 문제의 핵심에 접근해 명쾌하게 지적하고 반성하는 일이 매우 긴요하다고 판단되어 이렇게 찾아뵈었습니다."

유홍준은 가방에서 준비해온 원고청탁서와 설문조사지를 꺼내 최순우에게 건넸다.

"이번 특집은 이경성 국립현대미술관장님을 비롯해 안휘준 교수님, 김윤수 선생님, 그리고 중앙박물관에서는 정양모 학예연구관님 등 아홉 분의 필자로 구성하려고 합니다. 사안이 민감한 만큼 필진의 명단만 밝히고 누구의 글인지는 명시하지 않을 계획입니다."

설문조사지를 살펴보니 모두 네 항목이었다. 1. 우리 미술에서 일제식민 잔재가 문제시되어야 하는 이유는? 2. 청산되어야 할 잔재의 범위와 유파를 구체적으로 지적하면? 3. 일본화풍의 영향을 크게 받은 작가는? 4. 식민 잔재를 청산하는 길은?

"유 기자! 기획내용은 좋은데, 과연 활자화될 수 있겠어요?"

"그건 염려하지 않으셔도 됩니다. 이미 이종석 주간님의 오케이를 받았습니다."

최순우는 고개를 끄덕였다. 이종석 주간은 〈중앙일보〉 문화부 시절 국립박물관을 출입하면서 좋은 기사들을 쓴 기자였기 때문이다. 그 모습을 본 유홍준은 회심의 미소를 지으며 쐐기를 박았다.

"이렇게 중요한 이슈에는 국립중앙박물관장님이 참여해주셔야 큰 힘이 되니, 꼭 부탁드립니다."

최순우는 광복 후 박물관 관보에 '일제 잔재문헌 청산의 긴급성'이라는 글을 기고했다가 실리지 못한 경험을 떠올렸다. 그때로부터 40년 가까운 세월이 흐른 1983년 봄 《계간미술》에 '일제 식민사관이 남긴 것'이라는 제목의 글이 실렸다.

우리 미술문화에서 일제식민 잔재를 청산하자는 생각은 우리 문화의 독자성을 확립하자는 의식의 발현인 셈이다. 우리는 문화민족으로서의 전통을 갖고 있었는데 일제의 식민지배 하에서 이것을 잃어버렸다는 사실과, 민족의 독자성이 없이는 세계 미술무대에 설 발판이 없다는 자각의 소산이다.

확실히, 불행하고 어두웠던 시절에 우리는 알 권리, 배울 권리를 빼앗기고 일제가 조작해낸 식민통치의 논리에 세뇌당하고 말았다. 지금도 일제강점 하에서 교육받은 분들 중에는 일제가 만들어낸 고정관념에서 우리 문화와 미술을 생각하고 있는 이가 적지 않다. (……)

일제강점 하에서 교육받은 사람들, 또 그들이 길러낸 제자들 중에는 상당수가 우리 미술에 대한 자기비하를 서슴없이 말한다. 한국 회화사에 대한 진지한 탐구도 없이, 우리의 전통회화는 중국의 영향 아래 있었고 화가다운 화가가 없다는 식의 고정관념을 갖고 있다. 이야말로 식민잔재가 청산되지 못한 대표적인 사례다.

일제의 왜곡된 교육과 고정관념에 젖어 있는 세대건, 전통의 단절을 뼈저리게 느끼는 세대건, 지금 우리는 우리의 과거와 현재를 정확하게 파악하려는 노력이 절대적으로 필요한 것이다.

3월 2일 《계간미술》 봄호에 상당수의 화단 원로들이 친일화가로 지목, 비판의 대상이 되자 미술계는 발칵 뒤집어졌다. 친일화가로 지목된 화가들과 제자들은 성명서를 발표하면서 집필자들과 《계간미술》의 사과를 요구했다. 그러나 《계간미술》은 "식민잔재에 관한 문제가 독립기념관 설립 문제와 함께 점차 당면한 시사문제로 부각되고 있고, 따라서 미술계의 식민잔재 문제도 한번쯤은 정리되어야 한다"면서 팽팽하게 맞섰다.

미술협회 산하 36개 단체는 각 일간지에 다시 한 번 성명서를 발표하면서 아홉 명의 집필자 중 공직에 있는 최순우, 정양모, 이경성은 당장 사퇴하라고 주장했다. 양쪽의 주장이 극한으로 치닫자 이진희 문화공보부장관은 이경성 국립현대미술관장을 불러, 화단의 원로들과 무조건 화해하라고 지시했다. 이에 이경성은 소신을 꺾고 타협하는 건 국립현대미술관장으로서 올바른 자세가 아니라며 사표를 제출했다. 정양모는《석남 이경성 미수 기념 논총》에서 다음과 같이 증언했다.

선생님(이경성)이 국립현대미술관장 재직 시절 친일미술 문제가 제기되었을 때, 당시 문공부장관이 여기에 관여한 문화기관 공무원 중 선생님과 저를 불러서, 저에게는 좀 심하게 질책하고 선생님께는 부드럽게 질책성 언급을 했습니다. 선생님은 그 자리에서 분명하게 소신을 밝히고 바로 장관에게 사표를 내셨습니다. 장관이 "왜 물러나려 하십니까? 그 자리를 지켜주시지요"라고 말하자 선생님은 웃으면서 "이러다가 장관에게 '이놈아'라는 상스러운 말을 들을까 봐 미리 그만두는 것이오"라고 하셨습니다. 그러자 장관은 선생님의 솔직한 농담성 말씀에 내심 '이런 분도 있구나' 하고 크게 놀라 그 자리에서 두 분이 크게 웃고 말았는데, 선생님은 그 후 그 장관을 다시 만날 일이 없으셨습니다. 자신이 아끼고 정성스럽게 가꾸어온 직장을 미련없이 웃으며 물러나기란 참으로 쉽지 않은 일일 것입니다.

결국 이경성의 사표로 공직자 사퇴는 마무리되었고, 최순우는 계속해서 국립중앙박물관장직을 수행했다. 그러나 당시 청년기자 유홍준이 기획한 '미술계의 식민잔재 청산' 문제는 그동안 누구도 거론하지 못했던 문제를 공론화시키는 계기가 되었다.

박물관과
한평생
살고 죽고

—

41

1983년 3월 9일, 영국 대영박물관장 데이비드 윌슨 박사가 국립중앙박물관을 방문해 최순우를 만났다. 그는 한영수교 100주년 기념행사의 하나로 추진하고 있는 '한국 미술 5000년전'의 구체적인 협의를 위해 방문했는데, 영국뿐 아니라 프랑스와 독일에서도 유치를 희망한다면서 유럽에서도 순회전을 해달라고 요청했다.

윌슨 박사는 언론과의 인터뷰에서 "한국 측의 배려로 영국에서 '한국 미술 5000년전'을 할 수 있게 된 것은 큰 영광이다. 한국 도자기의 독창성은 널리 알려져 있지만, 오늘 다시 한 번 확인했다. 중국이나 일본 도자기와는 다른 독특함이 있다. 그래서 나는 결혼할 때 아내에게 한국 백자항아리를 선물했다"고 하면서 "앞으로의 한영관계를 문화외교의 차원으로 끌어올리기 위해 노력하고, 귀중한 한국 문화재의 장기 외국 전시회에 따른 각종 안전대책과 훌륭한 전시를 위한 제반 준비를 주변국들과 함께 협의할 예정"

이라고 밝혔다.

윌슨 대영박물관장이 각종 안전대책을 강조한 이유는, 당시 보험 문제로 전시 준비와 협상이 난항을 거듭했기 때문이다. 우리나라 좀 더 구체적으로는 최순우가 생각하는, 유럽 순회전 출품 한국 문화재 334점에 대한 보험액수와 영국·프랑스·독일이 생각하는 보험액수 사이에는 많은 차이가 있었던 것이다. 최순우는 3,300만 달러(점당 약 10만 달러)를 주장했고, 세 나라에서는 계속 1,500만 달러(점당 약 5만 달러)를 주장했다. 그들은 왜 미국에 비해 두 배나 높게 책정했느냐며 이해할 수 없다고 했고, 최순우는 그동안 물가가 상승했고 국제적으로 고미술품 가격도 파격적으로 치솟았다면서 입장을 고수했다. 최순우의 강경한 입장을 확인한 대영박물관장은 영국으로 돌아가 본국 정부뿐 아니라 프랑스·독일과 상의하겠다며 출국했다.

1983년 5월 26일, 문화공보부는 총무처로부터 중앙청 건물의 관리권을 인수받았다. 최순우는 설계팀과 전시실을 어떻게 설계할지 구체적인 계획을 세우기 시작했다. 새 박물관을 열기 전에 관장이 해야 하는 가장 중요한 일이었다. 그는 박물관은 국가와 민족의 얼굴이며 박물관의 유물은 그 나라 문화의 척도라고 생각했다. 그래서 설계팀과의 정기적인 토의 때 자신이 꿈꾸어온 진열실에 대한 의견을 수시로 전달했다.

11월 3일, 영국에서 보험료에 대한 공문을 보내왔다. 프랑스는 순회전에서 빠지기로 했다면서, 한국 측이 제시한 3,300만 달러 중 영국에서 60퍼센트를 내고 한국에서 40퍼센트를 부담하자는 내용이었다. 결국 한국 문화재의 자존심을 위해 보험액수는 유지하되, 영국에서는 2,000만 달러에 대해서만 보험금을 지불하겠다는 절충안이었다. 그러나 최순우는 영국에서 먼저 초청해서 준비하는 것인데 왜 우리가 40퍼센트에 대한 보험을 책임져야 하냐면서 순회전 취소도 불사하겠다는 강경한 태도를 보였다.

12월 유럽 순회전이 난항을 겪자 언론에서는 사태의 전개 과정과 각계의 의견을 실었다. 미술사가인 안휘준 서울대 교수는 "문화재의 해외나들이는 우리 문화의 해외선양이라는 밝은 면과 위험부담이라는 어두운 면이 있는데, 한국 측이 제시한 보상액은 우리 문화재의 가치를 생각할 때 유럽 쪽이 좀 더 성의를 보였으면 한다"는 의견을 제시했다. 당시 한양대박물관장인 김병모 교수는 "한국 문화의 선양이라는 차원에서 한국 측이 재고를 하고, 영국에서도 한국 미술에 대한 관심을 새롭게 해야 할 것"이라면서 양쪽의 절충을 촉구했다. 원로외교관인 김용식은 "두 나라 우의를 생각해 서로 교섭을 재개해서 최선의 수습책을 찾는 게 좋을 것 같다"고 했다.

1984년 1월 10일, '한국 미술 5000년전' 유럽 순회는 결국 두 나라 외교부가 나선 협상에 의해 극적으로 타결되었다. 그러나 영국 전시는 예정보다 12일을 늦춰야 했다. 그만큼 최순우의 입장은 강고했고, 이런 그의 고집은 그 후 외국에서 한국 문화재를 전시하기 위해서는 그에 걸맞은 대접을 해야 한다는 선례가 되었다.

1월 12일, 정양모 학예연구실장은 국립중앙박물관 남쪽 전시실 앞에 '작업중'이라는 푯말을 내걸고 안에서 포장작업을 시작했다. 이미 일본과 미국 전시회 때 포장작업을 해본 그였기에 익숙한 솜씨로 작업을 독려했다.

1월 25~26일, 전시 유물이 두 차례에 걸쳐 항공편으로 영국으로 떠났다. 당시 이런저런 항공기 추락사고를 보고 만약의 경우를 대비해 두 차례로 나눠서 보낸 것이다.

2월 25일, 런던의 대영박물관에서 '한국 미술 5000년전'이 우여곡절 끝에 개막되었다. 대영박물관에서는 전시실을 한국적 분위기로 꾸미기 위해 입구를 한국식 대문으로 바꾸고, 각 전시실의 문을 한국의 전통 창살무늬로 꾸몄다. 일부 전시대는 우리의 탑 모양으로 만들기도 했다. 박물관 입구에는 박물관사상 가장 크게 만들었다는 15미터 대형 현수막을 네 개나 거는 성의도 보여주었다.

전시회에는 국보 37점과 보물 23점을 비롯해 모두 334점의 한국 문화재가 출품되었다. 영국 엘리자베스 여왕을 대신해 참석한 칸트공(여왕의 사촌)은 신라 금관 앞에서 발길을 멈추고 신라왕족의 찬란한 영화가 이해된다는 듯 연신 고개를 끄덕였다. 대영박물관 전시는 5월 13일까지 계속되었고, 이후 독일로 건너가 함부르크와 쾰른에서 전시를 하기로 계획되어 있었다.

그해 여름, 드디어 박물관 전시실 도면이 완성되었다. 그런데 도면을 본 문화공보부에서 최순우를 불러 전시실 구성을 좀 더 대중적으로 바꾸라고 했다. 유럽 전시회 추진 과정에서 문화부와 외무부를 곤혹스럽게 한 데 대해 책임을 추궁하는 일종의 불신임이었다. 당시 상황에 대해 이경성은《어느 미술관장의 회상》에서 이렇게 회고했다.

　　최형은 박물관을 중앙청으로 옮기는 일을 평생의 마지막 이사인 동시에 그의 박물관 50년 생애를 마무리하는 큰 사업으로 삼고 정성을 바쳐서 일에 종사하였다.

　　그러나 나는 그가 박물관 전시계획 때문에 정책수립자와 의견일치를 보지 못해서 고민하는 것을 몸소 보았다. 평생 박물관사업에 종사하고 십몇 년간을 국보 또는 문화재를 가지고 세계의 유명 박물관은 모조리 두루 다닌 경험이 있고, 또 1년에도 몇 번이나 세계의 미술관과 박물관을 방문한 경험이 있는, 그야말로 세계적인 박물관장으로서의 최형이 온갖 지혜와 능력을 발휘해서 마련한 새 박물관의 전시계획이 정책수립자에 의해서 불신되고 재고를 하라는 명령을 받은 것은 곧 자기에 대한 전적인 불신임으로도 생각할 수 있어서 몹시 마음이 아팠을 것이다.

　문제의 핵심은 의견의 차이로, 정책수립자는 고유적인 기능을 강조하는 데 비해서 최형은 박물관의 격조와 품위를 생각해서 세계 어느 박물관에 비해서도 손색이 없고 한국의 아름다움을 그야말로 적절하게 표현할 수 있는 전시계획을 기획하였던 것이다. 결국 이 문제는 대상을 초보적인 대중에 두느냐, 어느 정도 교양있는 사람에게 두느냐는 차이에 지나지 않았다.

　이경성의 지적대로 문화공보부의 지적은 트집이었고, 사표를 쓰라는 무언의 압력이었다. 이때부터 최순우는 사표를 쓸지, 아니면 굴욕을 참고 박물관 이전을 마무리할 때까지 자리를 지킬지 고민했다. 그러나 그는 결국 박물관 이전을 끝내고 사표를 쓰겠다고 마음을 다잡은 후, 문화공보부에 들어가 도면을 일부 수정하기로 했다. 자리를 지키고 싶어서가 아니라, 당시로서는 전시경험이 가장 많은 자신이 전시실 설계를 마무리하는 것이 평생을 함께한 박물관 문화유산에 대한 도리라고 생각했기 때문이다. 그는 다시 설계팀과 의논하면서 전시실 도면을 수정했다.

　최순우 선생은 주로 전시에 관심이 많으셨어요. 유물 전시를 잘해야 사람들이 유물을 봤을 때 부담없이 볼 수 있다고 생각하신 거죠. 전시를 할 때 진열장에 유물 열 개가 있으면 진열장에서 유물 열 개가 하나의 화면으로 구성돼야 해요. 대충 놓아서도 안 되고, 고정된 장소에 일정하게 놓는 것도 좋지 않고, 크기를 적당히 조절해서 진열장 속에 하나의 구성을 이뤄야 하는 겁니

최순우가 국립중앙박물관 전시실에 진열된 철화문청자를 바라보는 모습. 동아일보DB.

다. 최순우 선생은 이런 것들에도 천부적인 재능이 있었습니다. (……)

지금까지도 우리 후배들이 그분께 배운 것으로 전시를 잘하고 있어요.

_ 정양모,《박물관에 살다》

10월 13일, 전시실 도면 막바지 작업을 하던 최순우는 고려병원 506호실에 입원했다. 직장암이었다. 그는 창조주에게 박물관 이전이 끝날 때까지만 살 수 있게 해달라고 간절히 빌었다. 12월 5일, 최순우는 퇴원해 집으로 왔다. 그때부터 그가 보고 싶은 사람을 찾았고, 그를 보고 싶은 사람들이 찾아왔다. 12월 12일, 문화공보부에서 보낸 사람이 최순우의 집을 방문해 박금섬 여사를 만났다. 그는 의례적인 위로를 건넨 후 방문 목적을 설명했다.

"송구한 말씀이지만, 공무원법상 병가를 낼 수 있는 기간이 끝났습니다. 사표를 제출하시고 민간인 신분이 되면 문화훈장을 수여하고(공무원은 문화훈장을 못 받는 규정이 있었다), 별세 후에는 박물관에서 영결식을 해드리겠습니다……"

당시 공무원복무규정에는 병가 허용기간이 최대 두 달이었다. 이런 규정을 안 박물관 후배들은 평생을 박물관에서 살며 가장 어려운 시기를 지켜내신 분인 만큼 박물관장으로서 돌아가시게 하는 게 옳다면서 예외를 허용해달라고 건의했다. 그러나 상부에서는 제도적으로 어렵다면서 사표를 받으러 사람을 보낸 것이었다. 박금섬은 어이없다는 표정으로 방문객을 바라보더니 호통을 쳤다.

"평생을 박물관에서 보내신 관장님께 어떻게 그런 소리를 할 수 있소! 관장님은 늘 박물관은 내 무덤이라며 그곳에서 밤낮을 가리지 않고 일을 하신 분이오. 그런 분께 이 무슨 결례요! 규정? 그렇게 규정이 중요하면 차라

최순우와 아내 박금섬의 다정한 한때. 1976년 봄에 성북동으로
이사온 후 앞마당에 화단을 만드는 공사가 한창일 때다. 혜곡 최순우 기념관 사진 제공.

리 강제로 해직시키시오, 해직을⋯⋯."

찾아온 이는 아무 말 못하고 고개를 숙였다.

"당장 나가시오. 그리고 가서 전하시오, 해직을 시키라고⋯⋯."

그가 대문 밖으로 나가자, 박금섬은 마루에 쪼그리고 앉아 서러움에 북
받친 눈물을 쏟아냈다. 추운 겨울에도 바지에 흙을 잔뜩 묻히고 "아, 춥다,
아, 춥다" 하며 들어오곤 했던 남편에게 사표라니⋯⋯ 쥐꼬리만 한 월급에
도 평생 한마디 불평 없이 가마터를 찾고 유물을 발굴하겠다며 산과 들을
헤맨 양반인데, 당신들이 이러면 안 되지, 안 되는 거야⋯⋯.

12월 15일, 최순우는 언제 아팠냐는 듯 훌훌 털고 일어났다. 그는 성북동

큰길가로 나가 택시를 타고 경복궁으로 갔다. 놀란 직원들에게 손을 흔든 후 공사가 한창인 중앙청 건물을 향해 휘적휘적 걸음을 옮겼다. 전시실 문을 열고 들어가니, 주문했던 진열장이 도착해 있었다.

그는 가지런히 놓여 있는 상자들에서 유물을 꺼내 진열을 시작했다. 세계 어느 박물관과 견주어도 손색이 없는 전시와 진열의 모범을 보여주겠다며, 신석기시대 빗살무늬토기부터 고구려 불상, 백제 불상, 신라 불상, 통일신라 불상, 개성박물관에서 피난시킨 청자어룡형주전자, 강진군 사당리에서 발굴한 청자기와, 조선백자, 청화백자, 계룡산 분청사기, 불화, 겸재와 단원과 혜원의 그림을 최순우 그만의 방법으로 진열했다.

시간이 얼마나 지났을까, 대한민국 국립중앙박물관장 최순우는 땀을 닦으며 눈을 떴다. 창밖에는 눈이 내리고 있었다. 엷은 미소가 그의 얼굴에 감돌았다. 그렇게 창밖을 바라보던 최순우는 아내와 딸의 손을 잡았다. 그리고 잠시 후 스르르 눈을 감더니, 68년의 마지막 숨을 길게 내쉬었다. 창밖에는 하얀 눈이 내리고 있었다.

"오늘에서야
당신을
온전히 만납니다!"

정양모 _ 제6대 국립중앙박물관장

추
천
의

말

2년 전 작가 이충렬이 찾아왔다. 최순우 전기를 쓰고 싶다는 거였다. 아, 최순우. 난 한동안 눈을 감고 내 삶의 스승, 전설의 박물관인 최순우 선생을 생각했다. 이충렬이 조사한 엄청난 양의 자료를 보며, 그가 이미 오래전부터 최순우에 관한 모든 자료를 섭렵했음을 알 수 있었다. 나를 비롯해 최순우 선생과 인연이 깊은 인사들을 찾아다니며 인터뷰를 하는 중이라고 했다.

나는 1962년 국립중앙박물관에 들어갔다. 당시 미술과장이었던 최순우 선생은 해외출장 중이었다. 몇 달이 지나고 나서야 유럽 5개국 순회전을 마치고 근 2년 만에 귀국한 직속상관 '최 과장님'을 만날 수 있었다. 최 선생은 학예연구실장으로 승진한 1973년까지 20여 년간 '과장' 꼬리표를 떼지 못했다. 그러나 만년과장 최순우는 타고난 감식안과 성실한 노력으로 최고의 박물관인이 되었고, 마침내 고졸 출신으로는 최초이자 마지막으로 국립중앙박물관장에 올랐다.

이 책은 최순우 선생의 일대기다. 평생을 박물관과 함께하신 최순우 선생의 삶과 사상 그리고 한국 문화에 대한 그의 애정이 잘 녹아들었다. 특히 유물 감식과 전시 행정의 귀재로 불리던 그의 장점을 아주 잘 살려냈다. 개성박물관 시절 이야기, 간송과의 특별한 인연 등은 20년 넘게 모셨던 나도 상세히는 몰랐던 사실들을 취재해내었다. 더구나 책 곳곳에 배치한 귀하고 의미있는 사진들은 성실하고 끈기있는 저자의 노고와 발품을 보여주어 감동스럽기 그지 없다.

최순우 선생의 여러 저작과 업적은 박물관인은 물론 고증을 중시하는 역사가들과 미술사가들에게 큰 교훈이요 모범이다. 최순우 선생은 미술과장 시절은 물론이고 학예연구실장, 박물관장 시절에도 '현장'을 가장 중시했던 분이다. 발굴 보고서를 쓸 때쯤이면 어김없이 현장에 나타나 발굴 유물을 꼼꼼히 살폈다. 그때 한마디씩 툭툭 던지는 말씀이 대학물 먹은 우리 현장요원들에게 금과옥조 같은 가르침이 되었다.

또한 최순우 선생은 유럽과 미국, 일본 등에서 '한국 국보전'을 여는 데 앞장섰다. 당시에는 근시안적 시각을 가진 이들의 우려와 반대가 극심했는데, 선생은 강력하게 주장해 밀어붙였다. 우리 문화의 우수성을 세계에 알리고 인정받는 것이 선진국과 당당하게 어깨를 나란히 하는 지름길이라는 소신이 있었기 때문이었다.

작가 이충렬은 연전에 《간송 전형필》을 써서 세간의 이목을 집중시킨 바 있다. 그때 나는 간송 전기가 아직도 없었던가, 하고 깜짝 놀랐다. 이번에도 마찬가지다. 혜곡의 전기가 아직도 나오지 않았다니! 우리는 이충렬의 꼼꼼하고 치밀한 자료조사와 생동감 넘치는 필치로 최순우의 삶과 그의 문화유산 사랑을 알 수 있게 되었다. 고맙고 또 고마운 일이다.

- 1916. 4. 27. 개성 자남산 서남쪽 지파리 해나무골(괴곡)에서 부친 최종성과 모친 양순
  섬 사이의 막내아들로 태어났다. 본명은 희순(熙淳)으로(순우는 필명), 네 명
  의 형과 한 명의 누나가 있었다.

- 1930. 3. 개성의 송도고등보통학교(송도고보, 개화기 선구자 좌옹 윤치호가 설립한 5년제
  학교)에 입학해서 문예반 활동. 12월 5일, 〈동아일보〉에 동시 '밤' 발표.
  1932년 3월 2일, 〈동아일보〉에 시 '버들강아지' 발표.

- 1934. 송도고보 5학년 여름방학 때 개성부립박물관에 갔다가 당시 관장이던 우현
  고유섭을 만나 고미술 연구를 권유받음. 가을에 개성 여인 박금섬과 결혼.

- 1935.~1943. 개풍군청 고적계에서 서기로 근무. 이때부터 고유섭을 따라 개성과 개풍
  군 일대의 고려 유적지 답사. 고유섭의 서가에 있던 《조선총독부박물관
  진열품도감》 고려청자편을 교과서 삼아 공부.

- 1936.~1943. 개성 호수돈여고에서 문학(조선어) 강사. 군청 고적계 일과 병행(당시 개풍
  군청에서는 일부 시간의 겸직 허용).

- 1943. 개풍군청 고적계 서기에서 개성부청 서기로 이직. 제4차 조선교육령으로
  모든 학교에서 조선어 과목이 폐지됨에 따라 호수돈여고 강사생활 마감.

- 1945. 12. 3. 국립박물관이 경복궁 안에서 개관. 12월 20일, 미군정청이 개성시립박물
  관장으로 이풍재 임명, 최순우는 서기로 근무 시작.

- 1946. 4. 15. 개성시립박물관의 행정적 지위가 국립박물관 개성분관으로 변경, 최순우
  도 국립박물관 개성분관 서기로 발령.

- 1947. 9. 23. 〈서울신문〉에 '개성 출토 청자파편' 발표. 최순우가 남긴 600편의 문화재 관련 글 중 첫 글.

- 1949. 8. 서울의 국립박물관으로 발령. 12월 12일, 박물감(현재 학예연구사)으로 승진 발령.

- 1950. 4. 국립박물관에서 '국보특별전시회' 개최. 이때 두 번째 스승인 간송 전형필을 만남.

- 1950. 6. 25. 북한군의 1차 서울 점령 당시 간송미술관에 파견되어 보화각에 소장된 주
  ~1951. 5. 요 유물의 북송을 위한 포장작업을 지시받았지만 지연작전으로 저지. 서울 수복 후, 국립박물관 서류 및 유물 포장과 부산으로 피난시키는 작업. 서울 재탈환 후 홀로 서울에 와 2차 유물 피난작업 임무 완수.

- 1952. 11. 부석사 지붕 누수 조사를 위해 방문. 이때 느낀 감정을 쓴 글이 '무량수전 배흘림기둥에 기대서서'임.

- 1954. 1. 국립박물관 보급과장(1961년에 미술과장으로 직책명이 바뀜). 9월에는 홍익대학교 미술대학에서 강의 시작(강사).

- 1954. 전형필이 '순우(淳雨)'라는 필명을 지어줌.

- 1955. 전형필이 '혜곡(兮谷)'이라는 아호를 지어줌.

- 1957 12. 미국 8개 도시 순회 '한국국보전' 중 워싱턴DC, 뉴욕, 보스턴, 시애틀까지
  ~1958. 8. 유물 호송 및 전시 담당 학예관. (이후 전시는 김원룡과 진홍섭이 담당.)

- 1959. 5. 9. 〈동아일보〉에 '겸재 예술의 독자성' 발표. 이 무렵 전형필 수장품에 대해 집중 연구. 홍익대에서 다시 강의. 이화여대에서도 강의 시작.

- 1960. 5. 한국 미술의 역사를 2000년이라고 규정하는 글 발표. 8월에는 전형필, 김원룡, 진홍섭, 황수영 등과 함께 우리나라 최초의 고고미술 월간지《고고미술》창간.

- 1961. 3. 23.~1962. 6. 30. 유럽 5개국 순회 '한국국보전' 유물 호송 및 전시 담당 학예관.

- 1963. 9. 국립박물관의 첫 초상화 전시회. 〈동아일보〉에 전시 초상화를 해설하는 글 연재. 다음 해에는 〈조선일보〉에 '고미술에 나타난 한국의 미녀' 연재.

- 1964. 3.   국립박물관에서 고려청자 병종류 특별전시회.

- 1964. 5.   전남 강진군 대구면 사당리 117번지에서 청자기와 가마터 발견. 이후 국
립박물관에서 1982년 가을까지 18년 동안 지속적으로 발굴작업 진행. 강
진이 '청자의 고향'으로 자리매김하는 단초가 된 대발견.

- 1965.   〈조선일보〉에 '고미술에 나타난 한국의 미남' 연재. 여성잡지《여원》에
'한국미의 아름다움'에 대한 장문의 글 연재.

- 1966. 5.   한일협정에 따른 문화재 인수를 위해 국립박물관 대표로 일본에 가서, 이
토 히로부미가 개성에서 도굴해 일왕에게 진상했던 고려청자 20여 점을
비롯, 일제강점기에 강제로 반출됐던 문화재 중 일부를 환수해옴(고미술품
438점, 책 종류 852점, 우표 등 체신 관련 자료 36점, 총 1,326점).

- 1966. 10.   석가탑 보수복원공사 때의 일부 훼손이 감독 소홀 탓이라는 이유로, 문화
재보호법 60조 및 70조 위반으로 경주경찰서에 형사입건. 나중에 무혐의
처리. 12월 23일, 석가탑 복원공사 성공적으로 마무리.

- 1969. 8.   전라남북도 지역의 주요 사찰에 있는 불화(佛畵) 조사 시작.《주간조선》에
조선시대 풍속화 해설 글 매주 연재.

- 1970.   〈박물관뉴우스〉(나중에 '박물관신문'으로 제호 변경)에 '조선의 화가'라는 제
목으로 매달 조선시대 화가와 대표작 이야기 연재. 3월에는 오사카에서
열리는 '엑스포70'에 전시할 우리나라 문화재 호송.

- 1971.   《고고미술》발행을 후원하는 호림 윤장섭에게 체계적인 문화재 수집을
위한 조언 시작. 1981년 그가 수집품을 사회에 환원하겠다며 호림박물관
건축을 위한 문화재단을 만들 때 행정적인 협조.

- 1972. 8. 25.   국립박물관이 다시 경복궁으로 이전해 개관. 국립중앙박물관으로 이름
을 바꿈. 11월 14일부터 한 달 동안 '한국 명화 근 500년전'을 개최. 〈중
앙일보〉에 출품작 해설 연재.

- 1973. 3.   국립중앙박물관 미술과장에서 학예연구실장으로 승진발령. 4월 27일부
터 '한국 미술 2000년전' 특별전시. 두 달 동안 25만 명 관람.

- 1974. 6. 18. 제4대 국립중앙박물관 관장에 취임.
- 1975. 서울 암사동 신석기시대 유적지(현재 선사유적공원)에 대한 4차조사 완료. 빗살무늬토기가 5000년 전인 기원전 3000년 토기임이 밝혀져, 한국 미술의 역사를 2000년에서 5000년으로 수정. 10월 15일, '한국 미술 5000년 전' 일본 개최를 위한 협약에 서명.
- 1976. 1. 성북동 126-20번지(현재 '최순우옛집')로 이사.
- 1976. 2. 23.~7. 25. 일본에서 '한국 미술 5000년전' 순회전시.
- 1979. 5. 1.~1981. 9. 30. 미국에서 '한국미술 5000년전' 순회전시.
- 1981. 2. 23. 홍익대학교에서 명예문학박사 학위 받음.
- 1982. 3. 정부에서 경복궁 국립중앙박물관을 중앙청으로 이전한다는 계획 발표. 이때부터 이전계획 수립, 공청회 개최 등을 비롯한 이전 준비에 전념.
- 1982. 8. 1.~12. 4. 일본에서 '한국고대문화전―신라 천년의 미' 순회전시.
- 1984. 2. 25. 영국에서 '한국 미술 5000년전' 유럽 순회전시 시작.
- 1984. 10. 중앙청 전시실 설계 문제로 고심하던 중, 숙환으로 고려병원에 입원.
- 1984. 12. 15. 성북동 자택에서 별세. 은관문화훈장 추서.
- 1985. 유언에 따라 생전의 연구자료 356점과 도서 516권을 국립중앙박물관 도서실에 기증('오수당문고').
- 1992. 《최순우전집》(전5권) 간행.
- 1994. 《무량수전 배흘림기둥에 기대서서》 간행.
- 2002. 《나는 내것이 아름답다》 간행.
- 2002. 8.~12. 최순우를 기억하고 사랑하는 사람들의 모금으로 성북동 집을 구입해 '내셔널 트러스트 시민문화유산 제1호'로 등록(등록문화재 제268호).
- 2004. 4. 혜곡 최순우 기념관인 '최순우옛집' 개관.

혜곡 최순우, 한국미의 순례자

참 고
자 료

—

인터뷰

정양모 전 국립중앙박물관장

이준구 전 국립중앙박물관 학예연구관(37년 동안 최순우와 함께 근무)

전성우 · 전영우(간송 전형필 장남 · 차남)

최완수 간송미술관 연구실장

문헌자료

국립중앙박물관 관보 제1호(1947. 2.)~7호(1949. 9.)

국립중앙박물관 발행 〈박물관신문〉 제1호(1970. 7.)~163호(1985. 3.)

한국미술사학회 발행 《고고미술》 제1호(1960. 8.)~100호(1968. 11.)

단행본

최순우, 《최순우 전집》(1~5), 학고재, 1992.

최순우, 《무량수전 배흘림기둥에 기대서서》, 학고재, 1994(초판).

최순우, 《나는 내것이 아름답다》, 학고재, 2002.

국립중앙박물관, 《한국 박물관 100년사》(자료편 · 본문편), 사회평론, 2009.

국립중앙박물관, 《국립중앙박물관》, 국립중앙박물관 문화재단, 2007.

국립중앙박물관, 《국립중앙박물관 60년》, 2006.

국립중앙박물관, 《겨레와 함께한 국립박물관 60년》, 2005.

고유섭, 《고유섭 전집》(1~4), 통문관, 1993.

김재원, 《경복궁 야화》, 탐구당, 1991.

김재원, 《박물관과 한평생》, 탐구당, 1992.

진홍섭 외, 《박물관에 살다―한국 박물관 100년의 사람들》, 동아일보사, 2009.

이경성, 《어느 미술관장의 회상》, 시공사, 1998.

윤장섭, 《한 송도인의 문화재 사랑》, 열린문화, 2003.

윤무병 외, 《한국 고고학 60년》, 사회평론, 2008.

정양모, 《한국의 도자기》, 문예출판사, 1991.

정양모, 《너그러움과 해학》, 학고재, 1998.

이난영, 《박물관 창고지기》, 통천문화사, 2005.

권영필 외, 《한국의 미를 다시 읽는다》, 돌베개, 2005.

윤용이, 《아름다운 우리 도자기》, 학고재, 1996.

유홍준 외, 《알기 쉬운 한국 도자사》, 학고재, 2001.

이원복, 《나는 공부하러 박물관 간다》, 효형출판, 1997.

이원복 외, 《미술사와 나》, 열화당, 2003.

안휘준, 《청출어람의 한국 미술》, 사회평론, 2010.

강우방 외, 《불교조각》(1~2), 솔, 2003.

강우방, 《반가사유상》, 민음사, 2005.

문명대 외, 《한국의 미, 최고의 예술품을 찾아서2》(조각 · 건축), 2007.

진정환 외, 《석조미술》, 통천문화사, 2006.

진홍섭, 《한국의 불상》, 일지사, 1976.

진홍섭, 《묵재한화》, 대원사, 1999.

조유전, 《발굴 이야기》, 대원사, 1996.

조유전, 《한국사 미스터리》, 황금부엉이, 2004.

윤경렬, 《마지막 신라인 윤경렬》, 학고재, 1997.

국성하, 《우리 박물관의 역사와 교육》, 혜안, 2007.

전경수, 《한국 박물관의 어제와 내일》, 일지사, 2005.

김기창, 《나의 사랑과 예술》, 정우사, 1977.

세키노 다다시(關野貞), 《조선의 건축과 예술》, 이와나미서점, 1941.

앙드레 말로, 김봉구 옮김, 《왕도로 가는 길》, 지식공작소, 2001.

레미 코페르, 장진영 옮김, 《앙드레 말로―소설로 쓴 평전》, 이룸, 2001.

도록

국립중앙박물관, 《한국 미술 2000년전》, 1973.

국립중앙박물관, 《한국 미술 5000년전》, 1981.

국립중앙박물관, 《한국 박물관 개관 100주년 기념 특별전》, 2009.

국립중앙박물관, 《고려왕실의 도자기》, 2008.

국립중앙박물관, 《유천리 고려청자》, 2011.

국립중앙박물관, 《백자항아리》, 2010.

경기도박물관, 《경기도 광주관요》, 2008.

국립전주박물관, 《전북의 고려청자》, 2006.

강진청자자료박물관, 《고려청자와 종교》, 2002.

혜곡 최순우 기념관, 《최순우를 사랑한 예술가들》(1~4), 2006~2010.

혜곡 최순우 기념관, 《혜곡 최순우가 본 우리 문화―부석사 무량수전》, 2011.

미국 8개 도시 박물관, 《Masterpieces of Korean Art》, 1957.

프랑스 세르누치박물관, 《한국의 국보》, 1961.

논문

김명숙, 〈최순우의 실증주의적 한국미술사관 연구〉, 원광대학교 대학원 박사논문, 2007.

자료를 찾고 글을 쓰고 책으로 출판하는 과정에 많은 분의 도움을 받았다. 먼저, 무남독녀의 유족으로 부친의 전기 출판에 동의해주신 최수정 여사께 깊은 감사를 드린다. 졸저에 과분한 추천사를 써주신 정양모 전 국립중앙박물관장께도 감사드린다. 인터뷰에 응해주신 전성우 화백과 전영우 간송미술관 부설 한국민족문화연구소 소장, 최완수 간송미술관 연구실장 그리고 박물관에서 37년간 함께 근무한 이준구 전 학예연구관께도 감사드린다.

'최순우옛집'의 송지영 학예사가 제공해준 자료들이 많은 도움이 되었다. 그는 내가 일부 내용의 경우 날짜가 부정확해 신문에서 확인이 안 된다고 하면, 몇 달치를 뒤져서 찾아줄 정도로 열심히 도와주었다. 이 자리를 빌려 깊은 감사를 전한다.

귀한 사진자료들을 흔쾌히 제공해주신 김재원 초대 국립박물관장의 큰따님인 김리나 홍대 명예교수, 부석사와 최순우옛집 사진 이미지를 제공해주신 김재경 사진작가, 개성박물관 전경과 당시 전시유물의 이미지를 제공해주신 성낙주 석굴암미학연구소장, 변종하미술관, 파리의 세르누치박물관을 두 번이나 방문해서 50년 전 '한국국보전시회' 자료를 구해 보내준 파리7대학의 최미숙 박사께도 감사를 드린다.

김영사와 벌써 네 번째 책이다. 흔쾌히 출판을 맡아주신 박은주 사장과 졸고를 좋은 책으로 만들어준 편집부와 디자인부 여러분께 감사드린다.

혜곡 최순우, 한국미의 순례자